非遗十年
一所普通学校的文化传承之路

主编 朱君

A School's 10-Year Inheritance of Intangible Cultural Heritage

上海社会科学院出版社
SHANGHAI ACADEMY OF SOCIAL SCIENCES PRESS

序

邹竑

习近平总书记多次强调中华优秀传统文化的宝贵价值和独特作用。强调要"让收藏在馆所里的文物、陈列在大地上的遗产、书写在古籍里的文字成为教书育人的丰厚资源",深入挖掘中华优秀传统文化蕴含的思想观念、人文精神、道德规范,让文化遗产"活起来",这是教育传承中华文化、增强文化自信和历史自信,建设现代文明的重要使命与责任。

认真研读文来实验学校编著的《非遗十年:一所普通学校的文化传承之路》一书,为学校坚持十年磨一剑,持续开展非物质文化遗产传承弘扬的探索精神与执着开拓所展现的丰厚成果而感动。学校以"文化立校"的办学思想,在传承中注重转化创新,筑实学生素质的根基,全面发展的根基,形成以下特色。

一是切实关注"以教育人""以人为本"的关键点,在建设教育强国的进程中,全面贯彻党的教育方针,落实立德树人根本任务,发展素质教育,夯实学生全面发展的根基。学校以《义务教育课程标准(2022年版)》为指引,继续完善《学科"非遗" 资源点知识学习汇编》,基本涵盖了所有的教学科目。重点探索"皮影+"项目实施的多元模式:与基础课、拓展课相融合,语文课、英语课、劳技课、美术课、音乐课等课程中有机融入皮影元素,进行系统的开发与设计;与学校社团相融合,阮乐队、舞蹈队、合唱队等融入皮影项目进行创作与实践;与学校活动相融合,在校园文化中渗透"皮影"元素,开辟一条属于非遗文化进校园的新路子。作为基础性课堂的教学内容,使每个学生能从地域或中国历史人文、风俗习惯、民族特性等传承中了解非遗,人人参与非遗课程实践，从而筑实学生文化自信的现实根基。尤其在传承与创新上，以课文"北京的春节"为例，不仅突出鲜明的优秀传统文化主题，还在教学结构上，增加跨学科融合教学实践项目。如主题式引入、主题探索、主题展览等环节，注重手脑并用、注重知行合一体验，从而提振文化自信。二是切实关注"以文化人""以美育人"的关键点，学校加强整体设计，瞄准目标，抓住重点，举措扎实，将不断促进学生德智体美劳全面发展摆在谋划、推进文化传承发展的重要位置，让每个孩子都有人生出彩的机会。今年教育部、中宣部在上海主办的"第五届全国中小学电影周"期间，学校把"光影与非遗"主题，以"皮影"戏展示从"嫦娥奔月"古老传说到现代高科技"航天梦"的实现，给全国与会代表留下深刻印象。通过学生用手学艺学技，在传习传技传承优秀传统文化中注入文化自信的力量源泉；用脑思考、用心感悟，使中华优秀传统文化入脑入心，实现润物无声、落细落实，滋养做人的情趣与情怀。三是切实关注以"协同育人""跨界整合"的关键点，文教协同、着眼传承，积累了"非遗"进校园经验成效。"非遗"校园传习，依托本市"非遗"传承人资源和"非遗"场馆设施，通过请非遗传承人、专家进校园授课传艺，手把手教师生传习，确保"非遗"传习内容准确。在跨界融合中集体备课，共同教研，培训探讨，辐射引领跨学校、跨区域共享课程的建设，实现互学互鉴，共同成长。

与此同时，我们衷心期待文来实验学校继续深化探索，更好依托文教结合机制，充分用好文化和教育两种资源、两个平台的协同合力，促进小课堂和大课堂的结合，讲好中国故事，创新大思政课的内容与方式，实现"非遗"得传承、学生受熏陶的"双赢"格局，用以滋养新征程上持续奋进的文化自信。

教育部基础教育劳动教学指导专委会委员
上海市青少年学生校外活动联席会议办公室秘书长

前言

文化是一个国家、一个民族的灵魂。党的十八大以来，习近平总书记多次就中华文化与文化自信的重要性进行阐述。2022年10月28日，习近平总书记在考察河南殷墟遗址时强调，中华优秀传统文化是我们党创新理论的"根"。作为承担传承文化、培养人才主要任务的学校而言，让收藏在博物馆里的文物、陈列在广阔大地上的遗产、书写在古籍里的文字都活起来，这是义不容辞的责任与使命，更是回应"培养什么人、怎样培养人、为谁培养人"教育问题的重要举措。

基于这样的思考，文来实验学校在2009年成立之初就提出了"文化立校"的办学思想，旨在坚持社会主义办学方向，为培养社会主义合格的建设者和接班人奠定基础。2010年9月，引入七宝皮影，2012年9月，全面开启"非遗进校园"的实践研究，以"关爱"为主旨，以培养"会自爱、懂他爱、能博爱"的"三爱"文实学子为核心，以"融合"策略，聚焦上海地域文化特质，让学生从不同角度感受中华优秀传统文化、红色文化的内涵并成为有大爱的人。十年来，学校积极引进各方中华优秀文化资源，贯彻落实文教结合的各项机制，推进非遗文化传承与"五育并举"的融合，学生成为"文教结合"的最大受益者，并催生和形成积极向上的文化教育生态，正在成为学校办学特色的一个品牌。

什么是非遗？学生了解非遗和喜欢非遗吗？非遗如何与校园生活相融合？学校是如何将非遗作为"文化立校"的一个重要举措？非遗文化的内涵与教育目标是如何在校园落实生根？《非遗十年：一所普通学校的文化传承之路》一书，从"文化立校"的办学愿景出发，从理论与实践相结合的角度，系统回应了这些问题，重点对"非遗十年"的实践进行了深入的阐述，这是文来实验学校对十年非遗传承实践之路的回顾与经验梳理，也为学校未来十年的非遗文化教育筑垫起一个新的认识，能为正走在中华优秀传统文化教育实践探索之路的学校提供一种实践原型的借鉴。

目录 Contents

第一章　"非遗十年"的缘由 1
第一节　文化育人的思考 2
第二节　学校发展的定位 5
第三节　非遗传承的架构思考 7

第二章　课堂融合：聚焦学生核心素养 11
第一节　立足课堂 12
第二节　构建"皮影+"课堂新范式 13

第三章　课程融合：引导学生系统学习 77
第一节　构建"皮影+"课程思考 78
第二节　"皮影+"课程定位与目标 80
第三节　"皮影+"课程的构建 82
第四节　"皮影+"课程的实施 87

第四章　活动融合：感受非遗的无限趣味 ———————————— 133

第一节　活动架构与内容 ———————————————— 134

第二节　实施策略与效果 ———————————————— 135

第五章　环境融合：开放非遗体验学习场域 ———————— 171

第一节　构建学校非遗场馆 ——————————————— 172

第二节　设计场馆体验要点 ——————————————— 173

第三节　开展场馆课程体验 ——————————————— 174

第六章　师资融合：打造形成师生传承生态 ———————— 185

第一节　非遗传承的特点及现状 ————————————— 186

第二节　非遗传承保护的思考与对策 ——————————— 187

第三节　非遗传承保护的实施策略 ———————————— 194

第七章　创新融合：筑牢非遗文化的传与承 ———————— 221

第一节　工艺材料做减法 ———————————————— 222

第二节　演绎内容做加法 ———————————————— 223

第三节　传承形式做乘法 ———————————————— 227

结语 ———————————————————————— 242

第一章 "非遗十年"的缘由

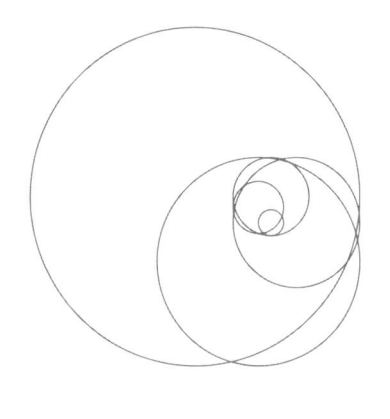

非物质文化遗产（以下简称"非遗"），蕴含着一个民族的生命记忆，是中华民族文化基因库中非常重要的一部分。闵行区文来实验学校位于虹桥国际中央商务区核心区域，相邻的七宝古镇有着悠久的本土特色文化资源。比如，古镇"七宝"的传说、古色古香的建筑、老街的风土人情、饮食文化等，都有着丰厚的文化底蕴和育人价值。尤其是成立于2008年的七宝皮影艺术馆内的皮影戏被列入上海市首批非物质文化遗产，是七宝古镇传统文化的精华。有着120年历史的七宝皮影，涉及传统戏剧、传统美术、传统工艺、传统音乐、民间文学和方言特点，地域性强，拥有其与众不同的"文化遗传基因"，是民族传统文化的珍贵记忆，承载着独特而丰富的想象力、文化意识和民族精神，是传承民族文化、弘扬民族精神、激发爱国情感、内化良好道德品质的有效载体。这些都为我们开展中华优秀传统文化的实践提供了有力支撑，有了活动抓手和实践内容。

2010年9月，闵行区文来实验学校有幸与七宝皮影馆馆长、皮影传人朱墨钧老先生结缘，尝试组建皮影社团，在拓展课中传授学生学演皮影戏，这一举措受到了全校学生的积极响应和参与。2011年12月25日，ICS（上海外语频道）对皮影社团进行了双语采访并专题报道，得到了社会的广泛关注与好评。学校抓住这一契机，将皮影项目作为学校非遗文化课程建设的切入点，予以顶层设计与全面实施。

2012年2月，《新民晚报》和《天天新报》的记者来到我校，专门采访了学校的皮影社团，并在人民网和天天新报网站刊出了学校皮影社团的照片和文章。2012年4月19日下午，学校英文版《三打白骨精》皮影节目被中央四台全程录像，并受到好评。解放日报报业集团的《上海学生英文报》的初中基础版第995期（2012年4月20日），在《校园秀》版面介绍了学校双语皮影社团。自此，皮影课程成为学校特色课程之一，也成为最受学生所喜欢的课程。

2012年9月，学校将皮影课程列入学校发展规划中的重点发展项目，以此作为学校非遗文化校园建设的重要抓手，并通过"皮影+"校本课程体系的开发与实施、非遗校园环境的打造、非遗师资队伍的培育等实施途径，逐渐形成以"非遗"传承为载体的"文化立校"的校本实践模式，2023年3月学校荣获上海市"非遗在校园"示范学校称号。

第一节
文化育人的思考

文化育人是当下教育界讨论得比较热烈的话题，常见诸各大报端和各类学术文章。综合来看，文化育人既有形而上哲学层面的省思，也有形而下教育实践的探索，学术界、教育界有不少具有启发性的研究成果和生动案例。普遍认为，文化育人的实质是人借助于文化，即人借助于自身的本质力量使自身不断趋于文明化，使自身的生活变得更真、更善、更美，从而不断实现向更美好的理想生活的跃升。

图1-1 皮影戏台

一、厘清文化概念

"文化"一词在中国可追溯至《易经》,《易·贲卦·彖传》:"刚柔交错,天文也;文明以止,人文也。观乎天文,以察时变;观乎人文,以化成天下。"在中国,文化最初意为"文饰""文而化之",主要指人作为天地之间最有灵性的存在,以其特有的方式充当沟通天地的使者,对自然万物"文饰"所产生的异于自然本有的结果,后来泛指人类在社会历史发展过程中所创造的物质财富和精神财富的总和,特别指精神财富。

从这个层面而言,文化不仅是人创造的结果,而且蕴含和体现着人的本质力量。文化育人就是通过文化的创造与传递,使人获得文化中所蕴含的力量,并得以成为人。也就是说,文化是制约教育及社会发展的重要因素之一,并通过特定的功能反作用于社会。一个国家的发展、社会意识形态的确立,离不开对文化,特别是民族文化的自信。因此,引导学生在全球各种文化思想撞击、交融的时代背景和状态之中取其精华、去其糟粕,帮助他们明是非、辨方向、树立坚定的文化自信,既是当代青少年群体思想成长的需要,也是学校文化育人工作的重心。

二、了解文化特点

中国传统文化,是在漫长的历史过程中,以汉民族为主体、多民族共同组成的文化体系,是中华民族在数千年的社会历史发展过程中所积淀并且渗透于民族意识和行为之中的。这种世代传递最具生命活力的文化体系一直延续到现在,深深地融入中华民族的血液里,与我们的生活息息相关,它所映射出的文化精神,铸就了中华民族的魂。

从这个角度上来说,在对学生进行爱国主义、社会主义教育的同时,更加需要继承和弘扬中华五千年的优秀传统文化,这对于引领当代中小学生形成正确的三观不仅有重要的现实意义,而且具有深远的战略意义。

三、实施文化育人的关键

（一）打造校园文化环境

学校是提升学生文化自信的主阵地，学校自身要具备肥沃的文化土壤，让学生在实践中体验中华优秀传统文化所蕴含的魅力和力量，以此形成学校的办学品位和风格。

（二）构建文化育人实践路径

学校要探索文化自信教育的途径和方法，鼓励引导学生通过文化参与达到文化融入，提高育人的有效性，这是实现文化育人的保障。

（三）增强教师群体的文化素养

"学生学什么，教师要先行"。作为文化育人工作的主要实施者和管理者，教师的思想观念影响，直接决定了受教育者对中华优秀传统文化及文化自信的认知程度。

（四）创新文化育人途径

以学生为主体，借助于现代高科技手段，不断发展和创新校园文化建设的内容，有针对性地营造传统文化氛围，逐步形成办学特色。

四、把握文化育人本质

我们主张的"文化育人"直接指向教育的基本使命。这里的"文化"既是手段，更是目的。作为育人的目的，文化的目标指向就是培养出"有文化的人"。

（一）"有文化的人"是有"文化素养"的人

有"文化的人"本质是有"德"之人。从广义上说，文化素养的核心是"德行"。古罗马思想家西塞罗将"文化"一词的拉丁文本义"耕耘"或"掘种土地"，演化、引申为耕耘智慧，具有改造、完善人心，具有理想公民素质之义。德国学者赫尔德尔认为"文化乃是一个社会向善论的概念，它意味着人的完善"。也就是说，文化的结果，即教育之所得。德者，得也。文化与教育，同根同源。国无德不兴，人无德不立。立德树人是学校的根本任务。

（二）"有文化的人"要成长为"有文化的"现代中国人

学生至少要受到民族文化、地域文化和学校文化三种文化性格的影响。其中，学校文化吸取了民族文化和地域文化的营养，形影相随，潜移默化，这对学生影响最大、最深，是学校办学最重要的内容。

图 1-2 皮影小剧场

因此，建设学校文化是形成学校特色的基础，学校文化的价值缔造是促进学校深层次变革与可持续发展的动力。首先，学校文化反映了我们从"人"的角度，如何将教育真正成为"人"的教育并将学校管理被赋予"文化"特质的自觉思考；其次，学校文化的架构表现了我们对教育价值的理性认知，对育人品质的细致梳理以及对育人成才文化基因的定位，表现了学校办学的价值追求和育人的品质标准；另外，学校文化对统领学校的基本精神、办学思想、育人主旨、师生的行为指南等都具有现实意义，由学校文化本身会衍生出管理文化、环境文化、课程文化、教师文化、学生文化、家校文化等具体指向性文化，从而形成指引学校内涵发展、引领教师专业发展、引导学生幸福成长的"航标"，其导向作用非常明显；最后，学校文化一旦确立，影响深远，会随着时间推移越来越显示出它的潜能和质感，是一所学校的形象和内涵，有其独特性的演绎，这正是学校鲜明特色的基础。

第二节
学校发展的定位

文来实验学校创建于2009年9月，地处上海市虹桥国际中央商务区的核心区域，属于上海市市政工程配套建设，是一所以接收动迁家庭生源为主的公办的九年一贯制学校。办一所什么样的学校，成为当时摆在我们面前的首要任务。

一、教育导向

习近平总书记说："一个国家的文化软实力，从根本上说，取决于其核心价值观的生命力、凝聚力、感召力。"学校的文化建设莫不如此。学校核心价值观是学校文化建设的灵魂，是学校精神文化、理念文化的内核，决定学校文化建设的性质和方向。在一定意义上来讲，办学校就是办文化。

讲学校文化，讲学校核心价值观，归根结底落实到"育人"，即"培养什么人"的问题。育人是学校的基本功能。陶行知有句名言："千教万教，教人求真；千学万学，学做真人。"陈鹤琴也明确提出育人目标："做人，做中国人，做现代中国人。"这些早期的教育家纵论古今，横跨中外，把中国学校的教育培养目标讲得非常透彻。这对认识今天的学校教育和未来学校的教育定位非常有帮助。

二、区域基础

从地区发展情况来看，地区环境赋予了学校发展的新动能。到2025年，虹桥国际开放枢纽基本建成，学校周边的虹桥商务区将形成高端商务、会展、交通功能深度融合的国际化运营环境和国际化中央商务区。从区域发展情况来看，区域定位明确了学校发展的目标导向。"十四五"期间，闵行将成为上海市智慧教育的排头兵，全国智慧教育发展的先行者。

如前，面对地区经济的发展和闵行"智慧教育示范区"的追求，建设什么样的学校才能满足国家和社会对人才的未来需要？学生的生存和发展如何定位？如何形成办学特色？这些都成为文来实验学校创建之初所必须正视的问题。

三、学校需要

"特色学校就是个性化学校，是认识和优化了的学校"。我们感到，作为一所年轻的学校，只有确立了自身独特的办学思路，才能形成具有实质意义的办学特色。这就需要我们把注意力放在师生尽快成长、学校快速发展的最优化的思路上，找准自身所具备的适应客观发展要求的"生长点"，再经过全体师生长期的努力，逐步形成增长点直至发展成特色。

图1-3 皮影社团

鉴于此，针对学校生源和校情，我们提出"文化立校"的思路，旨在以"文化的力量"来推动学校的特色发展。在此引领下，结合地区文化资源的优势，我们确定以非遗文化作为"文化立校"的特色名片，旨在通过从一个优势项目到项目特色，从项目特色再到特色学校的构建，最后实现从特色学校到品牌学校的飞跃，从而形成学校特色发展的精准定位。与之相呼应，我们确立"让学生成为'健康向上，学有所长，胸襟宽广'的兼具强烈的民族情怀和国际视野的社会主义建设者和接班人"的培养目标，形成引领区域特色鲜明的非遗文化和红色文化校园的办学特色。其中的"民族情怀"就是指以非物质文化遗产传承为切入点，讲好中国故事、传承中国精神、增强中国自信、培养德智体美劳全面发展的社会主义建设者和接班人。这也诠释了学校文化建设的最终目的，就是在于培养适应时代需要的全面发展的人。

第三节
非遗传承的架构思考

非物质文化遗产是指以各种非物质形态存在的、与群众生活密切相关的、世代相传的传统文化表现形式，如口头文学、环境知识、生产技术、人生仪式、节日庆典、技艺技能等。非物质文化遗产是我们今天的研究对象，它们是过往的生活的凭证，有着历史、地理、民俗、宗教、人文、社会、心理、经济、政治等广泛而深刻的内涵的价值，是文化遗产的重要组成部分。

一、非物质文化遗产的价值

一个民族在历史的发展过程中不断地开拓、积累、升华和传承下来的不以实物形式表现出的财富和智慧，是非物质文化遗产的特点。非物质文化遗产是一个民族能够独立于世界民族之林的核心力量。我国有着五千多年的历史，将我国优良的社会传统、多异的社会习俗传承下来，能够加快全球化进程，使民族文化成为一种核心竞争力。非物质文化遗产有以下几方面的价值：

（一）非物质文化遗产对中华民族传统文化的弘扬起到关键作用，也可以提高普通大众对民族文化的认识。

（二）非物质文化遗产对培养"四有"（有道德、有理想、有纪律、有文化）公民有促进作用。

（三）传承保护并发扬我国的非物质文化遗产对我国的经济发展、推动社会进步等方面也有一定的作用。人们通过合理地利用非物质文化遗产，发展一些相关的产业，如非遗的文创产品等。

二、非遗传承与学校的非遗传承

对一个民族、一个国家来说，非物质文化遗产乃是本民族和国家的基本的识别标志，是维系民族和国家存在发展的动力和源泉。它们当中虽然有封建性的糟粕，但更多的是民族性的精华，承载着鲜活的民族精神，也是我们中华民族独立于世界之林的精神基石。

所谓非遗传承，指的是作为传统文化的非遗传授与承接，是非遗文化的历史延续，是通过声口相传和技艺相授使非遗产品、项目及附丽于其中的信息和意蕴得以赓续血脉、生生不息。非遗传承依托于人本身而存在，以声音、形象、形态和技艺为表现手段，是以人为本的活态文化遗产在活态流变中延续其文化之链。

教育是人类社会文化传承的重要途径，也是保护和发展非物质文化遗产最为有效的途径。虽然，通过教育的途径来保护和发展非物质文化遗产不可能产生立竿见影的效果，但是它能在润物细无声中激起下一代保护和发展非物质文化遗产的内在动力，最终构筑起全社会保护和发展非物质文化遗产的新机制。

图1-4 皮影头茬

三、学校非遗传承的架构

在保护与传承非物质文化遗产的过程中，在与传统的"一对一"和"一对多"师带徒或者传内不传外"世袭"的形式相比，学校的非遗传承是作为教育者有计划有组织地对受教育者进行系统的教育活动，它汇聚了"年轻的一代"，以非遗爱好者、传播者和传承人的培育为重点，通过教学讲授和实操训练，激发学生保护传承非遗的兴趣和自觉，能够有效地实现代际传承，具有受众广泛、教学相长、创新性强、传播力大等特点。因此，非遗传承的科学架构是学校所需要思考的首要问题，必须重点关注以下三方面的内容：

（一）顺应办学理念

学校文化建设是一项系统工程，优秀的校园文化可为师生提供更好的发展空间，是促进师生全面健康发展的重要保障。在综合考虑地域发展与学校未来发展方向后，学校确立了"关爱·融合"的办学理念。

"关爱"即关心、热爱，侧重于认知的、显性的培育。通过关心，师生得以热爱，即教师以（师）德立（生）德，在学生们的心田播下爱的种子，学生热爱天地万物、热爱祖国、社会、家人和同伴，学会自爱，能够他爱，懂得博爱。

这里的"关爱"直接指向学生的终身发展，即培养一个"健全的人"，培养每一个学生既要有世界眼光、国际知识，又要有民族自尊心、自信心；既要懂得保持民族价值规范体系，又能融入世界优秀文化潮流，做有根有魂的中国人。

"融合"即兼容（融）、合作，侧重于行动的、体验的教育。具备以下特征：同事、师生、生生、家校、校社、馆校之间的协同发展生态；跨文化、跨学科、跨领域的课程跨界学习场景；汲古创今、兼容并举的非遗文化、优秀文化校园；与地区经济发展和闵行教育发展相匹配的融合教育环境。通过融合，学生得以成长为"有志气、有骨气、有底气"的兼具家国情怀与国际视野的时代新人。

图 1-5 "非遗"剪纸

（二）顺应培养目标

1. 培养学生成为"健康向上，学有所长，胸襟宽广"的兼具强烈的民族情怀和国际视野的社会主义建设者和接班人。

"健康向上，学有所长，胸襟宽广"。学校以"每个孩子都一样重要"教育思想为主旨，秉持以"关爱"为核心的教育思想，以培养顺应新时代发展要求、全面发展的学生为中心，健全德智体美劳有机融合的培养体系，为每一位孩子成为时代新人奠基。

2. 培养学生"强烈的民族情怀"。通过基于非遗项目的教育教学及校园文化，让学生整体了解非遗类型、项目及地域文化、特色工艺、经典艺术等，有利于拓宽学生的视野和认知范围，培养学生的兴趣爱好、实践能力、科学思维、审美情趣、人文素养、创新精神，激发学生的想象力、创造力、实践动手能力及热爱生活的激情，培养文化自信，为走向社会打好基础。

（三）顺应办学目标

学校提出"面向地区发展、面向未来需要，积极创建办学特色鲜明、满足学生个性成长需要、与虹桥国际中央商务区的发展同频共振、区域内有影响力、社会满意度高的家门口的优质学校"办学目标。学校文化有固有的育人功能，它的显著特点是学生在耳濡目染、潜移默化中受到良好教育。

把非遗传承纳入学校教育，对学生而言，把传统文化精髓演变为现代青少年的爱好兴趣与技能技艺，从小涵育青少年弘扬民族文化、传统文化的自信与自觉，有利于培养艺术修养和艺术审美能力，提升学生的创新能力，可形成蝴蝶效应，影响和引领全社会的文化习俗和文化生活，具有较高的典范引领价值；对非遗本身而言，有序渗透青少年学生课内及课余生活，有效生成青少年学生的兴趣、情感及技艺赋予非遗鲜活而持久的机制性生命力，具有较高的实践创新价值，不仅有利于非遗的发展壮大，更有利于促进中华优秀传统文化可持续发展。

"融合"是学校教育教学的广度，是学校人才培养的基本要求，是对学生未来发展能力的培养方向。既做加法，万物皆可教学，给传统文化赋予时代元素，让学生喜欢；又进行长程设计，以社区、校际、企业和场馆资源，形成多元立体的课程系统，为学生提供能够满足其个性发展需求的丰富资源与平台，使每一位学生能够至少在某一方面有兴趣特长并得到长足的发展，从而为适应未来社会的发展奠基。

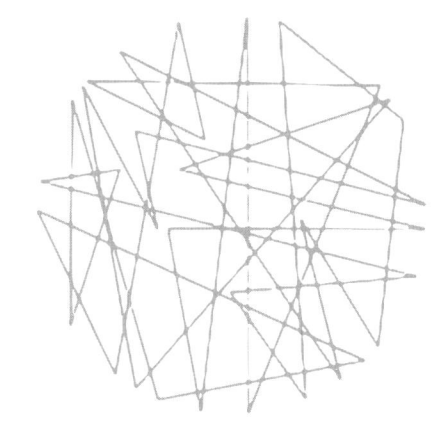

第二章
课堂融合：聚焦学生核心素养

非遗课堂学习，是指突破常规课堂教学和学科知识教学的界限，运用"跨学科、多视角"的概念去理解和实施非遗在课堂教学中的渗透，既能丰富学科知识内容，又能在学科知识中与非遗知识建立联系，创造性地解决非遗进校园的实践途径，获得作为中华民族伟大复兴背景下培育新时代人才所应具备的关键能力——人文素养和创新能力。建构非遗课堂，丰富学生对知识系统的层次和视角，建立时代背景下比较全面的文化知识系统和学习方法系统，激发学生对非遗文化的求知欲和跨学科探究能力，培养学生对非遗文化的认同感具有现实的价值与意义。

第一节
立足课堂

在非遗进校园的过程中，课堂教学是非遗传承的主阵地，文化传承可以通过课堂的"教"与"学"来实现。通过课堂活动，激发学生的兴趣和学科知识融合的探索，不仅能实现文化的传承，也对学生能力的提升起到助力的作用。在"非遗"的课堂上，学生通过已有的学科知识了解和学习"非遗"，让学生在科学性课程的学习之余获得知识视野的拓展、心灵上的放松与愉悦。

一、精选非遗资源

聚焦学生人文素养的培育，选择符合学生兴趣和发展需要的学习内容，解决非遗"学什么"的问题。学校层面，在满足国家基础型课程的前提下，选择性引入非遗项目及相关知识，提供教师在课堂上学习的依据；教师层面，依据学情和学科特征，对课堂教学内容进行生本化的转化和探索，从学科的属性切入，按非遗不同类型与学科知识有机融合，让学生有针对性地了解和感受中华优秀传统文化的魅力，解决非遗"怎么教"的问题，在此基础上，设计与学生人文素养培育的教学目标和评价方法，解决"怎么学"的问题；学生层面，在老师的引导下，在课堂上了解中华优秀的传统文化，并作为课外探究的主题，回应"学什么"的问题。

二、融入课堂教学全过程

非遗课堂最重要的价值是对于非遗学习的持续和不断的探索体验。这种探索不仅是对非遗项目的名录探索，而且在非遗名录探索中细化每个项目内容，点燃学生对非遗以及学科知识的学习热情，更关键的是让学生有一个全面系统的浸润教学情景。基于这样的认识，我们的非遗课堂坚持"三全"原则，即全员、全程、全学科。其中，"全员"指全体学科教师，面向全体学生；"全程"指固定学习时间包括早自习朗读传统文化经典篇目、课后服务安排主题项目拓展学习，保证校园学习首尾相接并贯穿于整个学期涵盖基础型课程的所有学科，营造人人学习非遗、人人了解非遗的良好氛围。

图 2-1 皮影 + 美术融合课

第二节 构建"皮影 +"课堂新范式

非遗进课堂有效性的关键在于让非遗课程有别于其他知识科目的学习，区别于传统学科成绩的评价，从而让非遗课堂成为真正的"非遗兴趣课""文化艺术课"，达到培养学生学习中华优秀传统文化的兴趣目的。因此，我们的"皮影 +"课堂综合实践基于自设计开展学生课堂体验路径探索，以"学科融合式""主题探究式""馆校合作式"构建形成师生共同参与"皮影 +"课堂综合实践的 3 种范式。这里的"非遗课堂"主旨是"先融合，再创新"。"融合"是在日常的学科教学中实施非遗文化教育，让学生系统了解非遗，感悟魅力。"创新"是使用新材料、新演绎方式，用传统技艺展现新生活，以达到亲近非遗、欣赏非遗、热爱非遗、传播非遗的目的。比如，我们将皮影道具改成剪纸皮影，皮影戏演出时加入阮乐伴奏，既延续和保留了传统艺术的各自特质，又催生出两种不同艺术叠加融合后的非凡魅力。我们创作的《新武松打虎》《新三打白骨精》《小耗子的故事》《喜羊羊与灰太狼》等节目，充分融合现代文化的元素与时代特征，让学生喜欢，才有生命力。经过 10 年不懈的努力，"皮影 +"已逐渐成为体现"文化立校"办学特色的一项重点发展项目。

一、"学科融合式"课堂

从对"非遗"的定义上，我们可以理解为是皮影、昆曲、美术、书法等艺术形式，也可以是礼仪节庆等民间风俗。所以在非遗进课堂的过程中，皮影非遗与学科的融合显得更具有深刻内涵，在实现学生学科知识的学习过程中，也能实现"非遗"文化与学科的融合发展。

这里的"学科融合式"是指通过选择有代表性的、学生容易接受的非遗项目结合学科教学、班会课教育等作为固定课程，采取课堂授课与实践体验相结合的方式，理论与实践并重，以强化非遗文化的渗透性和传播性。与之相呼应，一方面，学校充分调动各科老师的积极性，让每个老师都梳理各自学科涉及的"非遗"知识拓展点，形成《学科"非遗"资源点知识学习汇编》，基本涵盖了所有的教学科目，作为基础性课堂的教学内容。这里以语文学科、道德学科、历史学科为例：

表 2-1 初中语文学科"非遗"资源点

学科	教材位置	教学主题	非遗资源点	实施方式	育人价值
语文	六年级上册第三单元	《竹节人》	中国传统游戏及其制作,游玩	1. "竹节人"这一传统玩具的制作及操作 2. 传统玩具的图片展示	通过课文的学习,了解中国传统游戏的魅力和蕴含其中的育人价值
			中国其他传统游戏	1. 小组讨论:其他传统玩具介绍及玩法 2. 视频资料:中国传统玩具及其玩法	了解中国传统游戏的历史及种类等,学习一两种游戏的玩法。培养学生的动手能力,增强学生的民族自豪感
	六年级上册第三单元	《故宫博物院》	中国传统建筑特点及文化内涵;故宫的历史	1. 了解中国传统建筑的基本格局和特点 2. 建筑中包含的中国传统文化内涵	了解故宫博物院的历史文化、中国古代建筑的技术含量,从而激发学生对中国传统建筑和文化的热爱,激发民族自豪感
			了解中国其他传统建筑的分布及其特点	1. 小组讨论:故宫博物院的特点及历史 2. 视频资料:中国古建筑介绍	参观上海地区传统建筑,了解其历史及特点,增强学生对地域文化的热爱
	六年级上册第六单元	《京剧趣谈》	了解中国传统戏剧的特点及历史流变,初步接触京剧,学习京剧,弘扬传统戏剧文化	1. 了解京剧特点,学习京剧,表演京剧片段 2. 视频资料:中国戏剧介绍,京剧介绍	培养学生热爱戏剧文化,弘扬优秀的传统文化,在传统文化中发掘现代意义,激发学生爱国热情
		《书戴嵩画牛》	中国传统绘画的相关知识和对有关画家的了解 赏析一些中国传统名画	1. 介绍相关的中国传统绘画,了解有关画家及基本绘画技巧、知识 2. 视频资料:中国画,中国绘画代表画家及作品	了解中国传统绘画和著名画家,感受中国传统文化中博大精深的一面,培养民族自豪感,激发文化自信
	六年级下册第一单元	《北京的春节》	中国传统节日和蕴含其中的文化内涵。中国各地传统节日的特点	1. 了解中国传统节日及相关民俗,了解其中的文化内涵和民族心理 2. 视频资料:中国的节日,各地的春节	让学生喜欢中国节日,爱过中国节日是,理解其中的文化内涵,为自己的中国人的身份而骄傲
		《腊八粥》	中国民间习俗及其中的文化内涵	1. 介绍相关的中国传统民间习俗,了解其中的民族文化心理、知识 2. 视频资料:中国民俗	了解中国传统民俗,让学生爱上中国习俗,喜欢体验中国习俗,培养学生热爱中国传统文化

续表

学科	教材位置	教学主题	非遗资源点	实施方式	育人价值
语文	七年级上册第二单元	《陈太丘与友期行》	中国传统礼仪、人文修养	了解中国传统文化中的礼仪、文化中的一些优秀基因	学习传统礼仪中的精华，培养学生热爱传统文化，让学生在传统优秀礼仪中受熏陶，激发文化自信、民族自豪感
	七年级上册第六单元	《女娲造人》	中国古代神话故事中蕴含的中国先人的勤劳勇敢等优秀品质	1. 了解中国古代神话，以及神话中的民族文化心理 2. 视频资料：中国古代神话故事和人物	学习中国传统神话中优秀的文化基因，神话故事中人物的优秀品质
	七年级下册第二单元	《木兰诗》	中国古代诗人身上表现出的中国人的优秀品质。诗文中表现出的一些传统礼仪、习俗等	1. 学习中国古诗文的相关知识，了解诗文中的有关中国文化及习俗 2. 视频资料：古诗文中的传统习俗	引导学生感受古诗文中人物的优秀品质，学习传统习俗中有益成分
	七年级下册第四单元	《爱莲说》	中国传统文化中梅兰竹菊、花鸟虫草的寄寓、文化内涵	1. 引导学生了解古诗文中梅兰竹菊等具体事物中的寄寓 2. 视频资料：中国传统文化中的梅兰竹菊	学习中国优秀古人身上的优秀品质、高远的理想追求 了解古人的高雅的情趣爱好
	七年级下册第六单元	《活版》	中国古代科技技术和发展，科技成就中国古人的聪明才智	1. 了解中国古代的科技成就；了解一些古代的科技人才 2. 视频资料：中国古代科技	学习古人对科技的钻研精神，为中国古代的科技成就而骄傲，增强民族自豪感，激发学生爱科技的热情
	八年级上册第五单元	《中国石拱桥》《苏州园林》《梦回繁华》	中国的传统建筑、园林、绘画艺术	1. 视频及图片介绍 2. 小组讨论：让你印象深刻的中国传统建筑（园林、绘画艺术）还有哪些？ 3. 拓展：请你尝试综合运用说明方法介绍让你印象深刻的中国传统建筑（园林或绘画艺术）	通过了解中国传统建筑、园林、绘画等方面的有关知识及我国人民在这些方面的卓越成就，感受前人的非凡智慧与杰出创造力，增强学生的民族自豪感与自信心

续表

学科	教材位置	教学主题	非遗资源点	实施方式	育人价值
语文	八年级下册第一单元	《社戏》《安塞腰鼓》《灯笼》	中国的传统文化习俗	1. 图片、视频等介绍 2. 讨论：你所了解的中国传统习俗还有哪些？ 3. 拓展：同学们，你还知道哪些中国传统的习俗？请向作者学习，试着用自己的笔描绘一下吧	通过观看视频、图片等方式，让学生走近我国传统民俗文化，了解各地的风土人情，探究背后的文化内涵，更好地理解民俗的价值和意义。学会热爱生活、热爱文化
	九年级上册第三单元	《水调歌头》	中国的传统节日	1. 视频导入 2. 讨论：中秋节的传统习俗有哪些？ 3. 拓展：你还知道有哪些与传统节日有关的古诗？请你做一个简要的梳理	通过运用多媒体技术，提升学生的学习兴趣，培养学生审美情趣，培养学生热爱中华民族传统文化的思想感情

图 2-2 皮影 + 阮乐融合课

图 2-3 皮影 + 语文融合课

表 2-2 初中历史学科"非遗"资源点

学科	教材位置	教学主题	非遗资源点	实施方式	育人价值
历史	中国历史第一册第一单元第3课《远古的传说》	《尧舜禹的禅让》	大禹祭典	1. 播放视频，导入新课：教师播放视频大禹治水的故事，引发学生兴趣 2. 分组竞争，加强学习主动性：教师提问大禹为什么得到民众爱戴？	通过了解大禹治水的事迹，学习大禹身上坚持不懈、舍小家顾大家的精神品质
	中国历史第一册第三单元第15课《两汉的科技和文化》	《张仲景和华佗》	中医诊法	1. 课前阅读，了解新知：春秋战国之际的名医扁鹊，总结出望、闻、问、切四种诊断疾病的方法 2. 角色扮演，切身体会：让学生角色扮演，亲身体会"四诊"合参才能准确了解病情	学生品读扁鹊"望闻问切"四诊法，深刻感受扁鹊身上医术高尚、医德高明的精神品质，从而体会两汉时期先进的科学技术
	中国历史第二册第二单元第12课《宋元时期的都市和文化》	《繁华的都市生活》	蹴鞠	1. 蹴鞠溯源 2. 观看图片。在《事林广记戊集》插图中3个蹴鞠子弟身着元代衣服蹴鞠，旁有伴乐，随从的侍者拿着猎鹰、弹弓。这一插图反映了宋元两代，纨绔弟子蹴鞠的内容和场景是基本一致的	蹴鞠在古代文献中有着众多的记载和插图，为我们了解蹴鞠这一传统竞技运动提供了很好的证据，也有利于培养学生"论从史出"的证史观念

表 2-3 小学语文学科"非遗"资源点

学科	教材位置	教学主题	非遗资源点	实施方式	育人价值
语文	一年级上册第一单元1	《天地人》	教材中以国画《一望大江开》为背景,引导学生认识世界、了解世界	通过听读、观察图片、联系生活等方法,认识"天、地、人",了解"天"覆盖万物,"地"负载万物,天地之间以"人"为贵	本课是识字单元的开篇,以国画为背景,展现了6个汉字,引导学生认识世界,了解世界。第二组汉字你、我、他是生活中常用的3个人称代词,不仅反映中华文化对人的重视,还表现为人与人之间的平等交往
	一年级上册第一单元2	《金木水火土》	本课是一篇具有传统文化气息的儿歌,揭示了古人认识世界的一种思维观念,即以自然界的5种物质——金、木、水、火、土,作为构成宇宙万物及各种自然现象变化的基础	通过听读、联系生活、看图想象等方法,了解"五行"	本课插图与第一课插图合用,人立于天地之间,再次让学生感受时空的浩荡,以及人在宇宙万物中的重要性
	一年级上册第一单元5	《对韵歌》	根据启蒙读物《声律启蒙》和《笠翁对韵》,音韵和谐,以自然景物为题材,感受各种自然现象	通过听读、看图想象,朗读、背诵课文,感受自然现象及动植物的美丽景色	借助于对韵歌的形式,让学生在识字同时初步感受汉语的音韵节奏,提升学习语文的兴趣
	一年级上册第四单元1	《秋天》	秋天的特征	结合插图初步了解秋天的特征,知道秋天是个美丽的季节	通过秋高气爽、黄叶飘落、北雁南飞的景象,引导学生对秋天、对大自然的喜爱
	一年级上册第四单元3	《江南》	江南的特点	结合插图,了解江南水乡人们采莲的情景,感受江南的美丽	了解江南水乡人们采莲的情景,感受江南的美丽
	一年级上册第四单元4	《四季》	四季的特征	通过朗读、背诵课文,初步了解四季的特征,感受四季的美丽	感受四季的美丽,引导学生对大自然的喜爱
	一年级下册第一单元1	《春夏秋冬》	四季的特征	结合插图了解四季的特征,通过朗读、背诵课文,了解到四季的不同,感受身边四季不同的景物	了解四季景物的特点,体会四季的美好

续表

学科	教材位置	教学主题	非遗资源点	实施方式	育人价值
语文	一年级下册第四单元8	《静夜思》	中秋节的习俗	结合插图了解中秋月圆的特征,通过朗读、背诵课文,了解到中秋节思念亲人的习俗,期盼月圆人更圆	了解外出游子的思乡之情,进而引导学生热爱国家、热爱家乡的思想情感
	一年级下册第四单元10	《端午粽》	端午节的习俗	结合插图了解粽子的内外特征,通过朗读课文,了解到粽子的色、香、味和不同的种类,知道人们端午节吃粽子是纪念爱国诗人屈原	知道端午节是中国的传统佳节之一,并初步了解端午节包粽子、吃粽子的习俗来历
	一年级下册第五单元12	《池上》	夏季的特征	结合插图了解夏季的特征,通过朗读、背诵古诗,了解到夏季景色特点,感受身边夏季的景物	引导学生感受诗中蕴藏的夏天的情趣,激发学生热爱大自然的情感
	一年级下册第五单元12	《小池》	夏季的特征	结合插图了解夏季的特征,通过背诵古诗,了解到夏季景色特点,荷叶、蜻蜓等夏季景色特点,感受身边夏季的景物	引导学生感受诗中蕴藏的夏天的情趣,激发学生热爱大自然的情感
	二年级上册第一单元2	《我是什么》	水	了解水的变化过程,知道水在一定条件下会变成汽、云、雨、冰雹和雪	通过描述水的种种变化、状态与人类的关系,激发学生观察大自然、探究科学奥秘的情感
	二年级上册第一单元3	《植物妈妈有办法》	植物传播种子的方法	理解蒲公英、苍耳、豌豆等3种植物传播种子的方法,激发观察植物、了解植物奥秘的兴趣	感受大自然的奇妙,激发学生了解更多的植物知识的愿望,培养留心观察身边事物的习惯
	二年级上册第二单元4	《田家四季歌》	一年四季的农事活动	了解一年四季农作物生长和农事活动常识,感受劳动所带来的快乐	了解一年四季农作物生长和农事活动的常识。在此基础上,感受辛勤劳动所带来的愉悦
	二年级上册《语文园地二》	《日积月累》	中华传统美德的名言	了解《论语》《孟子》为儒家经典著作;通过图片认识孔子和孟子两位大思想家	传承中华传统文化,通过吟诵,懂得做人做事的道理
	二年级上册第四单元9	《黄山奇石》	黄山风景区	知道黄山风景区的地理位置,以及景区秀丽神奇的特点,并知道它是中外闻名的景区	激发学生热爱祖国大好河山的情感

续表

学科	教材位置	教学主题	非遗资源点	实施方式	育人价值
语文	二年级上册第四单元10	《日月潭》	日月潭	知道日月潭的地理位置,感受日月潭的优美景色	感受日月潭的优美景色。体会作者对日月潭的由衷赞美。同时,要让学生知道台湾是中国的领土,中国政府收复台湾的决心
	二年级上册第四单元11	《葡萄沟》	葡萄沟	知道葡萄沟的地理位置,领略葡萄沟的风土人情,产生对葡萄沟的向往之情	感受新疆吐鲁番葡萄沟的美丽以及当地的风土人情,激发学生对中国是"多民族"国家的认同感
	二年级上册第七单元20	《雾在哪里》	雾	了解雾这一自然现象,欣赏大雾笼罩下的世界一片朦胧的奇妙景象	通过描述雾的种种变化,体会自然景物所蕴含的生活情趣。激发学生观察大自然、探究科学奥秘的情感
	二年级上册第七单元21	《雪孩子》	雪	了解雪这一自然现象,知道雪遇高温会融化	课文将水的变化常识融于故事之中,引导学生学习雪孩子勇敢和善良的品质
	二年级上册第八单元24	《风娃娃》	风	了解风这一自然现象,知道风的作用	通过描述风的种种变化,体会自然景物所蕴含的生活情趣,激发学生观察大自然、探究科学奥秘的情感
	二年级下册第一单元2	《找春天》	早春景象	通过了解早春景象,说出文中孩子们找到的春天是什么样的	感受春天的美丽,激发学生热爱大自然的情感
	二年级下册第三单元1	《神州谣》	神州大地	感受祖国山河的壮美	激发学生热爱祖国大好河山的情感
	二年级下册第三单元2	《传统节日》	传统佳节	了解我国的传统节日和相关习俗,并能按时间顺序排列	了解中国的传统文化和相关习俗。知道传统佳节是中华传统文化的重要组成部分,蕴含着中华儿女的家国情怀,连接着中华儿女的精神血脉,也承载着中华民族代代相传的古老文化
	二年级下册第三单元4	《中国美食》	中国美食的烹饪方法	说说用"炒、烤、爆、煎、炖、煮"等方法制作的中国美食	了解丰富的中国美食,感受中国特有的饮食文化
	二年级下册第六单元16	《雷雨》	夏季时节雷雨景象	了解雷雨前、雷雨中和雷雨后景色的变化	了解雷雨是一种自然现象,激发学生观察大自然、探究科学奥秘的情感

续表

学科	教材位置	教学主题	非遗资源点	实施方式	育人价值
语文	二年级下册《语文园地七》	《日积月累》	节气	了解二十四个节气与《二十四节气歌》对应情况	知道二十四节气是我国古代的一项创造发明，是古代劳动人民智慧的结晶。二十四节气缩短了人与自然之间的距离，让人类能够更好地了解自然，并运用自然规律更好地发展自己
	三年级上册第二单元4	《古诗三首》	季节的景色	通过朗读三首古诗，知道深秋季节的色彩，了解大自然的景色变化随季节而变化	感受秋天的美丽，激发学生热爱大自然的情感
	三年级上册第二单元6	《秋天的雨》	物候、秋分节气	了解二十四节气的三候现象，探究秋分节气特点，分清节气，激发对节气的兴趣	知道秋风是二十四节气之一，感受秋分的节气特点，激发对其他节气学习的兴趣
	三年级上册第二单元7	《秋天的声音》	秋季的特点	通过聆听落叶、小蟋蟀、大雁的声音，进一步感受秋天季节的特征并延伸对四节变化的美好期待	感受秋天季节的特征，激发学生热爱四季、热爱大自然的美好情感
	三年级上册第六单元19	《海滨小城》	气候、人文	感受地理环境所形成的城市特点，对这种独有的气候产生浓厚兴趣及热爱	感受不同地域的气候特点，激发学生热爱家乡的情感
	三年级上册第六单元20	《美丽的小兴安岭》	季节景色	了解一年四季美丽的景色，对分明的气候特征感到欣喜和期待	感受祖国的地大物博，激发学生对祖国大好河山的赞美和热爱之情
	三年级上册第六单元21	《大自然的声音》	气候、自然景色	品读大自然的声音，体会时节之美，产生探索节气的兴趣	激发学生热爱大自然、探索大自然的情感
	三年级下册第一单元1	《古诗三首》	季节的景色	通过朗读三首古诗，知道春天景物的变化，了解大自然的景物变化随季节而变化	感受春天的美丽，激发学生热爱大自然的情感
	三年级下册第一单元3	《荷花》	季节的景色	通过朗读文中描写荷花的生动语言，体会大自然的神奇力量	培养审美情趣和热爱大自然的感情
	三年级下册第三单元9	《古诗三首》	传统文化	通过古诗朗读，了解春节、清明节和重阳节的不同习俗	培养学生对中国传统节日文化的热爱

续表

学科	教材位置	教学主题	非遗资源点	实施方式	育人价值
语文	三年级下册第三单元10	《纸的发明》	传统文化	通过课文学习，了解纸的演变过程，明白蔡伦改进的造纸术能传承下来的原因	了解中国造纸术对世界的影响，激发学生对优秀传统文化的热爱
	三年级下册第三单元11	《赵州桥》	传统文化	朗读课文，了解赵州桥的结构特点和建筑特色	感受我国古代劳动人民的智慧和才干，增强民族自豪感
	三年级下册第三单元12	《一幅名扬中外的画》	传统文化	通过朗读并对照画面，了解课文描写了画面上的哪些内容	了解古画《清明上河图》的历史价值和艺术价值，激发热爱祖国传统文化的感情
	四年级上册第一单元1	《观潮》	钱江观潮节、节气谚语、民间传说、农历知识	了解观潮节的来历，知道古代谚语与日常生活的联系，科普节气知识	激发学生对祖国大好河山的赞美和热爱之情
	四年级上册第三单元9	《暮江吟》	秋天江边的景色	有感情地朗读并背诵古诗。利用课文中的插图和注释阅读古诗，理解诗句的意思。想象诗歌所描绘的景象	感受秋的美丽，激发学生热爱大自然的情感
	四年级上册第三单元9	《雪梅》	雪、梅的特点	有感情地朗读并背诵古诗。运用学习古诗的办法，理解诗意	体会诗中蕴含的哲理
	四年级上册第三单元10	《爬山虎的脚》	植物春夏的生长变化	读懂课文，了解爬山虎的特点及爬的过程，理清文章的叙述顺序	培养审美情趣和热爱大自然的感情
	四年级上册语文园地三	日积月累	秋天谚语	诵读有关秋天的谚语，了解秋天的特点，知道古代谚语与日常生活的联系，科普节气知识	了解谚语，知道谚语的作用，激发学习传统文化的兴趣
	四年级上册语文园地七	日积月累、《别董大》	北方冬日景象日暮黄昏，大雪纷飞	有感情地朗读并背诵古诗。运用学习古诗的办法，理解诗意，体会诗人抒发的情感	感悟古诗的意境之美，激发学生对传统文化的热爱
	四年级下册第一单元	《四时田园杂兴（其二十五）》	初夏时节的景物	通过朗读、理解，了解夏季南方农村景物的特点	感受初夏时节江南田园的景色之美
	四年级下册第一单元	《宿新市徐公店》	暮春农村春意盎然的景色	了解春末夏初季节交替时景物的特点	感受大自然万物勃发的生命力

续表

学科	教材位置	教学主题	非遗资源点	实施方式	育人价值
语文	四年级下册第一单元	《乡下人家》	乡村人家春夏秋3个季节的迷人景色	朗读课文，了解乡村春夏秋3个季节独特迷人的景色	激发对大自然的喜爱
	四年级下册第一单元	《三月桃花水》	江南春水	朗读，了解农历二三月桃花盛开时，江河里暴涨的水被称为桃花水	体会江南春季桃花水之美
	四年级下册第一单元	《卜算子·咏梅》	梅花不畏严寒、傲雪开放	了解梅花不畏严寒、傲雪开放的特点	体会积极向上的革命乐观主义精神
	四年级下册第二单元	《江畔独步寻花》	江畔春景	朗读诗歌，体会诗中描绘的春天景物，感受春景之美	感受春天的美丽，激发学生热爱大自然的情感
	四年级下册第三单元	《绿》	春天充满生机的绿色	朗读诗歌，了解春回大地，到处都是绿色的景象	感受春天的美丽，激发学生热爱的大自然的情感
	四年级下册第五单元	《海上日出》	晴朗天气和有云时海上日出的不同景象	了解日出这一伟大奇观，激发热爱大自然和追求光明的思想感情	激发学生学习自然知识、探索大自然奥秘的兴趣
	五年级上册第一单元	《桂花雨》	节气与对应的花卉、家乡的节气花	了解桂花生长的节气，知道万物生长的自然规律，熟悉自己家乡的气候特征与花卉生长的关系	培育学生的节气观和家国情怀
	五年级上册第三单元	《牛郎织女》	七夕节、民间传说	了解乞巧节的来历，知道节气与日常生活的联系	激发学习传统文化的兴趣
	五年级上册第七单元	《山居秋暝》	秋季的景色	通过朗读古诗，知道秋季的季节特征和景物特征	培养学生对大自然的热爱之情
	五年级上册第七单元	《枫桥夜泊》	秋季的景色	通过朗读古诗，知道深秋季节的色彩，了解大自然的景色变化	培育喜爱大自然之情
	五年级上册第七单元	《四季之美》	四季的美景	朗读课文，了解内容，体会一年四季的独特之美	感受大自然的迷人魅力，激发喜爱之情
	五年级下册第二单元	《草船借箭》	传统文化、经典名著	默读课文，能按照起因、经过、结果的顺序说出故事的主要内容。通过关键句初步了解故事中人物特点	激发学生阅读中国古典名著的兴趣

图 2-4 学生研究皮影道具

续表

学科	教材位置	教学主题	非遗资源点	实施方式	育人价值
语文	五年级下册第二单元	《景阳冈》	传统文化、经典名著	默读课文,能按故事发展的顺序说出故事的主要内容。了解故事中人物特点	感受人物品质,激发学生阅读中国古典名著的兴趣
	五年级下册第二单元	《猴王出世》	传统文化、经典名著	默读课文,遇到不理解的语句,能猜出大致意思,并继续往下读。用自己的话说出石猴出世及成为猴王的经过	初步感受中国古典名著的魅力
	五年级下册第二单元	《红楼春趣》	传统文化、经典名著	默读课文,能大致了解故事的内容,说说宝玉的印象	增强对中国古典文学的认识,感受中国古典名著的艺术魅力
	五年级下册第五单元	《自相矛盾》	古代成语故事	流利地朗读课文,联系上下文猜测关键字的意思,并用自己的话讲述这个故事	积累背诵中国古代成语故事,激发学习传统文化的兴趣
	五年级下册第五单元	《田忌赛马》	历史文化	默读课文,用自己的话讲述田忌赛马的过程。借助于图示,推想孙膑制定计策的思维过程	激发学习历史故事的兴趣
	五年级下册第六单元	习作:中国的世界文化遗产	非遗文化	了解什么是"中国的世界文化遗产",明确习作选材范围。有目的地搜集、整理资料。围绕重点,清楚地介绍文化遗产	引导学生探寻凝结着华夏祖先汗水和智慧的文明结晶,培养学生对中华文化的认同感,提高学生的审美情趣

表 2-4 道德与法治学科"非遗"资源点

学科	教材位置	教学主题	非遗资源点	实施方式	育人价值
道法	一年级上册第四单元第三课《快乐过新年》	《大家一起过春节》	春节的礼节和习俗	视频资料：春节的传统习俗礼节	了解中国传统节日尤其是春节的习俗礼节，感悟传统文化的魅力，培育传统美德、引领社会风尚
		《多样的传统新年》	少数民族的传统新年及庆祝方式	1. 少数名族传统新年的图片资料：傣族、藏族、白族 2. 白族、蒙古族、苗族过新年的方式	少数民族的传统新年及庆祝方式也是中华灿烂的历史传统文化资源，有着丰富的文化内涵与社会价值，通过本课的学习也能加强学生对此的认同感
	二年级上册第一单元第四课《团团圆圆过中秋》	《我们这样过中秋》	中秋节的习俗	1. 图文资料：中秋与月饼的前世今生 2. 世界各地过中秋的方式	了解中秋节的由来以及各地不同的习俗，培养学生的民族自信心，让学生从小接受传统文化的影响，了解中国文化的深刻内涵，这不仅有利于继承和发展中国的民族文化，而且对孩子们自身的成长和发展也起到了非常有益的作用
		《秋天里还有什么节日》	1. 重阳节 2. 少数民族的特色节日活动	1. 图文资料：重阳节的起源、习俗与意义 2. 视频资料：苗族：赶秋节；藏族：望果节	2006 年重阳节被国务院列入首批国家级非物质文化遗产名录，这是一个承续着中华民族优秀传统和美好的节日，凝聚了中华民族千秋万代"老吾老"的浓浓深情和生生不息的民族风范，这一传统中国节既有助于激活历史传统、唤起文化记忆，也能够涵养一个民族共同的文化自信
	二年级上册第四单元第十四课《家乡物产养育我》	《我的家乡产什么》	马头琴的传说	视频资料：马头琴的传说	中国非物质文化遗产马头琴，作为蒙古族传统艺术文化的一种形式，有很强的生命力和感染力，会给青少年带来正确的、健康的人生观和社会观，有助于磨炼人的意志，更能培养青少年健康向上、积极豁达的性格
	二年级上册第四单元第十六课《家乡新变化》	《家乡特色代代传》	做糖画	视频资料：糖画的起源和制作方法	糖画是我国传统民间手工艺，距今已有 400 多年的历史。2008 年，糖画被列为第二批国家级非物质文化遗产。通过本课的学习，让学生了解这一非遗文化遗产，让更多的孩子热爱生活、热爱传统文化，真正让非遗传承持久，历久弥新

续表

学科	教材位置	教学主题	非遗资源点	实施方式	育人价值
道法	二年级下册 第二单元 第六课 《传统游戏我会玩》	《传统游戏知多少》	1. 挑小木棒 2. 跳竹竿舞 3. 滚铁环	1. 在课上玩一玩挑小木棒的游戏 2. 视频展示：我国南方一些少数民族喜爱的传统游戏——竹竿舞、滚铁环	引导学生初步感知长辈的生活智慧，感受传统游戏中蕴含的趣味性、创造性和艺术性，增强文化传承的意识
	二年级下册 第三单元 第十一课 《绿色小卫士》	《我是一张纸》	造纸术	绘本故事：《你知道吗？》介绍我国古代的造纸工艺和造纸流程	造纸术是中国四大发明之一。通过本课的学习，让学生体会到我国造纸术的发明对世界文化的贡献，激发学生的民族自豪感
	三年级上册 第四单元 第十二课 《家庭的记忆》	《传统节日中的"家"》	与"家"有关的传统节日	1. 小组讨论：与"家"有关的传统节日 2. 图文介绍相关节日以及与"家"有关的习俗：春节、元宵节、清明节、中秋节、重阳节	通过本课的学习，让学生了解到中华民族更多的传统风俗习惯，强化重视家庭的传统观念也是中华传统美德的重要组成部分，增强学生的民族认同感和自豪感
	三年级下册 第二单元 第七课 《请到我的家乡来》	《家乡特产真不少》	北京的景泰蓝	视频介绍：《景泰蓝——非物质文化遗产》	景泰蓝是最具特色的北京手工艺品之一。因鲜明的民族风格和深刻的文化内涵，被称为国宝"京"粹。通过了解，可以让学生感受中华优秀传统文化的魅力，传承大国工匠精神
	四年级上册 第二单元 第六课 《弘扬优秀家风》	《探寻优秀家风》	《朱子家训》	1. 视频介绍"朱子文化" 2. 诵读《朱子家训》（节选）	《朱子家训》将中国几千年形成的道德教育思想，以名言警句的形式表达出来。其中很多内容以成为今天家庭教育的座右铭，有些内容对小学生的生活也有一定的规范和指导作用

续表

学科	教材位置	教学主题	非遗资源点	实施方式	育人价值
道法	四年级下册第六单元第十七课《中华民族一家亲》	《各民族谁也离不开谁》	茶马古道	图文资料介绍：茶马古道	茶马古道有着重要的历史文化价值，有历史和文化的记载与升华，有对沿途地区文化交流的巨大贡献，有在中国对外抗争时的坚定支持，还有民族融合和宗教和谐相处的示范，堪称我国历史文化上的一颗璀璨的明珠。通过本课的学习，能让学生获得更多的民族认同感与自豪感
		《互相尊重 守望相助》	少数民族传统节日（如：火把节）	小组展示所搜集的少数民族传统节日的相关资料	彝族的火把节等少数民族的一些节日于2006年入选为第一批国家级非物质文化遗产保护名录。通过了解相关的习俗，知晓其中的寓意，让学生在潜移默化中懂得各族人民要互相尊重，接纳各民族的文化，增强民族自豪感，维护民族大团结
	五年级上册第一单元第一课《我们当地的风俗》	《奇妙的节日风俗》	古今节日的风俗	交流：你所知道的节日风俗 说说古代与现代的庆祝方式有何不同 你知道这些节日风俗怎么来的吗？（如：端午节吃粽子和屈原有关）	知道中国有许多重要的传统节日，大多都是从古代流传下来的。每个朝代不同、民族不同，节日的风俗也有所不同，这就形成了中华民族的宝贵的非遗文化
		《风俗的演变》	风俗演变过程	前期准备：通过各种途径调查哪些风俗保留或演变、淘汰 交流调查结果 对于保留会演变、淘汰发表自己的看法 搜集关于清明、重阳、七夕、春节、端午等的诗词歌赋	随着时代的变迁，也有一些优良的风俗逐渐被人们所遗忘，令人痛心。为了留住这些优良的传统，国家和社会都在努力

续表

学科	教材位置	教学主题	非遗资源点	实施方式	育人价值
道法	五年级上册 第一单元 第二课 《多姿多彩的民间艺术》	《我们这里的民间艺术》	保护民间艺术	观看各地民间艺术视频，说说表达了人们哪些愿望 你还知道哪些民间艺术？ 了解民间艺术衰落的原因，提出保护措施	随着社会的发展，以及外来文化和城市的文化冲击，许多独具特色的民家艺术形式正面临着衰落的困境。我们只有找出原因，才能更好地继承和发展它们，少年儿童也能贡献自己的一份力量
	五年级上册 第二单元 第一课 《美丽文字 民族瑰宝》	《古老而优美的汉字》	汉字的形成	1. 看甲骨文猜汉字，了解从甲骨文到楷书的演变过程 2. 欣赏古代书法作品	汉字形体优美，具有十分独特的审美价值，引导学生欣赏汉字，为中华文化史感到骄傲和自豪
		《意蕴隽永的汉字》	汉字的表意性	开展"趣味汉字"的竞赛活动 说说汉字与其所表达的意义之间的密切关系 收集一个汉字古诗，说说自己体会	引导学生了解汉字是我们祖先在生产劳动中创造出来的，每个汉字都熔铸着先人的智慧和灵感，为我们中国民族的伟大创造力而感到自豪
		《影响深远的汉字》	汉字所带来的影响	介绍汉字在日本、朝鲜、越南等国家的重要作用。交流汉字还对哪些国家和地区产生的影响	知道我国的汉字对许多国家和地区文字和文化产生了深远的影响，对促进与它们的经济、文化交流发挥了重要作用
	五年级上册 第二单元 第五课 《古代科技 耀我中华》	《灿若繁星的古代科技巨人》	古代科学家的故事	知道古代有哪些科学家？ 了解他们的成就及对后世的影响 你受到哪些启发？	通过了解古代劳动人民取得的辉煌成就，激发学生立志从小树立伟大目标，为中华的崛起而读书
		《独具特色的古代科学》	我国的中医药学	了解中医疗法的奇妙之处； 查找中国历史上著名医学家的贡献； 古代二十四节气； 算盘的制作与运用	通过古代中医药科学家的小故事，并知道至今仍闪耀着智慧的光芒，得到很多国家的认同。现代屠呦呦发现青蒿素为现代中药学里程碑，二十四节气被正式纳入非遗代表作名录

续表

学科	教材位置	教学主题	非遗资源点	实施方式	育人价值
道法	五年级上册 第二单元 第五课 《古代科技 耀我中华》	《独领风骚的古代技术创造》	古代技术创造	了解我国古代的丝绸、瓷器、青铜器、工程建设；说说古代技术对后世的影响	知道古代科学技术创造了青铜器、丝绸、瓷器、工程建设等，向世界展现了古代劳动人民的精湛技艺与勤劳智慧，值得我们骄傲
		《改变世界的四大发明》	古代劳动人民的智慧	了解四大发明及其发明者的故事；四大发明对世界的影响力	知道古代辉煌的科学技术成就，不仅是科学家和劳动人民智慧的结晶，也是他们创新精神的体现，我们要好好地传承下去
	五年级上册 第二单元 第六课 《传统美德 源远流长》	《自强不息的人格修养》	古代美德小故事	读古代美德小故事；说说从他们身上学到了什么；列举你所知道的现代美德小故事	知道一个民族必须有振奋的精神和高尚的品质才能屹立于世界民族之林。培养学生不懈追求人格修养的提高，继承和发扬中华传统美德的特点
		《立己达人的仁爱精神》	仁爱小故事	阅读书中三个仁爱小故事；谈谈你的感受	教育学生发扬仁爱精神要推己及人，尊敬自家家里的长辈，爱护家里年幼之人，从而形成立己达人的精神品质
		《天下兴亡、匹夫有责的爱国情怀》	爱国小故事	通过顾炎武名句来了解中国人民的爱国精神；阅读古代《鲁女爱国》的故事及爱国名言	教育学生爱国就是对祖国的忠诚和热爱，这种可贵的精神使中华民族历经劫难而不衰
	五年级下册 第二单元 第四课 《感受生活中的法律》	《生活与法律》	古代《史记》、《管子》中刑法文字	读两本著作中关于处罚的条例；翻译这两段文字意思 总结：这就是古代法律的雏形	我国从古代开始就已经有了法律的雏形，现在的法律也在不断完善，让学生知道从古到今触犯了法律就会得到相应的惩处。法律是神圣不容侵犯的
	六年级 第一单元 第二课 《学习新天地》	《学习伴成长》	繁体字："學""習"	小组讨论：找找这字中间每个构成所要表达的意思是什么？	通过猜测繁体字"學""習"代表的内容，了解中文字体的意义博大精深，知道中国是世界文明的发源地之一。引导学生认识到我们的母语——中文经历千年发展所具备的特殊魅力，激发学生的强烈的学习兴趣

续表

学科	教材位置	教学主题	非遗资源点	实施方式	育人价值
道法	六年级第三单元第六课《生之间》	《了解教师职业》	《师说》《论语》	谈谈你对以下词句的理解：师者，传道、授业、解惑者也	通过对"传道、授业、解惑""有教无类""因材施教"等教育理念的解读，知道教师是一个古老的职业，认识到教师是人类文明主要传承者之一，对人类文明作出了贡献，引导学生对教师的尊敬之情
	七年级第一单元第三课《青春的证明》	《青春有格》	"行己有耻""止于至善"		"知耻"是自尊自爱的表现，是重要的美德基础。"善"是中华民族传统美德。通过知"耻""善"，形成正确价值判断，培养和传承中华民族的传统美德
	八年级下册第三单元第五课《我国的政治和经济制度》	《基本政治制度》	丽江的东巴文字	1. 故事情景：东巴文字欣赏 2. 图片资料：中国的象形文字介绍	通过猜测东巴文字代表的内容，了解这一世界上唯一活着的象形文字的发展历史与所面临的状态，知道中国是世界文明的发源地之一。从本课知识点"民族区域自治制度"角度，引导学生加深对56个民族文化、人类非物质文化遗产的深刻认识，增强传承文化的责任意识
			我国其他民族的文字	1. 小组讨论：其他民族文字介绍 2. 视频资料：汉字概述 3. 课外：汉字的发展历史	了解汉字是世界上最古老的文字之一，已有6000多年的历史，知道汉字在世界上的地位，懂得写好中国字的重要性，增强学生的民族自豪感
	八年级上册第二单元第四课《社会生活讲道德》	《尊重他人》	杜甫关心体谅老妇人作诗《又呈吴郎》	1. 小组讨论：杜甫为何不干涉老妇人到房前打枣吃？ 2. 古诗欣赏：从杜甫的诗中你体会到什么情感？	引用杜甫关心、体谅邻居老妇人到他家门前打枣的例子，引发学生思考体谅和为他人着想的社会价值，促进学生尊重美德的提升

续表

学科	教材位置	教学主题	非遗资源点	实施方式	育人价值
道法	八年级上册第二单元第四课《社会生活讲道德》	《以礼待人》	《程门立雪》故事	1. 视频资料：程门立雪的故事 2. 交流分享：杨时拜见程颐的过程，体现对程颐尊敬、有礼的态度	通过程门立雪这一事例，让学生明白，做文明有礼的人，待人接物要态度好、用语文明
			传统文化中对礼的论述	1. 品味经典：采用情景表演的方式，有情感有节奏的朗读 2. 资料解读：不学礼，无以立	对学生加强中华优秀传统文化教育，从古代名人的论述中说明文明有礼对一个人立身处世的作用
			《荀子》中关于礼的论述	1. 小组讨论：礼的重要内容 2. 成果展示：将礼相关的探究结果展示交流	《荀子》中"人无礼则不生，事无礼则不成，国无礼则不宁"引导学生进一步认识礼的作用，增强学生对中华文化的认同
		《诚实守信》	《季布一诺》	1. 交流感悟：自己对故事的感受，是否认同季布的行为方式 2. 小组讨论：故事人物的言行	通过这一事例引发学生思考，在社会生活中，一个人只有待人诚实、信守承诺才能融入社会，立足社会。推动学生反思自己的言行，逐步树立诚信意识
			我国其他民族的文字	1. 小组讨论：其他民族文字介绍 2. 视频资料：汉字概述 3. 课外阅读：汉字的发展历史	了解汉字是世界上最古老的文字之一，已有6000多年的历史，知道汉字在世界上的地位，懂得写好中国字的重要性，增强学生的民族自豪感
	九年级上册第一单元第二课《创新驱动发展》	《创新改变生活》	我国古代科技发明	1. 小组讨论：中国古代科技成就 2. 视频材料：中国古代科技和现代科技的演变	通过概述我国古代科技发明来说明中华民族的创新基因，以此帮助学生客观看待我国历史上取得的科技成就，提高民族创新的自信力
	九年级上册第三单元第五课《守望精神家园》	《延续文化血脉》	"传统节日知多少"	1. 视频分享：不同民族传统节日的由来 2. 小组讨论：传统节日能够传承至今，文化内涵和民族认同	以传统节日为载体，贴近学生生活，让学生认识到中华文化就在身边，是由各组人共同创造的，具有多元一体的特点
			"文化遗产日"纪念邮票	1. 合作探究：文化遗产的价值以及保护文化遗产的必要性 2. 视频资料：《我在故宫修文物》故宫文物修护师的工作对中华文化的传承	通过呈现我国是文化遗产大国的信息，引导学生关注我国文化遗产，激发对文化的了解和保护文化遗产的兴趣，从而培养学生的民族自豪感和文化自信

续表

学科	教材位置	教学主题	非遗资源点	实施方式	育人价值
道法	九年级上册第三单元第五课《守望精神家园》	《延续文化血脉》	中华文化绚丽多彩，穿越时空	小组讨论：中华民族已经创造了源远流长的中华文化，中华民族也一定能够创造出中华文化的辉煌	让学生认识到中华文化源远流长，历久弥新，穿越时空仍然保持独特魅力，让学生感受到中华文化的强大生命力
			"文化之旅"研学活动	1. 小组展示：小组设计路线体现3种文化及特点 2. 小组讨论：3种文化的发展与国家的发展的联系	引导学生认识到中华优秀传统文化、革命文化和社会主义先进文化具有丰富的精神内涵和时代价值
			走向世界的中华文化	1. 视频资料：中国与其他国家开展文化交流活动 2. 小组讨论：任何一个国家和民族文化的发展都离不开继承传统和借鉴外来文化	频繁的中外文化交流和"汉语桥"系列中文比赛品牌活动，以此表明中华文化越来越多地走向世界，引导学生对这一现象进行思考，感受中华文化的繁荣兴盛与独特魅力，使学生坚定文化自信
			一脉相承的忧乐思想	1. 材料阅读：感受一脉相承的忧乐思想 2. 小组分享：两端古文中一脉相承的忧乐思想的感悟，加深对"我的忧乐观"的主题	让学生体会"国无德不兴，人无德不立"的道理，引导学生进一步感悟中华优秀传统美德的代代相传和其本身蕴含的巨大能量
			《朱子家训》摘录	小组交流：中华优秀美德已经融入我们生活中方方面面	教材通过摘录《朱子家训》相关语句，引导学生懂得美德大都包含在良好的日常习惯之中，生活中的一举一动同样承载着美德的力量
	九年级下册第二单元第三课《与世界紧相连》	《中国担当》	多国庆祝中国春节	1. 图文资料：世界其他国家庆祝中国春节 2. 小组交流：这些国家庆祝中国春节，掀起中文学习热	用图文并茂的形式让学生直观地感受到中国春节的文化影响力，引导学生明白中国文化对世界的影响越来越大
		《与世界深度互动》	《以古说今》	小组交流：古人的思想观念为我们今天促进自身发展、推动各国共同发展提供借鉴	通过中国古人的思想观念，引导学生思考这些思想对于当今世界发展的启示，帮助学生认识到中国的发展所面临新的机遇和挑战

在此基础上，开展皮影及非遗文化与学科渗透的课堂教学实践。例如："皮影＋历史"，在历史课堂上讲非遗发展，培育学生从文化自信到历史自信；"皮影＋美术"，让学生在美术课堂上，感受"皮影制作技艺""皮影头茬"等项目的乐趣；"皮影＋音乐"，让学生在音乐课堂上，欣赏皮影艺术，了解"皮影动作"的技艺以及师生共同创编皮影舞蹈的实践。以音乐学科、美术学科为例：

【案例】 我和奶奶跳皮影

陈丽

一、教学目标

（一）通过欣赏皮影戏片段活动，对皮影戏有一个基本的了解，从而关注皮影戏，关注传统文化。

（二）通过了解皮影戏的相关知识，培养欣赏古老戏种的艺术魅力，弘扬中华民族的古老艺术，增强民族自豪感。

（三）通过学习歌曲《我和奶奶跳皮影》和简单的皮影舞蹈，激发唱皮影、跳皮影的艺术动力，进一步感受皮影戏多姿多彩的艺术表现手段，增强喜爱皮影的艺术兴趣。

二、教学重难点

（一）了解皮影戏表演形式、角色分类及皮影的制作过程，感受中国古代皮影戏艺术的魅力。

（二）通过皮影歌曲学唱，表演皮影舞蹈的活动，初步对皮影戏产生兴趣，培养珍视我国传统艺术文化的情感。

三、教学设计

（一）导入新课

出示课题；用皮影实物激发学生学习和了解皮影戏的兴趣。

（二）探究新知

1. 走近皮影歌曲，了解表演形式

（1）播放歌曲《我和奶奶跳皮影》，学生初步听歌曲，感受歌曲情绪。

（2）交流：歌曲的情绪特点。

（学生发言）

2. 学唱歌曲《我和奶奶跳皮影》

（1）感受歌曲旋律，用"lu"哼唱歌曲。

（2）朗读歌词。

（3）师生互动，学唱歌曲。

要求：声音统一整齐，音准到位；衬词演唱圆滑俏皮。

（4）齐唱歌曲，指导重难点。

要求：纠正个别乐句音准不到位的问题。

（5）评价：组内评价，小组互评。

学生通过学习歌曲《我和奶奶跳皮影》，感受歌曲中带有民族韵味的唱腔，体验歌曲热烈欢快的情绪特点，运用明亮欢快的音色演唱歌曲进一步让学生们感受唱皮影、跳皮影的乐趣。

3. 学习皮影舞蹈《我和奶奶跳皮影》

（1）设计一组简单皮影舞蹈动作，示范表演。

（2）手部动作学习。

要求：手势到位，手臂自然放松有型。

（3）脚步动作学习。

要求：脚踝放松，脚尖轻点；勾起落下动作到位。

4. 教师分步骤指导舞蹈动作规范。

在学习皮影舞蹈的过程中，分层递进，由简至深，让学生们逐步掌握皮影舞蹈的手部脚步动作，进一步让学生们感受皮影的表演魅力。

5. 组合表演，互动互评。

（三）教学总结

同学们，今天学习了歌曲《我和奶奶跳皮影》，并且运用皮影舞蹈动作表演了歌曲。原来的皮影能给我们带来这么多的快乐，希望通过本节课的学习，同学们更加喜爱皮影戏，更乐于参与到皮影戏的表演中。

【案例】 零距离接触，感受皮影艺术魅力

刘嬿嬿

时光荏苒，非遗进校园已有 10 年。文来实验学校以课程教学为基础、社团活动为依托、校园文化为载体、艺术展演为补充，实现非遗文化融入美育，互促互进。

"皮影+"作为其中的一个特色在我校校园文化中扎根生长，美丽绽放。我作为一名美术老师，还兼任了年级组组长，自然与皮影艺术结下了一点缘分。在今天，如何让孩子眼中的"老艺术"走进他们的新生活？是值得我思考的问题。

一、边走边看，跟着皮影"看世界"

皮影戏是我国出现最早的戏曲剧种之一。演出时配合着音乐、锣鼓、灯光，艺人在幕后操纵皮影人物身上的连杆儿，透过灯光映出多彩且能行动自如的影像。它装备轻便，表演精彩动人，千百年来，深受人们的喜爱。方寸舞台，一盏舞台，尺把皮人，演绎华彩。

相比学生们通过文化课程来学习知识，采用独特的生活经验和趣味的文化生活可能是最好的学习方式。鉴于此，学校为了让学生更多地了解皮影艺术，在校园里打造了"皮影楼"和"皮影陈列室"，让大家与最具代表性的皮影藏品亲密接触，来一场光影约会。

志远楼 1 楼至 4 楼楼道转角布展了皮影文化，学生每次上下楼梯经过时，生动形象的皮影人物脸谱和服饰造型就会映入眼帘，或纯朴粗犷，或细腻浪漫，或夸张幽默。学校经常会安排校园流动课堂，初中部的讲解员大哥哥、大姐姐会结合皮影发展的分布图讲解皮影的历史、文化特点，制作方法等。小学部的小弟弟、小妹妹们听得津津有味，对皮影艺术表现出了浓厚的兴趣。参观者们经常提出各种问题，讲解员自然是有问必答，这种沉浸式的互动，不仅形式有趣十足，更丰富了学生的视野。

二、让皮影艺术之花在美术课堂绽放

民间文化艺术纳入教育体系，无疑是对"非遗"最好的保护与传承，那么教学课堂也是传承最直接的方式之一。我校以基础教育课程改革为主线，弘扬传统文化为核心，自主开发了《中国皮影戏》等系列校本课程。通过有计划、有步骤、系统地开展，为学生个性的发展，提供了新的舞台。

美术课堂则是"皮影+"系列校本课程的主阵地之一。《皮影艺术》和《会动的皮影》是四年级第二学期感受民间艺术单元的内容。通过了解皮影表演的特点，在制作与表演过程中，学会皮影的欣赏与制作方法，增强对民间传统艺术的了解和热爱。在此基础上，制作活动的皮影形象，通过自己的方式评述皮影的艺术特色，理解其综合的艺术美。

（一）"光影"故事，融入校园

学生对皮影已有接触，也有些概念，但要细细问询它的起源、发展史、艺术特点、制作材料、工艺方法等，估计一时半会儿也想不出个所以然，更无法用心感受它的艺术魅力。《皮影艺术》作为欣赏课，怎样让学生在课堂上学得带劲儿又能普及皮影常识？我根据本校的现有资源，做了一些设计和调整。教学过程如下：

1. 回顾校园活动，视频片段导入

让远离你的民间艺术，拉近距离，从身边熟知的人和物入手无疑是最好的选择。在导入新课时，我放弃了原先老旧的皮影戏片段，播放了学校宣传片中的相关视频和校舞蹈团表演的皮影片段。学生们一下子来精神了，看着熟悉的校服，伙伴们的脸庞和灯光下的身影，目光被紧紧地吸引着，沉静的记忆被打开了，皮影的话题被引出了……

2. 皮影知多少，有"奖"抢答

欣赏课就是多看、多听、多研究，但是历史文化和知识积累也是非常重要的。艺术皮影是用什么做的？为什么皮影人物造型大多数是正侧面的？表演一场皮影戏需要哪些准备？一个个问题的抛出，让学生在思考的同时对皮影艺术进行深入的了解。

传统的皮影戏人物制作的材料主要是皮革（牛皮、羊皮、驴皮等），制作工序也十分复杂。为了适应皮影戏的幕影表现形式，对人物造型及场面景物进行了大胆的平面化、艺术化、戏曲化的综合处理。采用阴阳及色彩的虚实对比造型，以雕镂、刻画、着色、涂油等方法制成的平面图像。艳丽的着色、通体剔透和四肢灵活的工艺制作效果，着实能使人赏心悦目。

提供的"奖品"（连接钮、扭扭棒、双脚钉、塑料操纵杆）也是别具匠心的，为下节课的材料准备做了铺垫。

3. 传统皮影戏 vs 校园皮影戏

皮影戏是集戏曲、音乐、美术、文学为一体的古老的综合艺术。课上我播放了两段皮影戏片段，其一是传统剧目《三打白骨精》，其二就是我校皮影社团表演的皮影戏。它们在人物造型上、表演形式上的区别一目了然。传统皮影戏戏曲浓郁，使用锣鼓打击乐器。我校皮影在原有的基础上大胆创新探索，增加了英语、上海方言以及阮乐等不同表演形式，与校园活动合拍共鸣，激发皮影文化，焕发新活力。

4. "桌上"皮影，趣探皮影戏

"桌上"皮影是学校特别研发的一个迷你型的小剧场，道具搬动方便，场地不受限制，可以在教室里开展皮影戏的演出。"桌上"皮影舞台的开发，学生通过看、摸来感知"皮影造型"，还可以尝试皮影造型的操作技能，感受皮影文化的魅力，为后面的动手制作做好铺垫。

（二）巧手生"花"，玩转皮影

学生经过对《皮影艺术》的学习，对皮影的常识已有所了解。在上节课的动手尝试中，学生已认识到关节在人体运动时所起到的作用。也知道人体的动态变化规律。那么这节课重、难点就是根据皮影戏，要设计、绘画出符合人物的造型特征，比例合适。

1. 借助于信息技术，提高学习效率

多媒体信息技术是集图像、声音、动画、视频与一体的视听并用的演示。皮影人物的制作过程极为复杂，要经过选皮、制皮、画稿、过稿、镂刻、敷彩、发汗熨平、缀结合成等 8 道工序、18 个步骤而制成，耗时长。微视频的使用比老师示范花时短，更具完整性。学生在学习的过程中更高效，能身临其境地感受工匠精神，仿佛开启了一场视觉盛宴，穿越了一段奇妙之旅。

2. 化繁从简，改良制作材料和工序

看了视频后，学生对皮影造型的制作与设计更为期待。古老的皮影艺术要在一堂美术课堂上呈现，必须对繁琐的工序和材料进行简化。通过小组讨论，学生们自行找到了解决的方法，以卡纸代替皮革，用暗扣（或扭扭棒）连接关节点，制作容易、便捷。

3. 运用折叠法，确定人物比例

皮影人物一般由头、上身、下身、两腿、两上臂、两下臂和两手所组成。我用折叠分布的方法直观演示了皮影人物设计的身材比例，强调各个部分的位置安排，通常是上身与双臂偏长，以利表演效果。

4. 结合校园活动主题，激发皮影造型创作

皮影人物的题材大多数是表现传统主题的，要让皮影紧跟时代步伐，必须赋予现代的流行元素，尤其是要加入深受学生们喜爱的题材。艺术的创作源自于生活。《会动的皮影》结合了学校的读书节活动，学生们通过小组商议，跃跃欲试，融入了有趣丰富的校园生活，给自己喜欢的读物角色和熟知的动漫角色创设了各种形象。不一会儿，一个个漂亮、活灵活现的皮影人物形象在学生们的巧手下相继诞生，各具风采。他们设计的形象不仅满足了自己的审美心理和情趣，而且更易操作、更具观赏性。

孩子们还创作了迷你小剧本，体验了桌面皮影表演，亲手舞动着操作杆，绘声绘色地现场配音，使这些人物形明丰满鲜活起来，课堂上一片欢声笑语。

三、坚守"老艺术"，演绎新生活

我们一年级组老师根据语文课本《四季》结合春、夏、秋、冬4个季节，改编内容，学生们据此改编在文化艺术活动节上展示课桌皮影。为了符合低龄学生的动手体验，我降低了制作难度，简化了活动关节。在课后的美术社团上，我手把手地教一年级小成员设计"小草、小鸟、青蛙、荷叶、麦穗、雪人"等造型，并帮助他们一起绘制，打磨塑料板，装置连接钮。皮影道具在稚嫩的小手中舞动起来。

传统艺术的发展空间和可能性不是自动形成的，需要创造条件、把握机会，需要挖掘和开发。通过美术课堂、美术社团、学校宣讲等各项活动及传播方式，让学生真正爱上皮影艺术。

我们的"学科融合式教学"强调的是学科知识与非遗文化之间的渗透和融合,这里的"融合"不是指简单的"大杂烩",而是指在坚持主导学科个性和特质的基础下,有统整、有主次地在融合非遗文化内容,切实发挥出非遗课堂的效能。以语文学科为例:

【案例】 跨学科背景下的初中语文主题式教学
——以《北京的春节》为例

谢华萍

近年来,受到西方文化的影响,学生对西方圣诞节、万圣节如数家珍,对中华传统节日文化及其对应的节气时日却知之甚少,对其中承载的民族智慧与情感也缺乏感悟和体验。语文学科核心素养要求关注学生审美意识与能力、注重中华传统文化传承。二十四节气是古代劳动人民的智慧结晶,以节气文化主题作为初中语文主题式教学的切入点,开展跨学科学习,有助于丰富学生对传统文化的认识、学会正确看待人与自然的关系。通过了解节气文化知识,学生得以窥见华夏民族千年来的劳动智慧,培育文化自信和文化自觉。

因此,本文以《北京的春节》为例,从教学缘由、教学开展、教学反思三方面来谈谈如何开展节气文化主题的语文跨学科教学,实现中国传统文化在学科学习的渗透与传承。

一、教学缘由

(一)核心素养培育

《义务教育课程标准(2022年版)》明确提出,课程目标在于培育学生的文化自信、语言运用、思维能力和审美创造四大核心素养,并指出课程内容的三大主题分别为中华优秀传统文化、革命文化、社会主义先进文化。语文学习尤其强调培养学生认同中华文化、对中华文化的生命力有坚定的信心,具备开阔的文化视野和一定的文化底蕴,成为新时代继承和弘扬中华优秀传统文化的接班人。

回顾以往研究实践，关于语文课程的构建理论讨论居多、具体操作实践经验缺乏，导致语文课程内容与核心素养指标体系内容之间的关联度低。同时，受学科壁垒的制约，单一学科的课程对培养和提升学生的核心素养具有一定的局限性。而文学教育与科学教育、美学教育的相通互融逐渐成为当前基础教育阶段的主流。核心素养培育要求教师创设真实生动的学习生活情境，通过创新性主题研讨与探究的实践方式，促进学生语文学习主体身份的多重建构。这为"语文跨学科的主题式课程"的开发与实施提供了广阔的发展空间。

本文以二十四节气为主题，探索跨学科语文课程的开展方式，从文学、科学、美学的视角引领学生去探索节气的文化魅力，让节气文化得以广泛传承，有利于学生在优秀传统文化积淀中培育高雅的审美情趣、锻炼语言文字能力、形成开阔的文化视野，更全面地落实核心素养目标体系内容。

（二）语文跨学科学习

2022年义务教育语文课程标准要求，课程内容主要以"学习任务群"组织与呈现，语文学习任务群由相互关联的系列学习任务所组成，共同指向学生的核心素养培养。其中，"跨学科学习"任务群的提出切中时代脉搏，为本课程的设计指引方向。语文跨学科学习旨在引导学生在语文实践活动中，联合课堂内外、学校内外，拓宽语文学习和运用领域；围绕学科学习、社会生活中有意义的话题，开展阅读、梳理、探究、交流等活动，在综合运用多学科知识发现问题、分析问题、解决问题的过程中，提高语言文字运用能力。

在跨学科学习中，学生获得积极的情感体验和丰富的实践经历，形成对自然、社会和自我联系的整体认识。综观我国传统语文教学，由于过分看重知识传播和技能训练，语文学科的人文性和综合性一定程度上被忽视，不利于学生综合素质的提高。语文作为一门综合性学科，在开展"跨学科学习"课堂时具有独特优势。在学习语文知识的过程中，也能够实现对其他知识的有效学习。二十四节气正是语文学科和艺术、自然学科之间的有效联系。

立足于此，本课程选取中华传统文化中的二十四节气，围绕节气文化学习主题，深入挖掘《北京的春节》中所蕴含的节气文化，探寻语文、地理、美术与历史等多学科的内在逻辑关联，将情境性、实践性、综合性融入语文跨学科教学中。

图 2-5 皮影社团排练

（三）传统文化继承

二十四节气是中华优秀传统文化的重要组成部分，反映了季节的变化，用于指导农事活动、影响了过往千年家家户户的衣食住行，维系着华夏文明的血脉。2016 年联合国教科文组织将中国申报的"二十四节气——中国祖先通过观察太阳周年运动而形成的时间知识体系及其实践"列入人类非物质文化遗产代表作名录。中华民族历史源远流长、博大精深，优秀传统文化凝聚着中华民族自强不息的精神追求和历久弥新的精神财富。

教育部颁布的《中小学传统文化教育指导标准（2019 年版）》，要求推动中小学传统文化教育健康、持久、有效的开展。学校教育是传承中华传统文化的重要渠道，语文课堂是弘扬传统文化的主要阵地，教师更是传递传统文化的引领者。因此，以二十四节气文化作为主题开展语文学科教学，将与日常生活息息相关的节气变化作为语文教学的切入点，有助于在学生心中播种下弘扬优秀传统文化、培育文化自信的种子，有助于传承发扬中华优秀传统文化。

二、教学开展

初中语文跨学科教学以"二十四节气之立春"为主题，将人教版六年级下册第一单元的第一篇课文《北京的春节》作为教学出发点和核心。教学分为 3 个课时，分别为主题引入——谈谈春节中的节气、主题探寻——节气诗歌面面观、主题展览——节气作文我会写。下文呈现了各部分的学习脉络、教学引导、学科内涵和学生活动。

（一）主题引入——谈谈春节中的节气

《北京的春节》一文的作者是著名语言大师老舍先生。他用朴素自然、充满浓郁"京味儿"的语言，以时间为经线，以人们的活动为纬线，描绘了一幅幅北京春节的民风民俗画卷。教师由《北京的春节》引出与春节有关的节气——立春，从而生发出丰富多样的节气知识，既包括文学文本解读、诗歌鉴赏、写作绘画等人文艺术类内容，也包含地球公转、气候特点、农事活动等自然科学知识，实现语文跨学科的主题式教学生动展开。表 2-5 呈现了第一课时"主题引入：谈谈春节的节气——立春"的学习脉络、教学引导、学科内涵体现和学生活动示例。

春节是学生较感兴趣的传统节日，也是二十四节气之首——立春开启的时期。教师结合《北京的春节》课文内容，设置如下提问："北京的春节何时发生？在时间上、气候上有什么特征？""北京的春节中有哪些节气的影子？""古人将春节和这一节气关联起来具有什么内涵？""北京是怎么过春节的？开展了哪些活动？""这些活动蕴含了什么意义？"

通过层次递进的方式，教师引导学生掌握春节开始的时间规律——在每年的一至二月份、农历的正月初一，并发现春节期间的一大重要节气——立春。通过熬腊八粥、泡腊八蒜、卖蜜供、祭灶王等春节活动，引发学生思考古人在立春节气开展各类庆祝活动的目的。例如，腊八粥中富含杏仁、瓜子、莲子、葡萄干等各类农产品，承载着人们年末丰收的骄傲和喜悦，表明立春岁首对于传统农耕社会具有重要的意义，象征着春回大地、终而复始、万象更新，新的轮回由此开启。因此，重大的拜神祭祖、祈岁纳福、驱邪禳灾、除旧布新、迎新春等庆典均安排在立春日及其前后时段举行。

表 2-5 主题引入：谈谈春节中的节气——立春（第一课时）

学习脉络	教学引导	学科内涵体现	学生活动示例
1. 探秘春节	引导学生发现春节的开始时间与立春节气的时间密切相关，思考农历概念的由来	语文： 关注《北京的春节》中关于腊月初旬、除夕、元宵节的描述，把握老舍笔下情景的社会文化背景 地理： 融入农历这一根据天象变化的自然规律判断气候的变化、加入二十四节气，预示季节来临的法则	记录每年春节的日期始末、立春日的日期，总结规律；查资料了解农历的概念
2. 寻根溯源	介绍春节是我国特有的文化节日，启发学生思考立春节气和我国各地地理位置之间的关联，了解节气产生的原因	语文： 把握《北京的春节》中体现时间变化和天气变化的语句，介绍按照时间顺序记叙的行文方式 地理： 我国的北回归线及其以南一带，在立春时期可明显感觉到早春的气息。让学生认识到我国幅员辽阔，南北跨度大，各地自然节律不一	通过查资料、访谈父辈等方式了解各自家乡春节期间的天气变化情况
3. 节气意蕴	结合民俗活动，启发学生思考立春所蕴含的文化意蕴，把握文章主旨	语文： 揭示《北京的春节》的主旨表达：热闹快乐的春节庆典承载了人们对过去一年的丰盛总结、对新年伊始的美好祝福 地理： 感受季节变化与节气命名的关系。立春与地球公转有关，标志着万物闭藏的冬季已过去，开始进入风和日暖的春季	通过查资料、访谈、亲身参与、走访等形式搜集各地在立春日前后举行的独特民俗活动和农业生产情况

（二）主题探寻——节气诗歌面面观

德国诗人、剧作家、思想家歌德说："绘画是将形象置于眼前，而诗则将形象置于想象之前。"教师在开展第二课时的主题探寻部分，基于《北京的春节》一文，从立春的年代画像、立春诗歌的情感表达和立春作品的艺术特征三方面展开教学（如表 2-6）。

首先，可以在语文教学中融入美育意涵，培养学生的审美和鉴赏能力。结合教材来看，《北京的春节》这篇课文配有精彩的插图，以红色、蓝色和白色为主色调，交织出了一幅喜气洋洋、富有民间特色的春节景象图，引人入胜、使人浮想联翩，仿佛被带入了老舍笔下北京春节的热闹街头，获得身临其境般的阅读体验。教师充分利用课内外教学资源，将相对抽象的文字描述与惟妙惟肖的具象图画联系起来，将《北京的春节》的插图与节气诗歌相结合，将春节景象的年代变化与不同时代的诗歌创作相结合，使学生发现立春图景之美、欣赏立春诗歌之美。

例如，教师在讲解《北京的春节》中"元宵节，处处悬灯结彩，整条大街像是办喜事，火炽而美丽……或用麦苗做成一两条碧绿的长龙，把顾客招来"这段关于正月十五的热闹场面时，结合"彩幡耐复宜春字，宝胜连环曲水纹"（杨万里《秀州嘉兴馆拜赐春幡胜》），看宋代民间剪彩花、贴宜春贴、进春书的热闹场景。讲解《北京的春节》中的各色美食时，带领学生诵读"儿女晓翻饼，呵手把一杯。菘甲剪翠羽，韭黄鹓金钗。"（范成大《立春大雪招亲友共春盘坐上作》），看诗人在立春大雪之际与众亲友翻春饼、饮春酒的开怀生活。

其次，将历史学科融入语文教学中，培养学生的民族认同和文化自信。《北京的春节》一文由老舍创作于1951年，当时北京春节的景象与半个多世纪后的今天已经大有不同。例如，学生注意到插图中人们所传达长袍大袄子，现在已经完全见不到；插图中店铺的招牌、摆摊的推车在街头也不多见。

配合教材插图、收集不同年代的春节照片，呈现立春节气的年代画像，看看不同人眼中、不同时代背景下北京的春节有哪些相同或不同。基于此，学生得以多面向理解老舍笔下北京春节的真实状态、拓宽想象空间，随着历史变迁见证传统文化的代代流传。这有助于培养学生的民族意识和文化认同感、深入体味民间文化的传承和变迁。

最后，教师将《北京的春节》平实质朴的语言风格和立春诗歌的语言特点相结合，培养学生的语言感知和运用能力。例如，立春诗歌常以梅、柳、酒诗歌意象入诗，描绘自然界的草长莺飞、社会生活中人们敲锣打鼓的盛大迎春仪式。诗人往往触景生情，表达对于节日的感慨，表现春天强盛的生命力和人们欢聚宴饮的愉悦心情。在热闹欢快的节日活动中，立春诗歌在总体上仍带有平淡自然的语言风格，诗歌重在表现客观的生活场景，用典贴切，在语言、情感上都表现出一种圆融自然的风格。

表 2-6 主题探寻：节气诗歌面面观——立春（第二课时）

学习脉络	教学引导	学科内涵体现	学生活动示例
1. 年代画像	呈现教材插图、不同年代的春节景象图片，以及描绘立春实景的古代诗歌。引导学生注意图像的年代变化、图像和文字之间的关系	语文： 结合图像品味语言文字，对《北京的春节》的热闹场面形成具象认知，学习充满画面感的文学表达 美术： 感受不同年代的图像画面和色彩，在诗歌和绘画中品味文字美和图像美的表达差异 历史： 从过去和当下的街头图景比较中发现民间文化的变迁，感受历史发展的脉络	根据课文插图，仿写《北京的春节》的第一自然段 搜集不同年代的老照片，看看不同时期的立春景象
2. 情感表达	结合《北京的春节》的活动场景，联系古典诗歌中关于立春节气的相关描写，体会立春景象和诗人的情感表达	语文： 运用朗诵、想象联想、等方式多角度品味《北京的春节》中的语言表达，把握诗歌主旨和情感 美术： 将声音、画面和文字相联系，学习美的多元化表达形式和鉴赏形式，丰富审美体验	反复朗读课本；并搜集描绘立春节气的诗歌，用自己的语言描述诗歌内容和情感表达
3. 艺术特征	从《北京的春节》平实质朴的语言风格出发，品味立春诗歌的语言艺术和意象特征	语文： 品味老舍的"京味儿"表达方式和平直自然的语言风格，掌握诗歌的意象表达 美术： 通过绘画等形式感受诗歌之美，锻炼审美感知力、提高鉴赏能力	根据苏轼的《减字木兰花（立春）》"春牛春杖。无限春风来海上。便与春工。染得桃红似肉红。春幡春胜。一阵春风吹酒醒。不似天涯。卷起杨花似雪花。"绘制立春图像

（三）主题展览——节气作文我会写

《北京的春节》一文记叙全面详尽，主要写了春节前后的节日，包括腊八、小年、除夕、大年初一、正月十五等。但作者老舍并不是每个节日都运用大量的篇幅去描写，而是有所侧重地选取素材。文章安排有序、脉络清晰，且具有极强的表现力和感染力，为初中生语文作文写作提供了典型范例，是教学"详略得当"这一写作技巧的重要切入点。

第三课时的教学中，教师依然围绕立春主题，首先带领学生复习回顾课文，归纳出顺序、线索、活动、详略、地方话等的"节点脉络"，绘制《北京的春节》的思维导图。其后下发"习作指导"，比照《北京的春节》的写法，扣住线索、活动、详略等"节点"，以《我心目中的立春图景》为主题绘制"春之脉络"思维导图（见表2-7）。

"注重从学生生活实际中搜集写作素材，从学生切身感受最深处找到写作灵感和思维"是语文课程标准的重要写作指导原则，也是值得教师去深思和探索的课题。在"春之脉络"的基础上，班级以小组形式在课外开展"春之体验"，既有绘年画、制春饼、品春卷、赏春景、播春种等直接体验活动，也有观看"打春牛"传统文化视频、欣赏立春音乐、游览节气文化非遗展览等间接体验活动。学生在体验中丰富对立春图景的感知，积累写作素材。教师引导学生运用描写方式呈现所见所想，以《我心目中的立春图景》为题写作。

教师组织"春之展览"，以班级教室为展览平台，通过习作展览和画图表现的形式，组织学生进行观摩，并要求学生摘抄记录佳句，主动表达自己的体验成果。学生在相互学习中提高综合语用技能，在相互点评、相互借鉴中发现更多有效的表达内容和形式。教师以开放的态度鼓励学生表达自我。例如，结合学生的游春、画春等不同体验，教师建议学生运用一两句话来表达自己所发现的重点内容。有的同学写出了"微风递来了立春姑娘的消息，就连最最娇弱的花蕊儿也好奇地探出头来"，有的学生写出了"农民伯伯披着雨衣在田野里忙碌地播种，挥洒的每一滴汗水都凝结着立春的希望"，有的同学则是写出了"我心目中的立春图景是空气中飘散着的甜香气息，是一个个金黄油亮的炸春卷咧着嘴、乐呵呵地躺在盘子上的幸福味道"等。

表 2-7 主题展览：节气作文我会写——立春（第三课时）

学习脉络	教学引导	学科内涵体现	学生活动示例
1. 春之脉络	示范《北京的春节》的思维导图绘制方式，引导学生发现老舍行文的行为脉络	语文：从《北京的春节》学习详略得当的写作方式，有策略地组织写作素材，梳理行文脉络	仿照《北京的春节》构思立春图景的呈现方式，绘制"春之脉络"思维导图
2. 春之体验	鼓励学生走进实际生活和大自然，通过间接或直接经验发现立春图景、感受立春气息	语文：从生活细微之处感受立春，调动多感官搜寻立春之景，综合运用前两课知识和描写技巧展开写作	分组参与各类立春体验活动，记录活动体验和感受，以《我心目中的立春图景》为题写作
3. 春之展览	展览学生习作成果，开展学生互评，启发学生拓宽写作思路，促进积累	语文：积累语言运用经验，在习作展览中欣赏他人佳作，丰富文学审美体验	参与班级作文展览和互评活动，积累摘录好词好句

三、教学反思

（一）开拓教学思路

语文是知识的载体，更是情感和生命的承载。以传统文化为媒介提升语文素养，不应局限于课文教学，还应结合教学内容向课外延伸，从而提升学生的语文素养。

节气文化是中华传统文化的优秀结晶，它已经烙印在每个中国人的心里，成为中国人必须传承的重要文化血脉。通过《北京的春节》一课教学，教师深切体会到课堂是弘扬节气文化、传承传统节日的重要阵地。但课堂的时空是有限的，想要令节气文化深入学生的生活，语文教师还需要打开思路，借助于各种新颖活泼的语文活动，挖掘节气文化的丰富内涵，唤醒他们对中国节气文化的兴趣，带领他们探索节气文化背后的文化底蕴，才能使学生在节气文化的熏陶中实现民族优秀文化遗产的传承，达到语文学科知识与综合素养能力共同提升的"双赢"。

图 2-6 版画探究

(二)坚持学科本位

语文教学既要敢于创新,加强跨领域、跨学科的综合性学习,又要注意突出学科本位。在跨学科教学过程中,要首先厘清语文学科教学与其他学科教学的关系,以完成语文学科教学任务为主要原则。处理好完成语文学科教学任务所用时间和学科渗透所用时间的分配问题,以保证授课时既能丰富本学科教学内容,培养学生发散性思维能力和综合运用知识的能力,又不会影响本学科教学。谨防对"跨学科教学"理念的认识出现偏差,把语文课上成思想品德课、美术课、活动课、常识课,忽视了语文教学的本质,使教学走入误区。

跨学科背景下的初中语文教学以《北京的春节》为案例,选择具有代表性的、学生容易接受的中华优秀传统文化项目——二十四节气作为主题。教学采取主题引入、主题探寻、主题展览三步走的方式,结合地理、美术、历史学科相关内容,以学生学习活动为主体,全方位培育学生的语文核心素养,提升了学生的文化自信、语言运用、思维能力和审美创造能力,促进了二十四节气传统文化的传承。另一方面,学校组织开展不同主题不同系列的"皮影+"微班课。以皮影系列为例,各年级针对不同年龄段的学生研发微班课系列(见表 2-8),旨在用皮影文化构建独特的班级文化,引导学生从非遗老艺人的精益求精、刻苦钻研的工匠精神去挖掘和感悟非遗文化价值,传递"每日一行,坚持下去就会进步"的非遗育人思想。

表 2-8 皮影微班课系列内容

年段	班队会主题	班会课内容	实施形式	教育重点
一	看皮影	中国皮影起源、皮影发展历史、皮影故事等	班会课、午会课 皮影馆参观、皮影角布置、校外研学	皮影知识
二	识皮影	中国皮影流派、七宝皮影戏的前世今生、皮影戏特点介绍等	班会课、午会课 皮影戏观摩、皮影角布置、校外研学	皮影特点
三	学皮影	中国皮影艺术介绍、皮影制作过程学习等	班会课、午会课 模仿皮影表演、道具制作、校外研学	皮影之美
四	演皮影	中国皮影文化、皮影与戏曲、皮影与诗词、皮影与建筑等	班会课、午会课 皮影戏表演、校外研学	皮影文化
五	探皮影	皮影戏研究、当今中国皮影戏的现状	班会课、午会课 上海非遗场馆探访、主题研学	皮影中的革命文化教育
六	设计皮影	皮影戏创作等	班会课、午会课 上海非遗场馆探访、主题研学	皮影里的工匠精神
七	表演皮影	皮影戏展演	班会课、午会课 校内展示、主题研学	团队合作能力
八	改编皮影	皮影戏自编自演	班会课、午会课 校际交流、主题研学	文化传承
九	创新皮影	皮影戏创新、文创产品设计	班会课、午会课 文化展示、主题研学	创新意识

图 2-7 皮影操

二、"主题探究式"课堂

"主题探究式"是指通过师生合作开展"皮影+"校本教材的创作,从"知、情、意、行"多维度培养学生的探究精神和文化认知与评价能力。这种课堂是以半开放式的自由课堂模式,以某个皮影戏或其他非遗项目的其中一个环节为抓手,抑或是某个非遗艺术、皮影戏道具的创作、观摩中华传统文化表演、非遗故事的核心要义,进行分析、讨论、探究。这种课堂教学是以老师作指导、学生为主体的开放课堂,重在提高学生对非遗艺术的求知欲,从而激发学生自主探究非遗文化的兴趣。以一节音乐学科拓展课为例——

【案例】 **生旦净丑演乾坤、唱念做打来传承**

———— 孙茜

一、教学目标

(一)知识与技能

了解中国戏曲文化历史和艺术表现特点,根据人物的特征进行设计与创作,比较准确地表达自己对戏曲人物的理解,敢于展示自己的个性。

(二)过程与方法

通过师生互动、同伴合作、共同参与等教学方式,初步认识戏曲中的"唱、念、做、打"4种艺术表演形式,并在欣赏视频、身段模仿、学唱戏曲等一系列体验活动中,感受戏曲艺术的独特魅力。

(三)情感态度与价值观

模仿戏曲的唱腔和戏曲身段动作,增强对中国传统艺术的喜爱,激发传承中华传统文化的自觉意识和使命感。

图 2-8 学生练习乐器

二、教学重难点

（一）重点

了解戏曲的四大艺术表演形式，初步学会并能表现戏曲的一些唱腔、念白和模仿一些身段动作。

（二）难点

运用所学的戏曲唱腔、念白和身段动作现场演绎戏歌《唱脸谱》。

三、教学课时、准备以及方法

（一）教学课时：40 分钟

（二）教学准备：准备经典的戏曲的音频和视频，学生查找相关戏曲的资料

（三）教学方法：讲授法、直观演示法、练习法

四、教学说明

作为上海市非遗传习基地校、上海市非遗联盟体龙头单位，学校一直将"皮影+"非遗特色项目融入日常的教育教学，强调在课堂、课程、教材中予以实施，增强学生对传统文化的了解与认同。七年级第一单元是戏曲欣赏，学唱部分的内容作为整体介绍、传承中华优秀传统艺术是非常好的资源，尤其是学生并不排斥课堂上对戏曲的介绍，所以利用拓展课延伸这部分的学习也是十分必要的，有利于加深学生对戏曲这门艺术的深层次了解，增强文化自信。

本节课是七年级第一单元的戏曲内容，主要强调会欣赏、能学唱并能表现。前期的学习，学生对戏曲有了一定的兴趣，也不排斥学习戏曲，只是没有很深入地了解与体验到戏曲的精华与魅力。所以这节课是将知识进行延伸，通过模仿体验增强对戏曲表现形式的深层次认识，继而喜欢上戏曲。

同时，拓展课有别于基础型课程的学习，选择的学生有别于日常课堂的学生，因此，具体要选择的教学方式和素材都值得反复推敲。我的做法是：首先去咨询了一些学生"你们喜欢上戏曲课吗？"，学生的回答基本上都是"不怎么喜欢"，我问："为什么不喜欢呢？""因为很难唱。""因为不好听。"，"那你们认为老师如何上能吸引你们的兴趣呢？""要动起来，既要有唱也要做动作。"……不能太难唱？那么就要选择离学生近的本土的沪剧作为学习戏曲的唱腔部分，我选择沪剧《燕燕做媒》还有一个原因是我们学校眼保健操第三节的背景音乐就是紫竹调，作为导入部分能够拉近戏曲和学生的距离。而戏曲除了唱还有念，正好我知道京剧《卖水》有唱有念，以问答形式通过师生互动提高学习兴趣。又要唱又要做动作，我想到了这个班级有个在戏曲中表现力极强、很有表现欲望的小金同学会唱越剧《天上掉下个林妹妹》，可以演宝玉这一角色，还有学生会唱的京歌《唱脸谱》。有了这些素材，我就用戏曲的表现形式唱念做打（打在课堂中不能呈现）把素材串起来。唱—念（里面也包含了唱）—做（里面包含了唱念）三种表现形式融入《唱脸谱》中层层递进，让学生完整地体验感受戏曲的魅力。

五、教学过程

（一）本土沪剧唱腔导入

1. 听一段熟悉的音乐，感知沪剧

（同学们听《卷珠帘》，感知沪剧）

教师：同学们，刚刚我们在课前听到的这段歌曲有什么特点？

学生：融合了戏曲。

教师：很好。它融合了戏曲京剧《梨花颂》选段。提到戏曲，同学们可能觉得它离我们很遥远，其实它就在我们的身边，而且天天陪伴着我们。下面老师就给你们听一段录音，你们听听看熟悉吗？

（同学们听《燕燕做媒》）

学生：熟悉。

　　教师：这是什么音乐？眼保健操第三节的音乐。那么下面老师就跟着这段音乐来唱一段，同学们听听看它是不是戏曲？是戏曲的哪一个剧种？

　　学生：沪剧。

　　教师：为什么？

　　学生：用上海话演唱。

　　教师：这首沪剧《燕燕做媒》融入了江南丝竹紫竹调的旋律，是歌曲与戏曲的完美结合。同学们听到老师刚才演唱的这一段，感受到沪剧唱腔有什么特点？

　　学生：细腻、柔美、委婉。

　　教师：很好。那么作为上海的学生，是不是更应该去继承和发扬沪剧呢？下面就请同学们跟老师一起，来学唱这一段《燕燕做媒》。

2.尝试用沪语读歌词，了解方言

　　教师：在演唱之前，请会说上海话的同学把歌词来念一下。请其他同学一起跟读一遍，金轶明同学。

　　学生：……

　　教师：……谢谢你，请坐。

　　　　　下面跟着老师来唱一下。

　　（沪剧教学）

3.跟唱学唱能唱沪剧，掌握唱腔

　　教师：接下来我们把刚刚老师说的沪剧的特点，融入这首歌曲当中，请同学们完整地来一遍。

　　学生：……

（二）国粹京剧（念白）

1.欣赏片段《卖水》，感受唱腔、念白及唱念结合的特点

　　教师：唱在戏曲中属于声艺术，念白在戏曲中也属于声艺术。念白是介于唱和读之间的一种音调，将语言戏剧化、音乐化，有一定的高度，并伴有一定的节奏。唱和念两者结合、相得益彰。接下来，老师播放一段京剧选段《卖水》，同学们在欣赏的时候思考，这个选段有什么样的特点。

2. 念白学习

  教师：同学们刚刚欣赏的时候，思考这段选段当中有什么样的特点呢？有唱又有念是吗？那么唱和念是通过什么样的形式结合起来的？问答的形式！那么接下来就请同学们跟我一起来学习这段念白……首先请同学们跟着来读一下节奏……念是介于唱和读之间的一种音调，它有一定的高度。下面，同学们用念白的音调来跟着老师读一下……

3. 唱念结合表演

  教师：下面老师用唱来问，同学们用念白来回答。我要求同学们跟着老师做，我做什么样的动作，你们不仅模仿我的动作，而且要用念白来回答。……非常好，给自己一点掌声。尤其是最后一句韵白抓得非常有韵味。

（三）穿越古代，重温经典越剧（唱念做）

1. 表演越剧《天上掉下个林妹妹》片段，师生合作。

  教师：在戏曲中，除了唱、念，还有其他的表现形式。接下来，我请我们班的戏曲小达人——金轶明，重温越剧经典选段《天上掉下个林妹妹》。在欣赏的时候，请同学们思考刚刚在表演当中有哪一些戏曲的行当和表现形式。

2. 说说戏曲人物的行当及"唱念做"的表现手法，分组交流。

  教师：这段表演中有哪些戏曲的行当？

  学生：有小生和花旦。

  教师：同学们发现有哪些戏曲的表现形式呢？

  学生：有唱、念、做。

  教师：唱在哪里？

  学生：唱是"天上掉下个林妹妹"。

  教师：念呢？

  学生：念是开头的"林妹妹"。

  教师：很好，这是念白。还有吗？做呢？

  学生：做是老师的动作，肢体动作。

  教师：很好，刚刚我们在欣赏那段表演的时候，有唱、念、做。那么，在做这一表现形式上，男女主人公有什么不一样的地方？

  学生：他们的身段不同。

  教师：他们的身段不同。男生是怎样的身段呢？

学生：男生的是坚挺笔直的，女生的身段是很柔美的。

教师：很柔美、很含蓄。还有什么不同？

学生：他们的手势不同。男女主人公在手势上也有不同，男生的手势是五指并拢的虎爪掌，女生的是兰花指。

教师：很好，这位同学观察得非常仔细。

3. 模仿不同行当的身段动作，并结合唱念来完整表现，学生点评

教师：下面我们一起做手上动作。刚刚我们朱韶涵同学说的"女生的手势"是什么？

学生：兰花指。

教师：女生的身段是非常柔美的，我们伸出我们的手，兰花指，大拇指往上。下面我们跟着老师来做一遍，走，1，2，3，4，这只手放在后面，再来一遍，从你的肩开始，预备起1，2，3，4，5，6，7，8。在这个地方转一圈，好，再来一次，转一圈。好，把你们的左手打开，眼睛随着手动，好，亮相，嗒，亮相，亮相回来，眼睛回来了，好，再来一次，从这里开始，预备，起，1，2，3，4，5，6，7，亮相，亮相的时候看着我。现在我们眼睛随着手动，亮相的时候眼睛看着老师，亮相。我们跟着唱，一起完整地来一遍。

"只道他"，预备——一只手在后一只手在前，

预备——手背在后面，

预备——起，

只道他腹内草莽人轻浮，

却原来骨格清奇非俗流。

好，我建议同学们再笑一点、再柔美一点，我们最后完整来一遍。笑一下。

预备——起，

只道他腹内草莽人轻浮，

却原来骨格清奇非俗流。

下面我们请男女生来一起来完成这段表演——

林妹妹，林妹妹。

天上掉下个林妹妹，

似一朵轻云刚出岫。

只道他腹内草莽人轻浮，

却原来骨格清奇非俗流。

很好！给自己一点掌声，请坐。

……

教师：最后，我们把今天课堂中学到的"唱念做"融入我们上节课学唱的《唱脸谱》中，我们请女生来表现第一段中的"旦"，男生表现第二段的"生"，有请七二班同学带来的《唱脸谱》。

学生：……

教师：女生们表演得真好，男生也来一段。

学生：……

（四）课堂小结

教师：同学们，随着时代的发展，戏曲渐渐地被人们淡忘了。但是它却是我们祖先一点一滴建立和发展下来的，是我们中华文化的传统文化。只有我们从小学习、了解、掌握戏曲，才能将戏曲一代一代的传承下去。今天我们的这节课就到这里，下课，起立！同学们再见！

（五）教学反思

这节课对学生、对我来说是一次很大的挑战，我不是戏曲专业，虽然为上课学唱了戏曲的唱腔，研究了一些戏曲的身段，但与科班出身的老师相比有一定的距离。课前，我也让班里戏曲小达人学习越剧的唱腔和身段，让他在课上协助老师教男生的动作，既节省了课堂教授的时间，又分层次地对学生进行差异指导。而对于学生而言，这节课再不是只坐在那里听老师表演的一节课，而是要动起来参与进来，锻炼了他们的自信和胆量。在最后一个拓展环节中，学生分组进行讨论时，我也参与其中，对个别学生进行差异指导，给他们一些建议，希望他们把最好的一面表现出来。这节课上同学们表现得不错。尤其是男生，基本达成了我的教学目标。

收获喜悦的同时，也不免有遗憾。比如说在学唱沪剧的时候，在唱腔方面，学生的位置还不够，情绪还不够柔美细腻，没有及时地给予修正和指导，在学做贾宝玉和林黛玉身段练习时，学生们还不够放开，老师应该多说一些鼓励的话激励他们。虽然有遗憾，但是更多的是收获和思考。其实这也是给自己一次很好的提升机会。每一次碰撞，每一个火花，照亮的都是一个个行走在艺教道路上的执着身影。

"主题探究式教学"模式，是基于非遗资源挖掘运用的自主性学习模式，重在倡导学生的主动参与，自主性、实践性、综合性、开放性是其主要特点。这样的课堂教学模式能够让教学内容更为具体，教学目标也更加明确。比如，《学演皮影戏》拓展课教学中，在传习教师指导下学生探讨和体验"选皮""制皮""设计""制作""演出"环节，感受皮影艺术魅力和精神表达。在此基础上，学生分成剧本创编小组，每个小组或以一个主题尝试创作自己喜欢的剧本，或以众所周知的成语故事和其他经典神话故事作为主题进行改编，然后分小组进行表演展示交流，使学生体会非遗传承的意义。以下摘录《学演皮影戏》师生创作的《新武松打虎》《小耗子的故事》《喜羊羊与灰太狼新传（校园版）》《公孙仪不受鱼（廉政皮影戏）》《孙悟空三打白骨精（三语皮影戏）》等节目为例：

【案例】　　喜羊羊与灰太狼新传（校园版）
——平平安安回家去

时间：放学后
地点：森林学校门前的山路上
人物：喜羊羊（简称"喜"）、暖羊羊（简称"暖"）、美羊羊（简称"美"）、懒羊羊（简称"懒"）、灰太狼（简称"狼"）

【亮灯；背景音乐起（阮乐队）】

懒（白）：唉，总算放学了，在学校里一天到晚不是读就是写，不是写就是背，把我给累得不像只羊了。

暖（白）：懒羊羊，快回家吧，爸爸、妈妈还等着你回家呢。

（沪）懒羊羊，侬姆妈叫侬回转吃夜饭了。

懒（白）：暖羊羊，你急啥？回家还得做作业，咱俩还是玩一会儿再说吧。

暖（白）：不，太阳下山后，灰太狼就要出来抓小羊的！

懒（白）：啊？那快走……快走……

【暖羊羊、懒羊羊下，美羊羊、喜羊羊上】

美（白）：咦，我的妈妈怎么还没来接我呢，今天可是我的生日，我要回去吃草莓蛋糕啦。

喜（白）：美羊羊，你还是等一下吧，你妈妈就会来的。

美（白）：Oh, I can't wait! Let's go fighting.

喜（白）：美羊羊，当心！

【美羊羊、喜羊羊下，美羊羊上】

美（白）：照理说走小路要比走大路近得多，怎么走了半天还没有走出去啊，……太阳快下山了，糟了。

【灰太狼上】

狼（白）：这不是美羊羊吗，今天怎么一个人在走啊？

美（白）：Who are you? How do you know me?

狼（白）：我，我是你外婆家的老邻居，大灰灰叔叔。你迷路了？还是让我带你回家吧。

美（白）：Fantastic! Thanks, uncle.

狼（白）：别客气，我也是顺手牵羊，不，顺路带羊嘛，哈哈哈……

【喜羊羊幕后叫】

喜（白）：美羊羊，我在找你，你在哪里——

美（白）：Xiyangyang, I'm here.

狼（白）：你别出声。

美（白）：为什么？

狼（白）：不要跟陌生人讲话，都是为了你好。

【喜羊羊上】

喜（白）：美羊羊，我总算找到你了。咦，这不是灰太狼吗？你们怎么会在一起？

狼（白）：你识错了，我是大灰灰。

美（白）：是的，他是我外婆家的老邻居，怎么会是灰太狼呢？

狼（白）：别睬她，咱们走！

喜（白）：慢，灰太狼，把美羊羊留下！

狼（白）：你再啰唆，我把你也吃了！

美（白）：哎呀，你真是灰太狼？我们快逃命啊——

【美羊羊、喜羊羊逃，灰太狼追】

【暖羊羊、懒羊羊上】

懒（白）：暖羊羊，我真的跑不动了，还是在路边的草地上躺一会儿再走。

【美羊羊幕后喊】

美（白）：救命——

暖（白）：不对，你听，好像美羊羊在喊救命！我们上去看看。

勿好，侬听，好像美羊羊喊救命，我俚去看看叫。

懒（白）：不会吧，他们一定在做游戏……

暖（白）：走啊！

【暖羊羊、懒羊羊下】

【美羊羊、喜羊羊、灰太狼上】

狼（白）：嘿嘿，想逃出我的手掌，别做梦了，还是乖乖地让我饱餐一顿再说。

【暖羊羊、懒羊羊上】

暖（白）：灰太狼，让你说！（让侬讲！）

【暖羊羊从后面撞向灰太狼】

狼（白）：哎唷！

喜（白）：同学们，上——

【四只小羊齐心打败灰太狼】

狼（白）：哎唷，痛死我了，我、我刚才是开"玩笑"的。

喜（白）：别耍花招！世界上有这样开玩笑的吗？滚！

狼（白）：我滚，我滚……哎唷……我一定会回来的！

【灰太狼下】

众（白）：哈哈哈……

（唱）：出了校门不闲逛，当心碰到灰太狼。（阮乐队配曲）

平平安安回家去，大家夸我好儿郎。

【皮影定格】【演员谢幕】

图 2-9 皮影传习人朱墨钧老先生指导学生

【案例】　　公孙仪不受鱼（廉政皮影戏）

时间：战国时期

地点：鲁国丞相府

人物：公孙仪，男，五十岁，鲁国丞相，简称"公"。

　　　张财主，男，六十岁，当地富豪，简称"张"。

　　　西门先生，男，五十余岁，公孙仪朋友，简称"西"。

　　　书僮，男，十余岁，丞相府书僮，简称"僮"。

【鼓板声】【公孙仪上】

公（白）：嗯哼，老夫双姓公孙，字仪，仪式的仪，鲁国丞相也。老夫有个小小的爱好，那就是喜欢吃新鲜的甲鱼。这甲鱼嘛也称团鱼，也叫老鳖——

（唱）：形状难看营养全，鲜是鲜来又滋补。

　　　　常常食用有好处，寿命活到一百多。

（白）：哈哈哈……

【书僮上】

僮（白）：禀报老爷，门外有人求见。

公（白）：这是何人？可有何事？

僮（白）：他自称张财主，说是有要紧的事。

公（白）：让他进来吧。

僮（白）：是。张财主请——

【书僮下，张财主拎甲鱼上】

张（白）：（自言自语）上门送礼有窍门，送得贵不如送得对。

小民张某拜见丞相大人。

公（白）：免礼。张财主，你手上拎的可是南方的甲鱼？它浑身乌黑，黑中透亮，上品啊上品，难得啊难得。

张（白）：丞相高见。小民从江南做生意归来，久闻丞相大德，今日专程带了些土特产来孝敬丞相的，区区一只甲鱼不成敬意，还望大人笑纳。

公（白）：谢谢张财主的好意，老实告诉你，本官从不收礼，不管亲疏远近、不论什么理由。你的心意我领了，把甲鱼拿回去吧。该干什么就干什么。

张（白）：这、这……

【书僮上】

僮（白）：张财主，这甲鱼在吐沫了，还不走要活不成了。

张（白）：嗳，果然名不虚传。我服了你！

【张财主、书僮下】

僮（白）：禀报老爷，门外有人求见。

公（白）：噢？又是何人？

僮（白）：又是一位送甲鱼的人。

公（白）：请他回去！今天是啥日子，都来送甲鱼？

僮（白）：可是，他一定要进来，挡也挡不住，他说他姓西门。

公（白）：哎呀呀，莫非是老朋友西门先生，快请快请！

【西门先生拎甲鱼上】

西（白）：丞相，不，公孙仁兄，好久不见，一切可好？

公（白）：好好好，托西门贤弟的福，诸事顺利。你能来，我已经很高兴了，还送什么甲鱼啊？

西（白）：不瞒仁兄说，这只甲鱼是我刚从河里钓上来的，只是想让你尝个鲜而已。请放心，老友之间谁不知道谁？绝没有什么不可告人的意图。

公（白）：贤弟，俗话说：君子之交淡如水，这样才能交得长远。为官要一身正气、两袖清风，老百姓才能拥护你，乌纱帽才能戴得长。

西（白）：我就不信，你今天受了朋友的一只甲鱼，明天连朋友也做不成了，后天连丞相也当不成了？这话说得太夸张了吧？你想吓唬谁？

公（白）：西门贤弟，话可不能这么说，你我都是读书人，难道忘了韩非子先生的话，千丈之堤，溃于蚁蚁之穴。很多事都是从情面开始，到害人结束。什么事情都是从无到有，从小到大的，小洞不补大洞吃苦，再后悔也来不及了。

西（白）：这个……这个……

公（白）：依我看，今天你把甲鱼拿回家去，做一锅香气扑鼻的甲鱼汤，一家人好好地享用享用。改天，我请你来家里喝喝老酒、品品书画、弹弹古琴，可好？

西（白）：好啊好啊，真是求之不得的文人雅事。那我先告辞了！

公（白）：西门贤弟再见！

西（白）：公孙仁兄再见！

公（白）：书僮送客。

书（白）：好嘞，西门先生请——

西（白）：请——哎哟，哎哟哟……

公（白）：你怎么啦？

西（白）：这家伙咬了我一口，哎哟，哎哟哟……

众（白）：哈哈哈……

【皮影定格】【演员谢幕】

学生创作心得：

　　与贪官成反比的是清正廉洁，在我国古代就有不少睿智的清官。"拒收甲鱼"就是其中一例古代清官的榜样。战国时期有一位叫公孙仪的丞相，他特别喜欢吃新鲜的甲鱼，在他当朝为官的日子里，送甲鱼的人纷纷上门。其中大多数人是为了谋取私利冲着他当丞相的官位来的。但是，不管抱着什么目的来送甲鱼，都被公孙仪一律回绝。

一天，公孙仪的故友来拜访他，知道他喜吃甲鱼补身，便用猪肝钓了好多甲鱼，拿到府上送给公孙仪。故友觉得两人是故交，交情非比寻常，我自己钓的甲鱼，你应该会收下。谁知，公孙仪风趣地同故友说："甲鱼味美啊！汤也好喝啊！很补啊！是个难得的好东西！"故友一听，十分高兴，就说："我们是老朋友，你不收别人的，我的这点小意思你就收下吧！"可公孙仪却说："我要是吃了你的甲鱼，只怕是会拴住我的手脚啊！"故友一听，立刻解释道："你放心，我不会麻烦你的。"可是，公孙仪手一摆头一摇，正颜道："既然这样，我若收下你的甲鱼，岂不是让世上议论你有行贿之嫌吗？"由于公孙仪的一再拒绝，故友只得拿着甲鱼回家了。

为了此事，公孙仪的家人很不解，就问他："你不是素来喜吃甲鱼吗？为何拒绝故友的甲鱼呢？"公孙仪说："正是因为我喜欢吃甲鱼，所以才不能收。吃几个甲鱼固然微不足道，但倘若我经常收别人的礼品，那就要落个受贿的坏名声，到头来丞相的官位也会丢掉，如果我因贪污受贿而下大狱或是被皇帝砍了头，到那时，我连甲鱼皮也吃不成了。现在我不收别人的甲鱼，倒可以安稳做几年丞相，我爱吃的甲鱼也可常常吃下去。"

公孙仪的明智不愧是古代一位杰出的清官，他能克制自己的私欲，能够不为小利而动心。在任何环境中，都不违背原则，而且始终如一，不轻易改变，这才算是真正的刚强。否则，难免要沾染不义之财，甚至违法犯罪，落下把柄在人手中。俗话说："吃了人家嘴软，拿了人家手短。"被人抓住某个弱点、隐私、要挟利诱，这些情况哪怕遇上一点，再想要刚强恐怕已经太晚，那时候就真的只能永远低头了。

公孙仪的故事说明了一个道理，那就是不贪小利益。可是在现实生活中，很多人都想追求财富或者权力，很多人在关键时刻或在利益面前，舍不得也不懂得放弃，最主要的原因是有一种欲望的"诱惑"在束缚着。然而，随着物欲增长的满足，人的贪婪心理会越发膨胀起来。殊不知，这些渴望中的欲望和诱惑，实际上吞噬、剥夺了人们生命中最宝贵的幸福和欢乐。反之，如果能早一点明白这个道理，并懂得放弃，人生就可能拥有另一番美景。

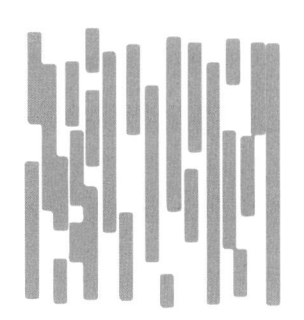

【案例】　　孙悟空三打白骨精（三语皮影戏）

人物：唐僧，简称"唐"。白骨精，简称"精"。

孙悟空，简称"孙"。美女，简称"女"。

猪八戒，简称"猪"。老太，简称"太"。

沙和尚，简称"沙"。老头，简称"头"。

【幕启。白虎山白骨洞，飞鹤、云彩】
【唐僧上】

唐（白）：阿弥陀佛——

不怕万水千山，只怕三心二意。

我师徒四人去西天取经，路过白虎山白骨洞。眼前暮色苍茫脚下山高路险。徒儿们，取经不是旅游，We must hurry（快快赶路吧）。

众（白）：师父，We are coming（来了来了）。

【三个徒儿、小白马上；走两次下】
【白骨精从白虎山上】

精（白）：我是白骨夫人，千年修炼成精，人家都叫我白骨精。听说吃了白白嫩嫩的唐僧肉，可以长生不老，但是唐僧的肉好吃，唐僧的徒弟不好惹，还是让我变个美女戏他一戏。One, two, here is a beauty!（一变二变，美女出现！）

女（白）：长老慢走，小女子送斋饭来了。

【猪八戒上】

猪（白）：哦，好香的斋饭，好靓的妞妞，啧啧啧。师父，有斋饭吃了。啧啧啧。

【唐僧上】

唐（白）：Thank you, young lady（贫僧多谢女施主），善哉善哉。

女（白）：长老别客气，行善积德是应该的，应该的。

【孙悟空从天而降】

孙（白）：好一个白骨妖精，你休得迷惑我师父！先吃老孙一棒再说！

女（白）：哎呀——好汉不吃眼前亏，快快逃命——

【唐僧、猪八戒下】

【孙悟空与"美女"打斗，"美女"被打死。】

【猪八戒上】

猪（白）：师父，师父，猴头闯祸了，猴头把美女给打死了！

【唐僧上】

唐（白）：罪过啊罪过，贫僧要为她念经超生。南无阿弥陀佛，南无阿弥陀佛……

孙（白）：师父，她不是美女，她是白骨妖精！

唐（白）：你休得装蒜，下次万万不可杀生造孽，否则老债新账一齐清算。

【唐僧师徒下，白骨精上。】

精（白）：想不到被这个大闹天宫的瘟猴坏了老娘的好事，怎么办？走过路过，不能错过。对，让我变个老太再戏他一戏。One, two, here is an old woman！（一变二变，老太出现！）

女儿、女儿——Where are you?（你在哪里？）妈妈喊你回家吃饭！

【猪八戒上】

猪（白）：师父，不好了，老太婆寻找她女儿来了！

【唐僧上】

唐（白）：这如何是好？南无阿弥陀佛……

猪（白）：师父，一人做事一人当，猴头打死人家的美女，就叫他去偿命不就完啦。

太（白）：什么？你们这帮野和尚竟敢把我的女儿打死？还我女儿！还我女儿！

唐（白）：这，这这……

【孙悟空从天而降】

孙（白）：你又来了，师父快闪在一旁，让徒儿收拾它。

太（白）：Oh no, help！（哎呀，救命）长老救命！

【白骨精逃，孙悟空追】

唐（白）：悟空，棒下留情，千万不能伤了老婆婆性命！

【孙悟空把"老太"打死】

猪（白）：师父，猴头把老太婆又打死了，雪上加霜了。

唐（白）：你这个逆徒屡次伤人性命，我要念一百遍紧箍咒，让你长长记性。嘛咪嘛咪哄，嘛咪嘛咪哄……

孙（白）：啊哟，stop! It's killing me!（师父莫念，痛死我了！）痛死我了，痛死我了！

沙（白）：请师父饶恕猴哥，这荒山野岭人妖难分，还是等事情水落石出后再罚不迟。

唐（白）：唉，气死我了……悟空，以后再犯，你我了断师徒关系，"请"你回花果山去。

孙（白）：I promise I won't do it again.（徒儿再也不敢。）

【唐僧师徒下，白骨精上】

精（白）：哈哈，让我变个老头，再去戏戏那个傻乎乎的唐僧，叫他上当受骗，看你这个瘟猴还敢不敢打我。One, two! Now is the old man!（一变二变，老头出现！）

头（白）：女儿、老婆你们在哪里？你们娘儿俩如果有个好歹，叫我怎么活啊……My daughter, my wife（女儿、老婆）……

猪（白）：师父，这下可彻底完蛋了，老头儿也要去寻死了。

唐（白）：我佛慈悲，救苦救难。还是由我这个当师父的向他老人家认罪，接受一切惩罚吧。老人家，请不要悲伤……

【孙悟空从天而降】

孙（白）：呔，怎么变来变去都是你这个丑妖怪，看棒！

【孙悟空一棒打死"老头"】

唐（白）：哎呀呀，你、你、你平白无故又打死老人家……

孙（白）：师父，这不是老人家，是老妖婆！

【白骨精现出原形，猪八戒、沙和尚上】

猪（白）：猴头这回打死得真的是妖精。

沙（白）：不对，猴哥三次打死的全是妖精。

唐（白）：悟空悟空好徒弟，都是师父错怪你。

　　　　　颠倒黑白不应该，惭愧惭愧好惭愧。

　　　　　做人先要讲道理，做事定要明是非。

　　　　　虽说世上好人多，还得当心有魔鬼。

孙（白）：师父，你没有错，错的是白骨精。它想害人结果害了自己。

猪（白）：哎哟哎哟……

沙（白）：二师兄，你怎么啦？

猪（白）：我要吃斋饭，I'm so hungry（我要饿死了）。

孙（白）：饿死你这个贪嘴的蠢货，活该。

唐（白）：八戒，再坚持一下，斋饭总会有的。徒儿们，只要大家齐心协力西天一定能走得到的。

众（白）：OK！ Let's go（好嘞！上路）——

【在电视连续剧《西游记·敢问路在何方》的主题曲中，师徒们缓缓前行】

【皮影定格，演员亮相】

注：

　　以上皮影戏剧本由原七宝皮影馆馆长朱墨钧老先生及皮影社团学生共同创编演出，曾获上海市"我是非遗传习人"团体金奖。

　　师生共同参与的这些"主题式教学"成果，既突破了传统非遗文化传承的限制，赋予现代校园生活的元素与时代特征，也打造了传统文化扎根校园的"地气"。

三、"馆校合作式"课堂

"馆校合作式",是指利用区域内的非遗场馆以及学校的皮影剧场、皮影陈列馆、文博馆、非遗楼、非遗景观路等非遗环境平台,学校顶层设计和开启基于场馆资源背景下的"馆校合作"的多途径探索实践,推动博物馆资源与学校教育的有效衔接,力求课程从内容到形式的设计呈现多样化、系列化的发展趋势,从而打造独具学校特征的非遗教学的"移动课堂",并形成以视觉盛宴、听觉盛宴营造良好的文化氛围,良性且有趣的互动环境。以此独特的路径"解封"展柜里的历史、读懂文物里的故事,潜移默化地影响学生对非遗文化的认知、理解与认同,找到一条打造"创新·发展·示范"的实践途径。

【案例】 "关爱红 融合蓝"馆校合作课程的开发与实施

——杨娟

为贯彻和落实"五育并举"的发展思路,学校积极尝试引入上博、七宝皮影馆等场馆资源,以学校三类课程为抓手,结合学生认知规律和未来发展能力培育的需要,研究开发和实施艺术类、文化类、自然类、历史类等系列"馆校合作"的课程内容,形成学生参与面广、体验性强、立德启智、实践育人的馆校合作课程运行机制,确保常态化。

一、实施目标

(一)基于学校"皮影+"传统文化项目,聚焦"弘扬民族精神,培养文化判断力和认同感""培育海纳百川的上海城市精神和多元文化素养"两大内容,从"文化基础、自主参与、综合素养"三个方面,构建和形成独具学校特征的"关爱红""融合蓝"两大主题的馆校课程体系,确保系统性。

（二）突出"知史爱党、知史爱国"的主旨，以培养"会自爱、懂他爱、能博爱"的"三爱"文来学子为核心，指向传承中华优秀传统文化，弘扬民族精神、红色基因，提高思想道德素质和科学文化素养的课程育人目标，提高中小学生对积淀深厚的中华文明的认识、欣赏、解读和传承能力，把爱国情、强国志、报国行融入学生学习生活的全过程，确保有效性。

二、项目主要内容

以知识性、实践性、创造性、趣味性相结合的原则，以适合学校办学特色需要的资源为重点，结合语文、历史、地理、道德与法治、美术等基础型学科教育和学校"皮影+"传统文化教育实践的内容，以"一以贯之"的思想设计和落实分层递进、螺旋上升的课程教育内容和课外拓展方案，满足不同年龄阶段学生的成长需要。

（一）"关爱红"系列：以学科素养类、文化艺术类为主，强调传统文化、红色文化的育人目标

以 2020 学年为例：学校以非物质文化遗产为主线，以"祖国文化宝藏：非遗艺术课堂""看遍世界：不同民族艺术"两大主题，以上海博物馆文物为基础，大力挖掘、弘扬中华优秀传统文化，分别在语文、地理、历史、道德与法治、美术、劳技等学科和学校综合实践活动中融入上博的藏品资源、七宝皮影馆等场馆教育内容，形成各有重点、互为补充、相互渗透的传统文化教育、红色文化教育系列课程。

（二）"融合蓝"系列：这一系列以综合素养类、职业生涯类为主，强调劳动技能、创新实践能力的培育

以 2020 学年为例：基于上海博物馆、七宝皮影馆、学校皮影馆等实景课堂资源，以历史、地理、科学、道德与法治等学科教学为重点，以博物馆的珍贵展品为切入点，设计和实施学科教学课外研学实践方案，实施"一次室内百年历史探访之旅""小书包走进大上海"两大主题的馆校合作课程内容，让学生系统了解上海及祖国的发展历史，帮助学生学史明理、学史增信。

三、实施流程

（一）项目启动

2010年，学校与七宝皮影馆签订馆校项目合作计划书，并引入七宝皮影开展馆校结合传统文化教育的探索与实践活动；

2019年5月，学校与虹桥商务区10多家企业签订"小书包走进大虹桥"校外研学基地，形成企业与学校合作教育模式；

2020年学校与上海博物馆开启馆校项目合作，一方面引入上博教育课程，开展学生校外综合实践活动，形成"小书包走进大上海"的研学基地，拓展学生视野；另一方面开展学科教学融入上博教育资源的实践研究，进一步完善馆校合作机制，促进博物馆融入教育体系，提升学校利用博物馆实景教学效果。

（二）项目运行

第一阶段（2010—2015年）：项目引入，把传统文化融入学校"立德树人"的实践。2010年9月引入七宝皮影，与七宝皮影馆签订学生研学实践协议。通过组建"皮影社团"、开设"皮影讲座"、举办学校非遗文化节、到七宝皮影馆参与皮影戏创编和表演等途径，初步形成馆校合作主题教育模式，2015年9月，学校成为"上海市十佳非遗传习基地学校"。

第二阶段（2015—2019年）：资源整合，坚持"五育并举"，构建学生研学社会大课堂。发挥学校是上海市非遗校联盟体龙头单位的优势，结合学生综合素养培育的需要，通过"送课到校""空中课堂"的形式，将上海市非遗校联盟体的传统文化项目引入学校，形成校内"皮影+"项目系统学习、校外十大研学实践基地现场拓展的格局。

第三阶段（2019—2022年）：课程构建，强调综合文化素养培育，馆校合作校本化实施。利用上海博物馆资源和学校馆藏资源建设形成学校的"文博馆"校本课程资源，一方面对标语文、道德与法治、历史、地理、科学、美术、音乐等学科教材内容研发课程内容；另一方面以上博课程和实景教学，建立学生校外研学实践，形成"关爱红 融合蓝"课程框架体系。

图 2-10 学生非遗社团

（三）项目保障

1. 一套机制：我们构建项目推进、研学实践、校本教材编写、自我评价的课程运行机制和"一室四部"组织保障机制，确保项目运作的良好环境。

2. 一支队伍：聘请了上博教师、七宝皮影馆传习人、全国皮影协会理事、新虹街道剪纸工作室老艺人，授课教师分级授课，与学校教师共同参与项目课程内容的研发与实施，保证馆校教育资源的无缝对接。

3. 一块阵地：设计形成"皮影+"景观路、"皮影+"走廊、"皮影·家"楼道、皮影馆、文博馆、青铜馆等一体的浸润式的课程环境，既作为上博、七宝皮影馆的实景教学补充，又成为藏非遗、展非遗、学非遗、传非遗的活态非遗示范实践基地，为学生研学营造丰富的、灵动的、多彩的生态环境。

四、效果反馈

（一）取得了阶段性成果

项目实施中 2019 年 5 月 8 日、2021 年 4 月 29 日分别进行了馆校合作课程"皮影+"100 展示活动，均获得市、区级领导与专家的好评。2021 年学校皮影馆成为闵行区青少年研学实践基地。

（二）形成了校本化的实施模式

以上博、七宝皮影馆、学校皮影馆实景教学、"十大研学实践基地"为重点，以《中国皮影戏》校本教材为抓手，聚焦文博知识、传统文化、红色文化，通过"关爱红 融合蓝"课程予以校本化实施，逐步形成学校特色。

"馆校合作"的课堂方式重在让学生通过听传承人口述或教师的引导及场馆内历史资料的呈现挖掘获得第一手的非遗信息，了解和认识到非遗传承的生存状态以及所面临的传承困境，激发学生自觉思考研究解决现状的方案与行动策略，增强学生对地域传统文化的崇敬感，激发学生民族文化的认同感和使命感。这种课堂以现场沉浸式教学让学生身临其境地感受非遗文化艺术，容易产生思想共鸣，变"讲道理"为"讲故事"，变"输入式"为"互动式"，变"要我学"为"我要学"再到"我要做"。通过这种新的课堂"打开方式"，让非遗课堂变得"生动""鲜活"起来，让学生在"都爱听""真喜欢"中成长为担当民族复兴大任的时代新人。以下摘录一节开展"馆校合作"课堂教学探索实践的内容——

【案例】 "学皮影 明事理"（馆校合作课）

朱君

一、课程背景

2010年9月引入七宝皮影，与七宝皮影馆签订学生研学实践协议。通过组建"皮影社团"、开设"皮影讲座"、举办学校非遗文化节、到七宝皮影馆参与皮影戏创编和表演等途径，初步形成馆校合作研学实践模式。2020年学校完成"皮影家"楼道、"皮影陈列室"的设计与建设，形成集皮影景观路、皮影楼、皮影剧场、皮影博物馆为一体的皮影实践基地。

基于这样的背景，引入上博、七宝皮影馆等场馆资源，以自有的皮影实践基地为抓手，结合学生认知规律和未来发展能力培育的需要，研究开发和实施皮影及皮影+课程内容，形成学生参与面广、体验性强、立德启智、实践育人的馆校合作课程，确保学生校内校外研学实践的常态化。

图 2-11 皮影社团排练《喜羊羊与灰太狼新传（校园版）》

二、课例

（一）课程名称："学皮影 明事理"。

（二）课程目标：

1. 通过引入场馆资源，学习皮影的相关知识及工艺，激发对中华优秀传统文化的学习热情。

2. 通过学习、欣赏、演绎皮影戏的过程，探究皮影戏的艺术"密码"，培育劳动创造美的意识。

3. 从皮影戏的艺术价值中感受中华民族优秀传统文化的魅力，感悟其背后蕴含的精神特质和文化内涵，培育工匠精神。

（三）学情分析

本节课面向七年级学生，对皮影戏有一定的了解，但对其皮影戏的历史与现状还不是很熟悉，尤其如何践行工匠精神、合作精神还需要在实践中进一步指导与强化。

（四）教学过程

教学环节	教学内容	课程设计	资源使用及分析
引入	神奇的"魔镜" 为什么西汉"透光镜"会产生奇异的透光现象？ 我国古代的著作中，称这种镜子为"透光镜"，这种镜子是非常珍贵和罕见的。目前，能透光的仅找到4面，这4面都珍藏在上海博物馆	出示图片，请学生说说这个"魔镜"为什么神奇？ 引出皮影戏的神奇之处	资源使用： 上海博物馆西汉"透光镜"的文物 分析： 以上博"透光镜"这一文物的出土背景、透光现象的原理引出同时期产生的皮影戏，更能激发学生学习兴趣

续表

教学环节	教学内容	课程设计	资源使用及分析
授新	1. 读古诗，话起源	以汉武帝观影图，介绍皮影的起源、光与影的运用，探究和解析皮影戏的神奇密码	资源使用： 学校的皮影家墙壁上的古诗、观影图，皮影馆的光影图及七宝皮影馆的相关图片 分析： 以小组为单位探访七宝皮影馆和学校皮影馆，寻找皮影的神奇密码并进行分享交流
授新	2. 看表演，说特点	以学校皮影社团表演的《公孙鱼不受鱼》视频，交流讨论皮影戏的艺术特点及价值	资源利用： 七宝皮影馆的皮影戏片断、学校皮影家的相关资源 分析： 以学校皮影楼（皮影头茬、身段、大色块、皮影地图、日本皮影戏等国外皮影图片）的实物、七宝皮影戏的演出场景进一步直观解析皮影戏的神奇密码，明晰皮影戏的团队合作意识
授新	3. 讲皮影，学精神	以采访七宝皮影戏二位老艺人的视频，讨论和感悟非遗项目传习人对中华优秀传统文化的执着坚守和精益	资源利用： 七宝皮影传习人及相关传习人 分析： 近距离了解和感受传统文化世代相传、生生不息的原因，了解皮影戏的制作工艺，帮助学生学史明理、学史增信，培育劳动精神
小结	行责任，担使命	从"我是小小传承人"切入，出示学校2018年4月18日、4月29日活动图片（场景），引导学生感悟守护中华文脉的重要意义和责任担当	资源利用： 学校皮影馆 分析： 以学校皮影馆的实景探访，了解传承文化的途径、方法，明确自己的使命担当

（五）教学反思

本节课将上海博物馆的文物资源作引入，融合学校皮影场馆的资源运用，强调教学的实景性，既增强教学的趣味性，又以学生探访实践的形式强化自主性与参与性，较好地实现了馆校合作的有效对接，使皮影课程的实施有了延续性的保障。

三、课堂教学实施分析

从适用性上分析，引入的这些资料增强了学生对传统文化内容学习的热情，加深了学习传统文化的历史性、丰富性；从课程教学改进来分析，虽然已安排了研学实践，但还需要教师跟进，指导学生利用场馆资源开展有效性学习实践，对接学科知识内容，拓宽学生视野，增强学生对传统工艺、文化精神的认同。

在馆校合作的推进中，我们以"普及+重点"为实施策略，面向全体学生招募小小非遗讲解员、非遗馆长，开展评比展示活动，推出一批批优秀的讲解员、馆长并上岗亮相，定期向学生、家长及社会讲解，形成了可复制的、便于推广的、课程化的馆校合作实践模式。建立"非遗小小讲解员"梯队培养、"小小非遗馆长"选拔等机制，这也是馆校合作的重点方向之一。以下摘录学校非遗场馆小小讲解员的讲解稿：

【案例】 "小小皮影馆" 讲解稿

讲解稿 1：

欢迎大家来到微造皮影区。

这是选自《西游记》中的一折戏《盘丝洞》。师徒四人路经一山村，唐僧便独自化缘，随遇几女子，便上前表明来意，相邀进住所，七位女子一拥而上，把唐僧关进盘丝洞。悟空见师傅不归，从土地神得知唐僧可能已被抓去，师兄弟三人大闹盘丝洞，救回师父。这是黑龙江皮影戏中"盘丝洞"梳妆的场景。由这幅图可见，黑龙江皮影的人偶绘画和雕刻都十分精致，梳妆场景可谓栩栩如生。

习近平总书记曾指出，中华优秀传统文化是中华民族的精神命脉，是涵养社会主义核心价值观的重要源泉，也是我们在世界文化激荡中站稳脚跟的坚实根基。要结合新的时代条件传承和弘扬中华优秀传统文化，传承和弘扬中华美学精神。我们用这树根比作皮影戏文化，我校师生小手拉大手学习皮影，传承皮影，让皮影文化发展并传承下去。

有句话说"七宝茶馆看老上海生活"，讲得一点也不错。在上海七宝镇南大街的七宝茶馆，每天都会有喝茶聊天的老人在此会聚，不过除了喝茶，七宝茶馆还一直进行皮影戏表演。在清朝光绪年初，七宝镇的毛耕渔从浙东学得具有南宋风格的全套皮影表演技艺后，回乡组建了"鸿绪堂皮影戏班"。120多年来，毛氏皮影在七宝传承了七代。七宝皮影戏涉及传统戏剧、传统美术、传统工艺、传统音乐、民间文学和方言特点，是七宝古镇传统文化的精华。我校学习并传承的就是七宝皮影。

讲解稿 2：

欢迎来到文来实验学校的"皮影+"特色走廊。

首先请大家看一楼的这块牌匾，牌匾采用立体光影艺术设计，表现了皮影艺术是由奇妙的光与影交织而成的一门特色手艺。同时，牌匾有"皮影家"字体和孙悟空形象头茬组成。"皮影家"有三层含义，其一是它取自我校特色课程"皮影+"的谐音，加号意味着皮影可以与各种艺术形式相融合，比如我校的皮影舞、皮影画等。

接下来请各位看这面侧墙，这面侧墙由"生旦净末丑"5种头茬组成。我们都知道皮影是一门戏剧，它将人物分为这五大类，并调动色彩的生动性和线条的灵活性加以修饰，更生动地体现人物特色。

然后呢，请各位看这面正墙上的画作。这幅画作旁有一段注解："环佩姗姗连步稳，帐前活见李夫人。"在这幅画的背后其实还有一个历史故事。画作正中间的是赫赫有名的汉武帝，据《汉书》传说当年汉武帝与爱妃李夫人十分相爱。不幸的是李夫人很早就因病去世。汉武帝思念心切，终日不振。

恰巧汉武帝手下的一名方士李少翁在一次出游中碰见了一位玩玩偶的小孩。小孩在太阳底下摆弄手中的玩偶，玩偶的影子投射在地上随之舞动。方士便灵机一动，用棉帛裁成李夫人的样子，涂上颜色，并在手脚处装上木杆。当晚就请汉武帝来到帐中，汉武帝得以见到形似李夫人的身影，龙颜大悦。这便是皮影戏的由来。

接下来请各位移步至侧墙。这面侧墙收纳了全国各地的皮影，我们会发现各地的皮影风格迥异。因为不同地区的民间艺人将皮影与当地文化相结合，发展至今，这是文化的融合。

非遗传承，既要代代守护，也需与时俱进。在现代社会，传统的师徒传承、家族传承已不能适应。而非遗项目走进课堂，不失为传承非遗的一条好途径，从组建学生社团，到聘请非遗传承人进校园授课，再到通过展演、参与讲解示范等方式发挥辐射作用，让传统艺术迸发出强劲的生命力。与此同时，播撒下的非遗种子在潜移默化中变成了每个孩子的"文化印记"。

第三章
课堂融合：引导学生系统学习

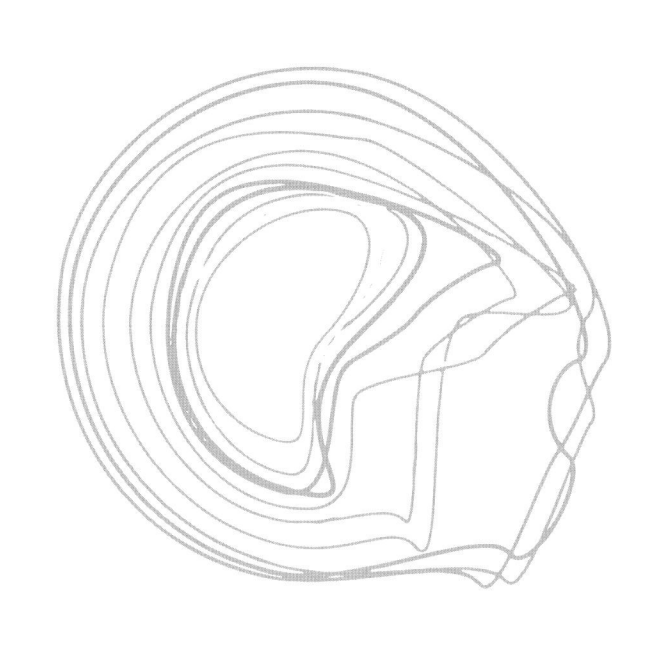

课程作为构成学校意义系统的精髓，是学校教育的核心组成部分，校本课程更是承载学校文化价值的载体。非遗是各族人民世代相传，与人民群众生活密切相关的中华优秀传统文化的重要组成部分，蕴含丰富的课程价值。将非遗作为课程或课程元素进入校本课程，将其文化价值转化为育人价值，有助于校本课程的适应性，丰富课程内容以活化教学。同时，通过非遗课程的实施，彰显课程的工具价值，激活校本课程的"本土"韵味，能够促进学生传承和发展中华优秀传统文化的"文化自觉"与"文化自信"，继而有助于促进非遗的活态传承。因此，无论是"非遗"融入促进学生的发展及中华优秀文化传承，还是利用"非遗"促进校本课程的创新发展，彰显学校的办学特色，都显示出"非遗"与校本课程之间的价值关系互动。

第一节
构建"皮影+"课程思考

一、研发背景

（一）时代发展对学校教育的要求

2017年1月中共中央办公厅、国务院办公厅颁布《关于实施中华优秀传统文化传承发展工程的意见》《关于在全国中小学开展中华优秀传统文化艺术传承学校创建活动的通知》等一系列文件都强调："落实立德树人任务，加强新形势下中华优秀传统文化教育，将中华优秀传统文化融入课堂和教材建设。同时，提出创建中华优秀文化传统学校，传承项目主要包括：戏剧、书法、民族民间美术、传统手工技艺、民族民间音乐、民族民间舞蹈、民族传统体育等。传承学校要以课程教学为基础，将传承项目纳入学校美育课程建设，开设校本课程，加强学科融合，深化教学改革。"这些都明确了中华优秀传统文化进校园、进课堂的任务，也为非遗进课堂、进课程提供了良好的文化契机与生长点。

（二）皮影非遗项目的多元文化价值

非遗作为人类文化的活态基因库、民族生命的记忆，与一般的物质文化遗产相比，其最大特点在于它的"活态性"，它的生存依赖于一定的自然人文生态环境，这为非遗融入校本课程开发、融入课堂教学提供了必要性和可行性。

从"审美功能、思维训练功能、教化功能"的非遗的育人价值出发，通过开发"皮影+"非遗校本课程，在剧本创编、服饰设计、戏剧表演、音乐选配、道具制作等过程中，可以有效地融合美育与劳育，提升学校师生认识美、体验美、感受美、欣赏美和创造美的能力，从而使学校师生具有美的理想、美的情操、美的品格和美的素养。

（三）非遗进校园的现状

在实践中我们发现，皮影非遗美育活动的形式，大多都是简单的校园文化建设活动，以普及为目的，呈现散点、短时、随机性特点，缺乏从系统的角度去整体架构、课程体系和持续进阶的设计与实施路径，非遗教育在实践中有待进一步扩展，走向课程化、体系化，才能实现非遗育美育心的价值。

二、研发主张

我们认为，在多元文化背景下的今天，学校的课程改革的意义在于：增强课程的多样性，为不同文化背景的学生提供平等的学习机会；突出课程的时代性，促进不同生活背景的学生和谐共生；增强课程的开放性，增进对多元文化的理解和包容。基于这样的认识，课程的研发必须关注非遗课程的规范性和系统性，必须强调以下四方面的内容：

（一）明晰非遗课程的特征

非遗是各族人民世代相传，与人民群众生活密切相关的中华优秀传统文化，所以要从"非遗"课程的目的与成效即"我去干什么，能得到什么"的问题入手，从"知识与技能""过程与方法""情感与态度"3个维度设定好非遗的课程目标，使非遗课程的知识性、经验性、实践性、系统性等特征得以显现。

（二）明确非遗的价值导向

非遗是优秀传统文脉的物化载体，是先辈留下的宝贵文化遗产。根据学校的具体情况选择非遗项目，从基础课程、拓展课程、兴趣课程、研究课程、实践课程等角度，确定非遗进校园的方式，厘清非遗项目的资源属性，将非遗的课程资源属性转化为切实可行的课程，使"非遗"与"校园"之间实现价值融合。

（三）非遗资源与课程内容的融合

非遗作为一种文化形态，是课程资源的知识主体，并非现成的课程，需要根据不同非遗的特点设置适合的课程，将非遗资源转化为课程资源，形成完整的非遗课程体系，通过更新课程内容、调整课程结构，才能以非遗课程的有效形式对非遗进行有效的传承与保护。

（四）推进人才培养与非遗传承对接

"非遗进校园"是非遗的传承方式之一，需要制定与之相适切的制度化学校教育传承方法，将口传身授的民间民族技艺整理成规范、系统、科学的教学标准和人才培养方案，才能实现非遗的科学传承。

第二节
"皮影+"
课程定位与目标

"非遗"是中华民族优秀文化的重要部分，是中国传统文化内核中具有载体价值的部分，对塑造学生性格、开阔学生文化视野、推动文化创新具有重要作用，成为立德树人的重要载体，也成为独特的美育路径。皮影戏是一种集绘画、雕刻、音乐、歌唱、表演于一体的综合性民间艺术，它有着悠久历史，也是最早传入西方的中国传统艺术之一，是美育教育的手段方法，是学生了解历史的途径，是培育学生动手能力和审美能力的途径。以皮影戏项目为抓手，挖掘皮影戏非遗项目中蕴含着的美育美心的育人价值，以此构建和形成学校"皮影+"校本非遗课程的整体架构、课程体系和持续进阶的设计与实施路径，是我校"关爱红 融合蓝"课程体系构建的重要组成内容，也是培养具有"中国心"时代少年的实践探索。

一、课程定位

如前，从理论层面上来说，作为青少年学习教育的主阵地，学校应当探索适合的非遗模式和途径，有助于提高人们对非遗文化的重视，推动素质教育的进行，也使"非遗"的文化传承呈现出新的活力；从实践层面上来说，以不损害非遗的活性和完整性为原则，因时制宜、因地制宜地研发课程、编制教材，建立非遗育人的活态文化空间，形成较为清晰的育人机制、路径和价值体现，对新时代学校以美育人、以文化人具有借鉴意义。

基于以上的思考，通过"非遗进校园"的相关文献研究和现状调研，以学生为主体切入，以构建与实现学生自主体验的浸润式路径为重点，开展"皮影+"非遗校本课程体系的建构（见图3-1），让学生了解学习"皮影"非遗的传统制作技艺，经历"玩中寻趣""练中成技""研以成志"，建立非遗传承的学习与情感关联、与能力关联、与个性化发展关联，最终促进学生的综合素养提升。

二、课程目标
——"欣赏美、创造美、思想美"

课程目标对课程建设起着重要的导向作用,是课程开发与实施的出发点与落脚点。在国家课程改革政策精神的引领下,在考虑到非物质文化遗产教育的内涵价值以及学校学生的兴趣与能力状况的基础上,确立"皮影+"校本课程的整体目标与课程分目标。

对照新课标对人才培养的要求,结合学校实际情况及时代教育的特点,融合中华优秀传统文化,开发和实施适合学生成长的文化、精神的课程元素,学校明确皮影戏非遗文化传承的教与学的过程,明确课程核心在于发挥皮影中蕴含着的"审美功能、思维训练功能、教化功能"的教育价值,目标指向提升学生欣赏美、创造美、思想美的能力,从而引导和帮助学生获得美育体验,自觉萌发保护与传承"非遗"的情怀,为学生未来发展助力,营造传承与保护非物质文化遗产的环境,提升学校的整体育人功能。

"皮影+"非遗传承校本课程框架的构建

"皮影+"非遗校本课程框架的实施

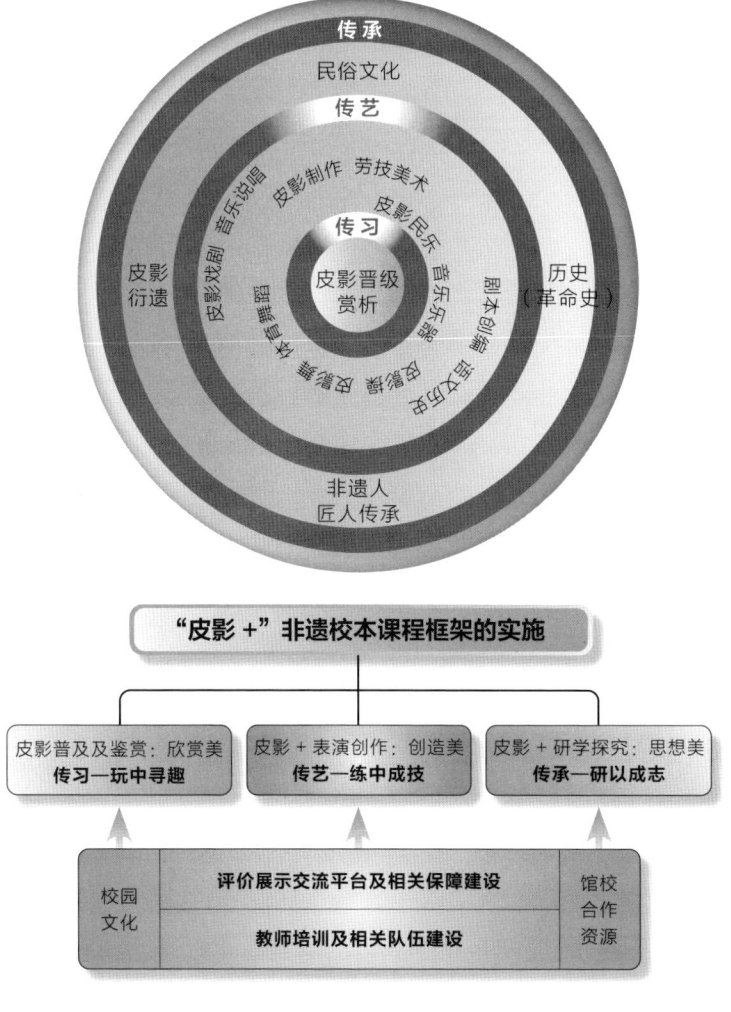

图 3-1 课程建构思路框架图

表 3-1 "皮影+"课程目标的关键内涵（以皮影课程为例）

欣赏美	通过普及鉴赏，在观看皮影表演、学习皮影知识、了解皮影文化及感悟传习人工匠精神的过程中，具有发现、感知、欣赏、评价美的意识和基本能力，成为知皮影、懂皮影的参观者、欣赏者
创造美	挖掘皮影非遗课程中的美育价值，在模仿表演、改编表演、自编自演的过程中，具有健康的审美价值取向，具有艺术表达和创意表现的兴趣和意识；具有生成和创造美的能力，成为掌握皮影戏非遗绘画、雕刻、音乐、歌唱、表演等技能的学习者、创作者、表演者
思想美	能够根据皮影戏非遗文化的特点，综合运用习得的知识、技能与审美情趣，通过观察、发现、比较、分析等，选择问题解决（非遗传承的危机及解决方案）的方案，成为积极参与研究皮影戏非遗、发展皮影戏非遗、传承推广皮影戏非遗的创新者、传播者

第三节
"皮影+"课程的构建

"皮影+"课程是指在国家教育目标的理念范围内，以学校为主场地、以非遗项目为主要内容而开发的校本课程，面向不同年龄、不同年段学生的需要，经过课程策划、编排、实施、评价等环节，包括课程目标、课程内容、课程实施和课程评价等4个部分。在皮影戏非遗项目选择上我们重点关注和强调两个关键：一是将非遗所蕴含的丰富知识、经验、习俗、价值规范等转化为现代学校的育人价值和课程价值，以此用非遗滋养和促进学生的人文素养培育；二是将"皮影+"校本课程的研发和实施成为学校非遗文化传承和保护的一个重要途径，既促进非遗的活态传承，又深化学校校本课程建设的可持续发展。

一、"皮影+"课程设置

遵循非遗传习层次及九年一贯制学校三段融通特质，围绕学校办学理念及特色发展需要，"皮影+"课程体系借鉴"互联网+"的概念，将区域内外的非遗文化资源通过整理筛选转化为校本课程资源，以"皮影"为核心，在横向上将"皮影"与相关文化艺术链接、融统，由内而外地架构传习、传艺、传承等三层内容；在纵向上强调九年一贯"低段基础认知、中段分化学习、高段拓展提升"三段贯通性发展进阶，细化构建低年段（基础）、中年段（衔接）和高年段（发展）的非遗校本课程育美育心的目标内容体系，由此建构三层三段的纵横一体化"皮影+"非遗课程群（见表3-2）。

表3-2 "皮影+"校本课程体系框架图

学校三段融通	学生身心特点及学习侧重	非遗三层架构	课程类型	育人价值	内容指向	实施方式
低段 一至三年级: 基础认知	儿童期 6-9岁: 懵懂好奇、打下基础	传习	普及鉴赏	鉴赏：玩中寻趣，感受艺术欣赏美	1. 皮影艺术欣赏 2. 皮影概述	皮影欣赏 皮影概述
中段 四至六年级: 分化学习	少儿期 10-12岁: 兴趣激发、中小衔接	传艺	表演创作	创作：练中成技，学习技艺创造美	1. 皮影+文学：剧本创编 2. 皮影+美术：道具制作 3. 皮影+戏剧：表演唱说 4. 皮影+音乐：乐器伴奏 5. 皮影+体育：技能动作	艺体融合课程、社团活动
高段 七至九年级: 拓展提升	青少年 13-15岁: 思维活跃、追求发展	传承	研学探究	创新：研以成志，传承文化思想美	1. 皮影+民俗：非遗研学 2. 皮影+历史（革命史） 3. 皮影+非遗匠人口述史 4. 皮影+影视衍进	研学实践、项目研究、口述史等

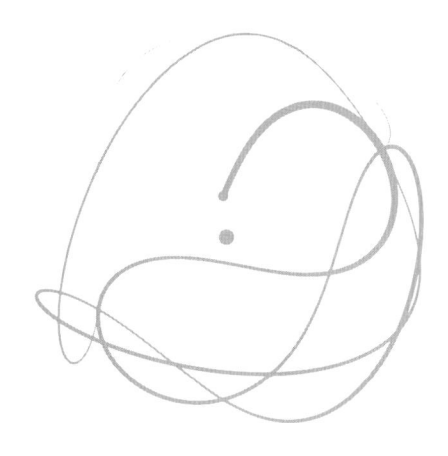

（一）传习板块

这一板块以普及鉴赏为主要内容，重在玩中寻趣。教学内容主要有皮影欣赏、皮影概述等，主要开展皮影戏的作品欣赏，培养学生对皮影的兴趣，让学生认识并学习使用皮影工具，欣赏简单的皮影作品，掌握基本方法，创作简单的皮影艺术造型。

（二）传艺板块

传艺板块以表演创作为主要内容，重在练中成技。主要包括皮影+文学：剧本创编、皮影+美术：道具制作、皮影+戏剧：表演唱说、皮影+音乐：乐器伴奏、皮影+体育：技能动作等。主要以"皮影戏"文化为题材，让学生了解中国传统皮影文化，融合传统技法与现代构成进行创作。

（三）传承板块

这一板块以研学探究为主要内容，重在研以承志。主要包括皮影+民俗：非遗研学、皮影+历史（革命史）、皮影+非遗匠人口述史、皮影+影视衍进等，形成面向全体，常态发展的"皮影+"课程实践。

在这一课程建设思路引领下，我们以"一以贯之"的思想，设计和落实课程内容（见表3-3），螺旋上升，分级递进，尽可能满足每个学生对非遗项目不同种类的选择与发展需要。

表 3-3 "皮影+"课程实施内容框架

课程类型	课程培养目的	课程内容	内容进阶（低、中、高）	实施形式	典型课例
传习（普及鉴赏）	成为知皮影、懂皮影的参observer、欣赏者	《中国皮影戏》校本课程的普及欣赏	低段：皮影表演	课堂教学 皮影参观 皮影观演	《七宝皮影》及其他
			中段：皮影知识	课堂教学 参观访问	《光影里的快乐》及其他
			高段：皮影文化及精神	课堂教学 探究研学	《学皮影，明事理》及其他

续表

课程类型	课程培养目的	课程内容	内容进阶（低、中、高）	实施形式	典型课例
传艺（技能提高）	成为掌握皮影绘画、雕刻、音乐、歌唱、表演等技能的学习者、创作者、表演者	皮影+学科课程的融合内容： 皮影+语文：皮影剧本的编写； 皮影+英语：双语皮影剧本的编写； 皮影+音乐：皮影戏的配乐伴奏； 皮影+美术：皮影戏的舞台布置和道具制作； 皮影+戏剧：皮影戏的表演唱说； 皮影+体育：皮影动作技能	低段：皮影模仿表演	课堂教学学生社团	《十二生肖》皮影+微课课例、《孙悟空三打白骨精》皮影+社团课例
			中段：皮影改编表演	课堂教学学生社团	《猪八戒吃西瓜》皮影+学科课例、《乌鸦与狐狸》皮影+学科课例、《杨门女将》皮影+社团课例
			高段：皮影自编自演	课堂教学学生社团	《小耗子（校园版）》皮影戏创作课例、《喜羊羊与灰太狼（校园版）》皮影戏创作课例、《武松打虎（校园版）》皮影戏创作课例、《生旦净丑演乾坤、唱念做打来传承》皮影+戏剧课例及其他
传承（研学探究）	成为积极参与研究皮影、发展皮影、推广皮影的创新者、传播者	1.《小书包走进大上海》"皮影+"文化艺术探访 2. 皮影历史探究 3. "皮影+"革命历史研学 4. 皮影+我是非遗传习人实践 5. 皮影+小小博物馆的影视衍进探访 6. 皮影+非遗节日文化差异探究 7. 皮影+非遗饮食文化差异探究	低段：观察发现	观演参观走访研究	《民族精神教育》皮影+思想政治课例、《阅中华悦成长》皮影+实践课例及其他
			中段：比较分析（不同地区非遗文化差异）	志愿服务探究研学	《小书包走进大上海》皮影+馆校合作课例、《校园里的小小博物馆》皮影+研学课例、《我是小小讲解员》皮影+实践课例及其他
			高段：问题解决（非遗传承的危机及解决方案）	探访研学	《我是非遗传习人》实践课例、《中国传统节日文化》探究课例、《中国传统美食文化》探究课例及其他

二、校本课程结构

课程结构主要探讨课程各个要素之间如何有机、合理地联系在一起的问题，简单来说就是课程各个要素的组织和配合。一般校本课程的结构有两种方式：一种是按照内容性质来分；另一种是按照管理性质来分。学校的"皮影+"校本课程是以必修课、选修课两种类型来划分，前者是以皮影戏的性质，后者则是以满足不同学生的兴趣与爱好出发而开不同类别的选修课程。所以，这里的"皮影+"课程结构是采取非遗内容与课程教学管理双结合的方式将必修课与选修课有机结合，从而共同完成"皮影+"校本课程的任务。在此基础上，学校编写了《中国皮影戏》《小书包走进大上海》《皮影戏学习读本》，在音乐课、劳技课、美术课安排皮影戏的系统学习，在语文、道德与法治、历史、体育等学科中融入皮影元素，在班会课、主题文化活动中贯穿皮影文化教育，通过皮影故事与皮影戏欣赏、皮影精神感悟；通过说皮影、画皮影、剪皮影、跳皮影、编皮影、演皮影等形式多角度感受皮影戏的艺术特色。

在实践中，我们将皮影戏校本课程从必修和选修两门课程予以顶层设计和全面推进：其中皮影必修课分为皮影历史、皮影欣赏、皮影表演、皮影创作四门课型；选修课以特色社团、校内外研学、皮影艺术节、走近大师等课程内容。两门课程的四大板块相辅相成、协同发展，旨在让孩子们喜欢皮影戏，培养乐学善学的兴趣，在会编、会演皮影戏的基础上理解、感悟皮影戏并会创新，进而在传承皮影戏的过程中实现自主发展和文化自信的培育。

表 3-4　皮影戏校本课程结构安排表

年段	必修课 皮影史实、皮影欣赏、皮影表演、皮影创作、	选修课 皮影社团	皮影艺术节	皮影研学	走进大师	大课间皮影操
一	1	每周一节（学生自主报名）	每年12月	双休日及寒暑假小队非遗特色主题活动	每学期一至两次，由学校统一安排非遗主旨专题报告、到非遗场馆实地讲座等	每天上午 9:40—10:10 集体课间操及室内操落实
三	1					
四	1					
五	1					
六	1					
七	1					
八	1					
九	1					
编制说明		每周拓展课固定实施				

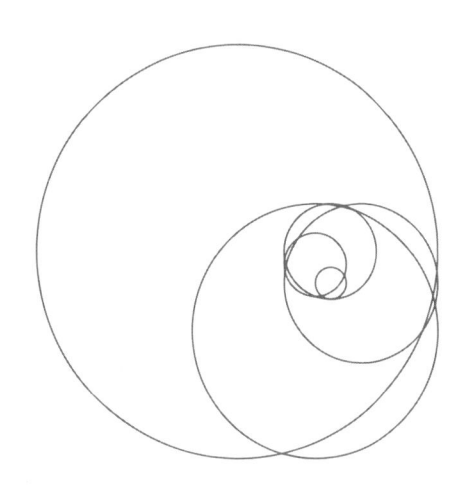

第四节
"皮影+"课程的实施

美国课程专家施瓦布说："课程本质上是展开式和实践式。"也就是说，课程只有在实施中才能由理想的课程转变为现实的课程。为此，我们以皮影戏非遗为抓手，以三类课程的全覆盖、全过程、全方位，推进"皮影+"课程的全员化、可持续。一方面，基于国家课程，基础型课程中渗透"非遗"知识点的教学，拓展型课程中开展"非遗"代表性项目的传习实践，研究型课程中开展班班有"非遗"、学校非遗文化节及"皮影+"特色社团活动等；另一方面在课程教学上采取普及鉴赏、技能提高、研学探究等层层递进的途径，合力推进"皮影+"校本课程的深入实施。

一、成立非遗领导和实施小组

我们建立"非遗"项目领导小组和实施小组，负责顶层规划和设计非遗课程建设，落实课程的长效机制。

学校成立了由市区级专家组成的课程指导专家小组，为课程开发与实施提供决策指导与实施咨询。课程指导专家小组具体构成如下：

高春明：上海市非遗协会会长、研究员

周勇：　华东师范大学教授

彭尔佳：闵行区教师进修学院研训员

仇忠海：上海市特级校长、上海市教育功臣

学校还成立了学校课程开发与领导小组，为课程开发和实施提供组织保障和领导保障，负责对课程的统筹指导和研发审议，确定课程开发内容，审核教师的课程大纲或实施方案；负责协调课程开发工作，使"皮影+"非遗课程开发具有合理性、科学性和创新性。领导小组的具体构成及职责如下：

表 3-5 学校课程开发与领导小组

职务	姓名	职责
组长	朱君	"皮影+"校本课程开发的主要决策人和负责人,负责课程的总体规划、宏观调控及全面的研究和实施
副组长	杨娟	主抓校本课程研发,落实构建三类课程全面推进、活动实践体验、校本教材编写的各类运行机制,保障校本课程的实施制度化。负责设计学校非遗进校园的发展计划和实施内容,落实开展每学期的非遗项目指导与实施工作,统筹非遗校园文化建设,安排非遗课程的师资和校外专家、非遗传人的聘任等,协调上海市非遗联盟体校的非遗项目资源,做好课程实施的经验或成果的推广和应用,构建互动合作、共生发展的"非遗进校园"的运行与保障机制
成员	万虹婧 朱伟强 朱明君 沈燕萍 赵娟娟 蔡丽琼 王雪帆 骆建军 谢华萍	教师发展部负责教师培训,对项目专职教师给予绩效奖励,对参与非遗课程的教师予以学期考评,对项目发展的情况作及时调控,不断提升项目实施的质量,推动项目向特色品牌发展;课程教学部负责督促在三类课程实施非遗文化教育,开展学科拓展,并建设校本课程,形成校本特色;学生发展部负责课程体验设计方案和评价方案,增强学生对非遗课程的兴趣,培养对中华优秀传统文化的热爱;后勤保障部负责非遗校园的打造,确保课程运作的良好环境

二、开展调研及分析

我们以文献研究和非遗项目学习需求及非遗资源的调研为起点,自编问卷调研全校师生对非遗项目(课程)的核心需求,梳理重(难)点和项目类型,为"非遗进校园"、后续非遗文化育人的校本实践,落实非遗文化育人机制和路径奠定基础。

(一)关于学校开展非遗文化育人的调研与分析

从"学校开设非遗文化"课程的基本情况、开设"非遗文化"课程的教师与资源、开设"非遗文化"课程的开发与实施以及开设"非遗文化课程的发展与合作"等4个方面设置调研问卷,回收问卷25份。

从数据来看,当前,60%的学校最大的障碍和难题是缺乏资源,包括资金和人员等资源,20%的学校认为最大的障碍和难题是缺乏领导和有效的组织,16%的学校认为最大的障碍和难题是缺乏经验且不知怎么做,4%的学校认为最大的障碍和难题是该非遗课程不受重视、不被支持。68%的学校非常希望了解其他学校的情况/做分享,28%的学校对于了解其他学校的情况/做分享表示一般的关心,希望做一定的了解,4%的学校对此没什么兴趣。

（二）关于教师开展非遗校本实践的现状调查

教师问卷回收 21 份。从数据来看，超过 3/4 的教师认为自己很好的了解非物质文化遗产（76.19%），14.29% 的教师认为自己比较了解但是没有很熟悉，9.52% 的教师认为自己对于非物质文化遗产没有什么了解。

（三）关于学生非遗校本课程学习的现状调查

学生问卷回收 27 份。从数据来看，在需求度方面，很感兴趣，并想用更多的时间来学习（74.07%），14.81% 的表示对非遗感兴趣，但是不愿意花更多时间了解，7.41% 的对此兴趣一般，看学校安排，3.7% 的对此不感兴趣，不愿了解和学习。在理解与认同上，88.89% 的认为很重要，应该参与保护和传承，认为"很重要，但是这是专家和社会的责任""比较重要，但是应该随缘发展"和"不太重要，它们没有什么用"的分别都占 3.7%。59.26% 的认为非物质文化遗产意味着更多的体验并理解文化精神，将其视为一种文化的传承和保护，40.74% 的学生认为非物质文化遗产意味着更多的动手操作。

三、申报非遗市级课题

非遗文化传承的实践探索激发了学校师生极大的内驱力和积极性。2021 年 11 月，学校成功申报市级课题"九年一贯制学校'皮影+'非遗校本课程体系的建构与实践"，并得到众多专家、领导的指导与帮助，在市级课题的引领下，学校的校本课程建设有了更明确的研究目标与实施计划（见表 3-6）。

表 3-6　课题实施内容计划表

课题	负责人	成员
九年一贯制学校"皮影+"非遗校本课程体系的建构与实施	组　长：朱君 副组长：杨娟	彭尔佳、周勇、全体行政人员及相关骨干教师
子课题 1："非遗进校园"现状调研	组　长：赵娟娟 副组长：骆建军	孟晨、王若昕（华东师范大学研究生）
子课题 2："皮影+"非遗校本课程实践研究	组　长：杨娟 副组长：朱伟强 万虹婧	朱明君、王长平、蔡丽琼、陈晓、王雪帆及学校骨干教师
子课题 3："皮影+"非遗校本课程实施相关保障	组　长：赵娟娟 副组长：谢华萍	陈晓、朱伟强、万虹婧、吴晓萍

在此研究计划引领下,进一步明晰各子课题的研究方向和任务,厘清课题的研究思路与实践途径,有效地开展子课题研究与实践(见表 3-7),推动校本课程研发向纵深发展。

表 3-7　子课题研究内容表

子课题	研究内容	任务细化	研究方法	成果
"皮影+"非遗校本课程实践研究	传习研究	1. 完善《中国皮影戏》的校本课程内容 2. 研究和制订皮影传习的课程计划 3. 组织讨论和制定低、中、高三段融通的传习课程内容框架 4. 推进本项课程的教学实施和组织不同学段校本课程实施途径的实践研究 5. 组织和落实课题课例的撰写 6. 做好阶段性课程内容的评价与调整 7. 完成本项的研究报告撰写 8. 完成指导手册、研习读本和课程图谱研制	行动研究 案例研究	指导手册 课程图谱 研习读本 课例集
	传艺研究	1. 梳理语文、道德与法治、美术、音乐、体育、历史等学科的非遗教学知识点 2. 设置皮影+学科的不同学段的课程内容 3. 研究本项课程实施方案 4. 研究本项皮影+课程图谱内容 5. 做好阶段性课程内容的评价与调整 6. 研究"课堂、活动、实践"三式联动方式 7. 研究非遗教学的实施手册和学生探究手册 8. 开展学生社团展示评价与表彰 9. 探索非遗课程与综合素质评价的实践模式 10. 完成研习读本和课例集;完成本项的研究报告撰写	行动研究 案例研究	探究手册 课程图谱 研习读本 课例集
	传承研究	1. 完善《小书包走进大上海》校本课程内容 2. 设置本项研究的课程计划 3. 研究不同学段的课程内容与目标体系框架 4. 推进本项课程的教学实施 5. 探索非遗课程与学科育德的实践模式 6. 研究"皮影+"与思政教育的实践模式 7. 探索馆校合作"跨学科"课程的实施方式 8. 做好阶段性课程内容的评价与调整 9. 完成本项课程学习的探究手册、研习读本、课程图谱 10. 收集不同学段的教学实施典型课例,完成本项课题的报告撰写	行动研究 课堂教学	探究手册 课程图谱 研习读本 课例集

续表

子课题	研究内容	任务细化	研究方法	成果
"皮影+"非遗校本课程实施相关保障	环境	1. 研究和实施"一剧场、二课程、三楼道、四场馆"学校非遗文化环境建设方案 2. 探索"学校里的小小博物馆"馆校合作的基地建设方案	行动研究	案例集成果经验汇编
	师资	1. 组织课程开发、实施、评价的教师培训和研讨学习 2. 组建各项课题的研究小组，落实课程设计、课堂教学、活动实施、课程评价四位一体的"皮影+"课程推进与实施 3. 组织教师课例撰写、微课实录、活动案例、教学设计等成果的评选 4. 研究馆校合作"非遗项目"研学的实施方案 5. 构建非遗课程队伍 6. 完成口述史案例的调研与报告撰写	行动研究 案例研究	
	制度	1. 建立"皮影+"非遗文化建设制度 2. 研究不同学段课程实施的评价体系 3. 研究不同学段不同进阶课程学习的评价方式和展示活动方案 4. 探索非遗课程与综合素质评价的实践模式 5. 举办"皮影+"非遗进校园成果展示及经验交流	行动研究 案例研究	

四、开发和完善校本教材

九年义务教育阶段是学生世界观、价值观与人生观形成的重要阶段，而非遗的门类众多，有民间文学、民间音乐、民间舞蹈、民间美术、传统医药、传统戏剧曲艺、杂技与竞技、民俗、传统手工技艺等。学校要组织学习非遗的所有项目，不仅不现实，也无法聚集和提供如此众多的非遗资源。那么，如何根据学生身心发展特点，结合九年义务教育目标和学校已有的非遗资源优势来选择合适的非遗项目传习呢？这是学校在"皮影+"非遗校本课程建设过程中首先要思考与解决的问题。

经过反复论证，一方面由校长室牵头，以"皮影"为抓手，以上海地区的非遗文化名录以及中华优秀传统文化为背景，从学校校情、学生特点和时代发展的需要出发，在充分考虑地域性、兴趣性和发展性的基础上，研发和编写《中国皮影戏》《跟着节气去劳动》《小书包走进大上海》等系列"皮影+"校本教材，架构形成校本化非遗知识的学习与实践系统，引导学生系统学习皮影及其他非遗项目的知识与技能，助力学生综合素养的养成。

图 3-2 《中国皮影戏》校本教材

图 3-3 《跟着节气去劳动》校本教材

图 3-4 《小书包走进大上海》校本教材

另一方面，由朱墨钧老先生等非遗传习人领衔，学校语文、英语、音乐、美术、劳技、体育等学科老师和分管教学负责人组成皮影创编小组，开展时代皮影戏的创作与展演。比如，我们创作的《新武松打虎》皮影戏，既源自学生所熟悉的传统篇目，又与时代发展相结合作了改编和完善，给古老的皮影戏赋予时代发展和学生喜欢的元素，使传统的皮影真正成为学生的皮影而非皮影的学生。以下摘录师生共同创编的皮影戏剧本：

【案例】 新武松打虎（双语皮影戏）

武（白）：Hello（哈啰），我叫武松，力大无穷。

秋风吹来树叶黄，片片飘零落四方，

今天我回老家去，匆匆路过景阳冈。

喔，好困啊，还是让我到大树底下躺一会再走……

虎（啸）：呜……呜……

武（白）：风 is blowing hard and strong（好大好大），难道是起山风了？Oh, no, that's not the wind（不对，这不是风），怎么还有两只绿绿的大眼睛。哎呀，老虎真的来了！老子跟你拼啦！

【武松、老虎搏斗】

虎（白）：哎哟，哎哟，It's killing me.（痛死我了。）痛死我了，Please go easy on me（好汉手下留情），好汉手下留情……

武（白）：咦，想不到这畜生还会说 Oxford English（牛津英语），是不是我在做噩梦？碰到了外国虎妖不成？不管如何，让我武松打死了你这个害人精再说！

【武松、老虎继续搏斗】

虎（白）：哎呀呀，老虎碰到武松了，武二爷饶命、饶命……我有话要说……

武（白）：呸！你死到临头，还有什么话可讲？

虎（白）：武二爷，Please listen to me（请听了）——

虎（唱）：（快板）

　　　　老虎老虎要诉苦，东躲西藏日子过。

　　　　从前咱们多威风，如今败落没前途。

　　　　生态环境要平和，爱护动物好处多。

　　　　虎类人类是朋友，老虎需要人保护。

武（白）：Yes, you are right（是呀是呀），老虎已不是当年的老虎了，是属于受保护的野生动物！也——罢，为了人类和自然的和谐，我武松从今以后绝不打虎，你回去吧！

虎（白）：Thank you so much（非常感谢）！武二爷放虎归山，这才是真正的盖世英雄。武二爷，Bye-bye（再见）！

武（白）：慢——

虎（白）：怎么？武二爷反悔了？

武（白）：No（不），为了让人类与老虎世世代代友好相处，你我不妨在景阳冈结拜兄弟。

虎（白）：噢，原来如此。That's great（太好了）！武二哥——

武（白）：虎老弟——

【武松与老虎欢快地跳舞】

众（唱）：（快板）

　　　　景阳冈上谱新篇，保护生态我当先。

　　　　人与自然要和谐，正是科学发展观。

　　　　发——展——观！

　　　　耶——

【皮影定格，演员亮相】

在这出《新武松打虎》的剧本中，我们不仅尊重原著中武松无比神威的英雄气概以及人民战胜恶势力的正义理想，更从时代发展的特征出发，强调了人与动物和谐相处的思想主旨，引导学生懂得保护动物、爱护大自然，这也是"皮影+"校本课程育人价值的核心体现。

五、三类课程全面推进

按照百度百科中的定义，"非遗"是指各种以非物质形态存在的与群众生活密切相关、世代相承的传统文化表现形式。它强调的是以人为核心的技艺、经验、精神。我们以皮影为主线，在调研学生需求和发展特点的基础上研发实施"皮影+"校本课程内容，以"非遗瑰宝身边寻"为主题，在三类课程中开展学生的非遗知识普及与鉴赏（见表3-8）。以小学部"皮影+"课程推进为例，这一过程侧重于了解和学习"皮影"非遗项目的发展历史、表演形式、艺术特点等。

表3-8 小学部"皮影+"课程推进内容

课程内容	实施途径	实施人	主要任务	实施年级
1. 学习绘制皮影人物 2. 学习制作简单的皮影道具 3. 学习皮影剪纸的基本方法	美术课 劳技课 拓展课	美术教师 劳技课教师 外聘教师	1. 依托校本教材《光影里的快乐》制订教案 2. 在每学期的课中至少安排2节课完成皮影课的教学任务 3. 在每学期的拓展课中，以班级轮训的形式，安排2节皮影剪纸课	一、二年级
1. 学习编写皮影剧本的基本方法与要求 2. 自编课本剧 3. 自创剧本	班会课 ——中华优秀文化主题、 语文课、拓展课	班主任、 语文教师 语文教师 语文教师或外聘教师	1. 每学期安排至少1节班会课，教授皮影剧本的基本编写方法 2. 以部编教材为依托，利用语文拓展课和写作课的时间，学习剧本的编写	三、四、五年级
1. 学会皮影表演的基本技巧：音乐配器、人物表演 2. 能表演独幕的皮影节目：传统节目——自创节目 3. 皮影操	音乐课 班会课 校园艺术节 体育课及大课间活动时间	音乐教师 班主任 艺术组教师 体育组	1. 音乐教师依托校本教材《光影里的快乐》制订并实施皮影表演技巧的教案 2. 班主任利用班会课的时间，组织学生表演自创课本剧或自编皮影戏 3. 体育教师自编并利用体育课、大课间的时间教会学生皮影操，并作为大课间活动的内容之一	四、五年级
了解其他皮影流派的道具制作、经典剧目及表演特色		外聘教师及社团负责人	学校负责开办专题讲座、举办研学活动等	五年级

在实施中，我们利用校本研修、传习工作室活动与非遗传承人师徒共研等搭建"皮影+"课程共研平台。在此基础上结合学段特点和儿童天性，契合各学科教学内容，在日常教学中推进"皮影+"课程实践。教师将皮影的发展历史、设计创作、表演技巧、剧目赏析、文化内涵等皮影文化元素有机融入学科课程，渗入课堂教学。目前，学校已在各年段各学科实践"皮影+"课程的渗透式教学，开发出相关课例并获得实践感悟。以下摘录部分学科的案例——

【案例】 "皮影+"在历史学科教学中的价值与应用

> 顾伶俐

皮影是中国首批非物质文化遗产之一，也是世界上较早的由人配音的影画艺术，集光影、雕刻、舞蹈等为一体的综合性表演艺术，被公认为现代的"电影始祖"。小小的皮影，浓缩了中华民族源远流长的文化特色，蕴含着丰富的"以文化人"的课程资源，是新时代铸魂育人的宝贵财富。我们应充分挖掘和利用皮影的文化内涵和资源，使之与历史学科相融相通，共同服务于历史学科"立德树人"的时代任务。

一、缘起

《义务教育历史课程标准（2022年版）》明确规定："历史课程是落实立德树人根本任务的重要课程，注重培育学生核心素养。通过发掘人类优秀文化遗产的育人功能，使学生树立正确的历史观、民族观、国家观、文化观，增强责任意识和社会担当，成为德智体美劳全面发展的社会主义建设者和接班人。"

皮影戏是中国民间古老的传统艺术，它开始于西汉，兴起于唐朝，兴盛于清朝，在元朝时传到了西亚和欧洲，可谓历史悠久、源远流长。表演时，艺人们在白色的幕布后面，一边操纵着影人，一边用当地流行的曲调讲述故事，同时配以打击乐器等。每一部皮影艺术品的背后，都在阐述着一个故事、一个人生、一个道路，看似拙朴，实则巧妙。所以，皮影戏的旨趣在于其蕴含着深厚的传统精神，不管是创作、构思，还是绘画、雕刻等，每一个环节都融入了劳动人民对真、善、美锲而不舍的追求。学生在学习的过程中，不仅能增进对家乡的归属感，更能增进对国家和民族的认同感，在坚守家国情怀的道路上，走出了一个个深深的脚印。

可见，皮影是历史学科的重要育人资源，也是"以文化人"的载体和路径。在此基础上，以"皮影"为核心，与相关文化艺术内容相链接，形成一个完整丰富的内容体系，这便是"皮影+"的由来。所以，基于皮影深厚的传统精神，挖掘其课程资源，整合教学内容，有助于历史学科育人目标的达成。

二、思路

皮影进入历史学科课堂，既令古老的传统艺术焕发生机，又激活了新的教学方法，新增了历史教学与传统文化相结合的教学模式。皮影人物，做工精致、造型别致、色彩鲜艳，它是我国民间艺术瑰宝，而皮影人物的造型本身就寄予了艺人们的褒贬，歌颂了人民群众对真善美的追求、对假恶丑的鞭挞。基于皮影文化有助于历史学科育人目标的达成，可以建构如下关系：

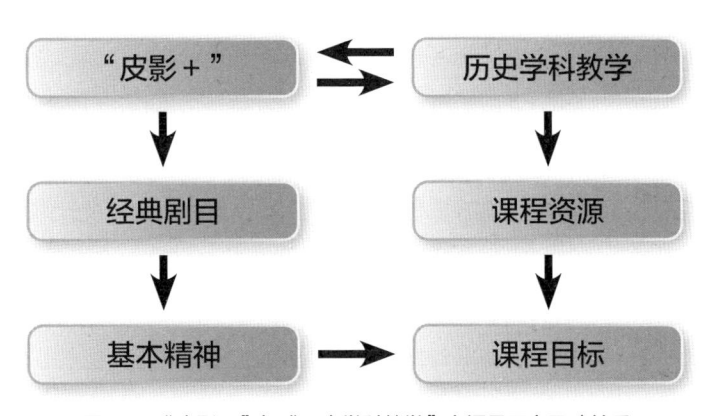

图 3-5 "皮影+"与"历史学科教学"之间呈双向互动关系

皮影文化以基本精神为内核，这些基本精神根植于经典的皮影剧目中。其中，经典的皮影剧目不仅仅包括传统的剧目，也包括在演变过程中产生的现代剧目。经典的皮影剧目丰富了历史课程资源，整合了历史课程内容，从而实现历史课程目标的达成。

比如，大家耳熟能详的经典剧目《岳飞传》《刘胡兰》《沙家浜》等，无不在弘扬精忠报国的民族精神，传唱着英勇无畏的革命精神。若将这些经典的皮影剧目融入历史教学过程中，既增强了学生对中华传统文化的认同感，树立了文化自信；而且通过皮影表演让学生更直观地了解历史人物和历史事件，在思辨过程中加强对历史的深入和理解，从而在感动中提升历史的感悟能力和生命境界。

三、实践

（一）利用皮影经典剧目创设情境，激发学习兴趣

兴趣是最好的老师，也是学习的最大动力。有了兴趣，学生才能主动、愉快地学习，才能在学习中发挥主体作用和主动精神，也才能提高学习效率。如何激发学生学习历史的兴趣，单靠教师的口头叙述，方法单一，学生和历史之间始终保持距离，难以走进历史。而皮影可以将学生带回到当时的历史情境中，让学生感知历史和人物，这样才能激发学生的历史学习兴趣。

例如，在学习《中国工农红军长征》一课时，为了提高学生对这一段历史的认识和理解，我提前和学生们准备好了皮影《金色的鱼钩》中的人物炊事班长和小战士，通过皮影艺术动情地演绎了1935年秋天，红四方面军在长征行军途中，炊事班长竭尽全力照顾三个生病小战士的故事。老班长把缝衣针烧红后弯成"鱼钩"钓鱼，自己却舍不得吃一口，最终因为饥饿劳累而倒下。皮影《金色的鱼钩》，故事生动感人，充分表现了红军战士忠于党，忠于革命，不怕牺牲，排除万难争取胜利的崇高品质。学生们观看得十分专注，也十分感慨。我让学生思考两个问题：（1）红军长征途中遇到了哪些困难？（2）你如何看待红军长征的胜利？创设情境，引导学生走进"历史现场"；在此基础上，设置问题，让学生带着问题进行学习探究，有效提升了学生学习历史的积极性。

（二）借助于皮影经典剧目拓展史实，落实核心素养

历史教学的目标不仅仅在于激发学生学习历史的兴趣，旨在通过历史课程的学习教给学生适应未来社会发展所需要的必备品格和关键能力，从而能持久地适应社会，实现自我发展和终身发展。

例如，在学习《中国共产党诞生》一课时，我和学生们一起观看了皮影戏《南湖红船》。《南湖红船》讲述了1921年7月中共一大会议在上海召开，

在会议进行过程中，突然有法租界巡捕闯进了会场，会议被迫中断。于是，最后一天的会议，便转到了浙江嘉兴南湖的一艘游船上。我们可以设计如下问题，将核心素养目标融合在历史学科课堂教学中。

1. 中国共产党为什么会在 20 世纪初诞生于中国？（探究时代背景与历史事件的关系）

2. "五四运动"为中国共产党的创立做了哪些准备？（探究历史事件之间的关联）

3. 中国共产党的诞生有何意义？（探究历史影响与历史事件的关系）

围绕中国共产党的诞生连环设问，拓展了史实，彰显了历史学科特色，在思辨中，培养学生的历史核心素养，将历史事件放眼于长时段、大空间中去探究，从而使得学生深刻感受到中国共产党的诞生是中国历史上的一个大事变，使得中国革命的面貌焕然一新。

（三）依托皮影经典剧目以史激情，培育家国情怀

历史学科是与人有关的学科，历史人物灿若星辰，涉及古今中外不同领域。在教学过程中，激发学生学习历史的兴趣，培养学生获得历史学科关键能力还不够，教师还可以引导学生从杰出人物的言行中，汲取历史智慧和人生经验，进而确立坚定的社会责任感和家国情怀。

例如，在学习《艰辛探索与建设成就》一课时，我和学生一起查看了以焦裕禄故事为主题创作的皮影戏《焦桐花开》剧本。1962 年冬天，在风沙、内涝、盐碱"三害"最严重的时刻，焦裕禄来到了兰考。临上任前，焦裕禄这样向组织立下誓言，"拼上老命，大干一场，决心改变兰考面貌"。为改变兰考县的贫穷面貌，焦裕禄投入新中国伟大的社会主义建设事业中，战天斗地，为人民服务，终因积劳成疾而献出了自己的生命。焦裕禄身上体现出的艰苦奋斗、迎难而上、无私奉献的精神令人动容，是学生做人做事的好榜样，有助于学生思考个人、社会、国家之间的关系，树立不负时代、为国为民的远大理想和抱负。

一言以蔽之，皮影文化与历史教学相融相通，不仅能够体现历史学科的社会价值和人文关怀，有助于我国非物质文化遗产的传承、保护和创新，而且拓宽了历史学科教学的空间，有助于学生在历史学习过程中激发学习兴趣，落实核心素养，培育家国情怀，逐渐成长为德、智、体、美、劳全面发展的社会主义建设者和接班人。

【案例】 "皮影+"在道德与法治学科教学中的价值与应用

———————————————————————————— 王雪帆

为贯彻落实习近平总书记在党的二十大会议的讲话精神，实现全程育人、全方位育人，需重视校园文化建设，开拓隐性德育工作路径。把目光聚焦在非遗传统技艺中，以挖掘皮影戏中的德育元素为基点，强调在回归传统、传承皮影戏的过程中，潜移默化培养中小学生"工匠精神"，通过用皮影"讲故事"的形式，融入社会主义核心价值观的内涵，探索"皮影+"与道德与法治学科相结合的育人新途径。

皮影戏，被联合国教科文组织列入"人类非物质文化遗产代表作名录"，我校深耕传承与弘扬以"皮影+"为特色的传统文化工作，本篇将呈现"皮影+"与道德与法治学科相融合的案例。皮影+与学科融合极具研究价值和推广意义，其中蕴含丰富的德育元素，是学校思想政治工作开拓德育育人新路的有效载体。

一、以"皮影+"为载体融入道德与法治教育教学的意义

皮影戏，属于中国优秀的非物质文化遗产，是中华民族文化智慧的结晶。它所蕴含的中国人独特的思维方式、生活理念、审美情趣等，都具有较高的思想价值和艺术价值。它是传统中国文化的重要组成部分，以其丰富的内容、精美的技艺、生动的形象和独特的魅力，在世界各地广为流传。皮影戏以它独特的魅力吸引着全世界爱好艺术、追求艺术与美、崇尚文明与健康的人们。

（一）弘扬中国传统文化，增强民族自豪感

结合皮影戏中所蕴含的思想政治教育元素，将学生引领到中华传统文化中去感知中华优秀传统文化的独特魅力。同时让学生明白传承民族文化是一个长期积累过程，不能急于求成、急功近利，要持之以恒地传承中华传统文化中积极有益的部分。从传统戏曲中汲取精华，在与现代生活的碰撞中实现传统文化的现代化传承，从而增强民族自豪感。

（二）培养学生动手实践能力，提高综合素质，促进身心全面发展

传统戏曲是中华优秀传统文化的重要组成部分。而皮影戏这一民族文化瑰宝更需要学生有一双灵巧的手，在舞台上演绎得惟妙惟肖。我们希望通过皮影

戏这一非遗技艺与学生德育相结合，让学生感受中国传统非遗技艺之美的同时，学习传承非遗知识、践行社会主义核心价值观、增强民族自豪感、树立文化自信。皮影戏不仅是一种文化艺术，也具有教育意义。这不仅有利于传承和发扬中华优秀传统文化，还有利于促进学生全面发展，提高综合素质。因此，在道德与法治学科教学中融入皮影戏这一非遗技艺，是对学生德育的有效引导与升华。

因此，皮影戏融入道德与法治学科教学，不仅有利于丰富课堂内容，提升学生的道德修养，还能使道德认识、价值判断与情感体验相结合，使道德情感由外向内不断升华，促进学生身心全面发展。这对社会主义核心价值观的树立与践行有积极作用，是弘扬中华优秀传统文化的有力体现。在新时代，皮影戏将继续发扬光大、代代相传。

二、以"皮影+"为载体融入道德与法治教育教学的路径

将"皮影+"文化、工匠精神、社会主义核心价值观贯穿于育人工作始终，在教育过程中，不仅要秉承"以学生为本"的理念，注重人文关怀，以皮影戏为载体开展思想政治教育，践行工匠精神的"德艺双馨"，融入社会主义核心价值观内核，多方位关心每一位学生的需求，也要针对学生的个性特征和时代特点，树立多样化、精细化的学生培养模式，尊重学生的差异化需求，有的放矢地进行精准化因材施教，服务学生成长发展，努力构建全员育人、全过程育人、全方位育人的思想政治教育大格局。

（一）探寻文化之根，挖掘工匠精神

在道德与法治课堂开始前，设计调查项目，让学生以小队为单位结合道德与法治书本知识进行探究活动，走访皮影老艺人，听老艺人讲故事，感受传承文化背后的坚守和信仰。

例如在九年级上册第三单元第五课《守望精神家园》第二框《凝聚价值追求》的讲授中渗透我校"皮影+"的学习和传承。在道德与法治课堂中设计一场皮影戏演出，让学生能够深入各个环节中体验皮影的构思、制作、编排和演出，感受传统工艺的美和精益求精的工匠精神，体悟传承和弘扬民族精神。

这一过程不仅让学生了解了皮影戏这一非物质文化遗产的悠久历史和精湛技艺，更重要的是让学生理解工匠精神。

首先，通过探究皮影戏的"诞生"，让学生知道皮影戏最初的形态，是由一些简单的木刻材料、皮革所制成，到后来出现了纸刻、手绘、影雕等多种形式。

其次，在探究过程中让学生发现原来传承技艺背后是一种精益求精的精神。

最后，通过皮影戏作品展示让学生体会到中华民族文化内涵和工匠精神。

在这一刻，我们可以体会到传承文化背后所蕴含着中华儿女对民族、对历史应有的责任感和使命感。

（二）渗透社会主义核心价值观，培育法治精神

结合皮影戏中蕴含的思想政治教育，学生在道德与法治课堂中积极参与学习活动、展示作品，用兴趣带动自觉的用法治思维和方式思考问题，引导学生深入了解社会主义核心价值观的内涵，将社会主义核心价值观内化于心，外化于行。例如在八年级上册第四单元《法治精神》第一课《社会主义核心价值观》的讲授中就渗透了"皮影+"与社会主义核心价值观相关知识的学习以及传承文化背后的故事。学生对社会主义核心价值观的理解和认识，就会慢慢深入日常生活中。

而"传承文化背后的故事"这一专题，以生动有趣的故事来传播中华优秀传统文化，可以更好地培育学生民族精神，弘扬社会正气。

"皮影+"在道法学科教学中渗透社会主义核心价值观教育，不仅可以让学生更好的理解和接受中华优秀传统文化，还可以让学生深刻的体会到国家对传统文化的重视，提升学生对祖国的热爱。传承我国优秀传统文化，是我们每一个中国人都应该承担的责任。

（三）传统艺术与现代知识融合，构建法治社会

"皮影+"在道德与法治教学中利用现代科技手段将中华优秀传统文化中所蕴含的法治精神加以呈现和展现给学生是一种非常好的教育形式。"皮影+"教育教学是将传统文化融入课堂之中，使之更好的被大众所接受和传播。

在道德与法治课堂中，"皮影+"不仅可以用来教学，还可以用于其他相关的学习内容中。例如在八年级下册第四单元《法治精神》一课《法律与社会发展》的教学过程中就可以用到：通过网络搜索"我国古代法律文化""传统中国法律制度""法治之花"等相关资料，对我国古代社会的法制构建有一个全面的了解。让学生在观看学习"皮影+"作品时更加深入地理解中国的法治发展历史及其社会变迁，从而培养学生从小树立尊重法律、依法办事的意识。

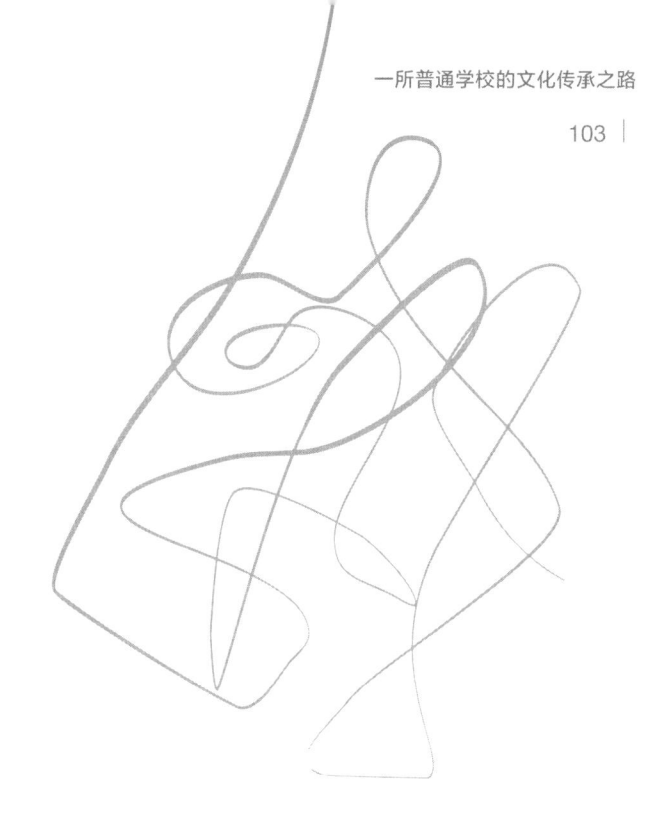

【案例】　以艺术之韵　育民族自信

——浅谈音乐教育教学活动中传统艺术文化传承

陈丽

一、案例背景

中华文化，源远流长，延续不绝，继承和弘扬中华优秀传统文化，是凝聚中华民族力量的精神支柱。我校闵行区文来实验学校是上海市"非遗"联盟校龙头单位，是非遗传承基地。这就更赋予了我们艺术教师在教学中注重优秀文化传统教育的职责，应充分运用优秀的中华传统文化资源，将艺术各项教育教学活动与中华文化传承相结合，以艺术熏陶为媒介，将艺术教学活动与中华优秀文化传统相融合，提高学生对中华传统艺术的文化认知感受力、鉴赏力，努力培养学生艺术欣赏、艺术表现的能力，从而增强民族自信心、自豪感和责任感。

二、实施过程

在音乐教学中，我坚持以审美教育为核心，注重培养学生对民族音乐的兴趣爱好及情感，努力做到通过中华传统音乐教育陶冶学生情操、启迪学生智慧、激发学生对民族音乐的爱好与追求。

（一）以民族音乐欣赏为介，知传统艺术文化之博大

1. 从音乐里了解时令节气

小学音乐教材中有大量体现传统民俗活动的歌曲。例如乐曲《彩云追月》，我结合该曲古筝演奏的悠扬曲调，娓娓动听的旋律，为学生讲述嫦娥奔月的神话故事，让学生们知道二十四节气的"秋分"，赏月、吃月饼、玩花灯等一系列民俗活动。在音乐教材应景的节日乐曲中，学生们对中秋节的传统文化含义有了更深的体会和感受。又如教材歌曲《我是一粒米》《春雨》《夏天来了》《小叶子》《欢乐的小雪花》《丰收的节日》等乐曲都可与节气中的春分、小暑、秋分、冬至相匹配，民族乐欣赏为孩子们了解中国的传统民俗风情提供了感性的素材，并有效进行拓展，感受民乐的无穷感染力。

2. 在歌曲中领略各民族风情

小学音乐教材中有大量体现各地民族风情的歌曲。例如《我爱雪莲花》表现了新疆哈萨克族儿童对边防军的热爱，《我是草原小骑兵》寄托着蒙古族人们对人民子弟兵的怀念，《美丽的草原我的家》中有内蒙古大草原的壮美与富饶，《彝族舞曲》中有彝族动听的歌声和优美的舞蹈，《新疆是个好地方》中了解新疆资源丰盛、物产丰富。中国是个多民族的国家，每个民族都有自己的语言、服饰、习俗，通过小学音乐课中大量少数民族特色歌曲的学习，可以让学生在小学阶段了解到各个民族不同的旋律风格、节奏特点、舞蹈表现，同时也让学生对少数民族的文化差异有了初步的了解，加深对中国文化的丰富广博有了深刻的体会。

3. 从乐器中感受博大精深

播放《彩云追月》古筝欣赏曲、《赛马》二胡欣赏曲、《天山之春》琵琶演奏曲等，通过欣赏我国的民歌、民族音乐，认知不同民族的代表乐器，大大激发了学生爱国以及爱民族文化的热情，提升学生从音乐本身和文化背景方面全面了解我国传统文化的兴趣，引领学生领略中华民族传统音乐的魅力，令其油然而生一种民族自豪感，在教学中交互切入、互相渗透，逐渐以润物细无声的方式让学生沉浸在古典文明的氛围中，进一步让学生深入理解中华优秀文化传统的渊源深长，自然而然地承担起传承传统文化的重任。

（二）绘声绘色唱皮影 活灵活现演皮影

一组唱响皮影，舞动皮影的表演映入眼帘，这是我校歌舞组学生在演唱和表演《我和奶奶跳皮影》这一节目。通过唱、念、做、演等不同的艺术表现手法，使得皮影这一人类非物质文化遗产活灵活现地在表演唱中呈现给大家，给人以耳目一新的设计创造感。节目的创造富有舞台表演的层次感，先由几位学生以歌唱表演的形式出现，主角皮影人物则以舞台背景作为后幕；随着音乐的高潮迭起，皮影角色与歌唱者互相配合活灵活现地表演起来，更有一位男生扮演老奶奶诙谐幽默地穿插在节目中，三者融为一体，尽情地将皮影表演挥洒在舞台上，赢得了阵阵掌声。值得一提的是，服装的设计与表现也征服了观众们，从头饰到皮影戏服的设计制作，为小演员们表演皮影人物一举一动，一颦一笑时增资添色，节目将非遗文化展现得淋漓尽致，学生们在此次表演活动中更深入地了解了皮影这一中华传统的魅力所在。

（三）开展音乐综合活动，人人参与艺术传承

大量的音乐欣赏固然可以让学生在有限的课堂时间内尽可能多地接触音乐作品、了解作品中的传统文化之博大，适当合理地开展艺术文化活动，更能让学生亲自融入传统文化氛围中去，能使学生更深刻的体会到传统文化之鲜活与精深。

我校每年积极开展传统艺术文化节——"民族魂中国梦""致敬祖国 唱响经典""红心向党 传颂经典"等传承中华民族的一系列教育教学活动，普及面百分之百并且以此为基础层面开展"我是非遗传习人"的艺术教育综合活动。在活动中，当班班唱起著名的爱国歌曲、民族曲目时；当学生们一一展现皮影、京剧、漆画等手工制作与绘画作品时；当学生们吹打念唱表演起经典皮影剧时；艺术活动无疑成为传承与发扬中华优秀传统文化的主要方式，从艺术着手，让学生们通过感性的认知、理解、表现中华瑰宝。

中华优秀传统文化，是我们民族的灵魂。作为一名艺术教师，传承优秀传统文化，是我们的一大教育任务。因此，只有自己不断学习经典文化，才能引导学生更好地继承和发扬传统文化。在音乐教学工作中，注重将传统文化与音乐歌舞进行有效的结合，将艺术的传承魅力融合于文化传统的内涵中，使中华优秀传统文化更具艺术表现力。

【案例】　　**传统文化在小学语文学科中的教育价值探究**
——以部编版四年级上语文第四单元中国古代神话为例

> 刘媛

2022年最新版语文课标在课程性质中明确指出，语文课程要"继承和弘扬中华民族优秀传统文化、革命文化、社会主义先进文化"，而在课程目标中也指出语文核心素养的一个重要方面是文化自信。"文化自信是指学生认同中华文化，对中华文化的生命力有坚定信心。通过语文学习，热爱国家通用语言文字，热爱中国文化，继承和弘扬中华优秀传统文化……"因此，在语文教材的编排、课程内容上不乏传统文化的身影。

以部编版四年级上语文第四单元为例，本单元的人文主题是"走进神话故事"，单元导语是"神话，永久的魅力，人类童年时代飞腾的幻想"。本单元中，有3篇中国古代经典神话——《盘古开天地》《精卫填海》《女娲补天》，这些经典神话都是民族文化的积淀。这个单元的一个重要的语文要素是"感受神话中神奇的想象和鲜明的人物形象"。神话故事中鲜明的人物形象极具吸引力，神话人物身上不怕牺牲、英勇无畏的精神也极具感染力，为学生潜移默化地提供了精神熏陶。本单元直接体现了传统文化在语文教材中的渗透，使传统经典与儿童建立密不可分的联系，让儿童与成长的土地、身边的人建立起牢固的情感联系，超越时空去体会祖先的情感、伟大的思想。这充分体现了教科书全面育人的价值，体现了培养学生语文核心素养的需求。

小学阶段的学生恰好处于儿童期，这个时候的儿童心智都不成熟，刚刚具有自我意识、独立意识。这个时期是在人一生的发展过程中非常重要的时期，直接影响人未来的发展方向，所以这时期极其需要教育引导。而神话这一独特的文化形态，由于与儿童思维的相通性使其对儿童发展具有特殊的价值，对教育者来说也具有重要教育意义。神话对于儿童学习情趣的激发、多种能力的培养、各种观念的养成及良好品德的形成等具有重要意义。具体表现如下：

一、激发学生的学习兴趣

神话故事情节浪漫独特、内容怪异离奇、形象鲜明生动，这些正是学生最感兴趣的部分。神话故事无疑可以激发学生的阅读兴趣，引发学生探求知识的欲望。《盘古开天地》中盘古的身体可以化为万物，《精卫填海》中女娃死后可变成鸟，《女娲补天》里神火炼成的石浆能补好天、斩下大乌龟的四条腿能撑起天……孩子的世界与我们成人不同，他们相信猫话狗话，相信鸟言兽语。神话的世界与他们的精神世界接近，满足了他们的心理需要，让他们得到了快乐。神话故事中生动的形象、直观丰富的描绘，让学生认识了大千世界的各种自然现象，开阔了视野，激发了学习的兴趣。

二、培养学生的想象力、创造力

神话是原始先民丰富想象力的智慧结晶，是原始先民的神话思维对周围世界万物的认识和理解的产物。神话中的夸张和奇思幻想深深吸引着儿童，迎合了他们想象、好奇的心理。因此，从一定层面上讲，神话有助于培养学生的想象力。《盘古开天地》的故事充满神奇的想象，盘古在混沌的世界中产生，天生神力，与天地同长，身体化为万物，多么神奇，令人不可思议。《女娲补天》的故事里，水神共工一撞不周山就天塌地裂，女娲炼五彩石补天，把芦苇烧成灰撒到水中堵地缝……神奇的情节充满想象。中国古代神话从不同角度带给孩子神奇的想象和创造。神话的世界本来就是充满鬼怪精灵的幻想世界，它本身所体现出来的奇思幻想给学生提供了更多想象力的空间和创造力的机会。

三、奠定学生正确的世界观、价值观、人生观

我国古代神话中包含有大量世界观、价值观、人生观的内容。尽管其中一些认识带有浓重的夸张幻想成分，但是对孩子来说更易接受了解，对其以后正确的科学世界观的养成也有一定的意义。原始先民坚信灵魂不灭、死而复生，这在《盘古开天地》和《精卫填海》中都有体现。这是他们坚强的生命态度，期望生命不止的生命观念和意识，热爱自然，尊重自然界的一切生命。对学生来说，也是对其进行生命观教育、自然观教育的重要素材。毕竟给学生讲篇神话故事、描述个英雄人物的行为比每天重复着"你要做个对社会有用的人，你要生活得有意义，你要实现自己的人生价值……"更有意义。

四、激励学生热爱民族文化

中国古代神话是中华民族文化的源头，更是中华民族弥足珍贵的文化遗产。中华民族号称华夏民族，这些在神话中都有所体现，神话描述了中华民族的形

成过程。我国古代神话所蕴含的民族精神和文化是一笔不可忽视的重要精神财富，教育传承文化自然不可忽视这一重要资源。学生读到的神话故事都是民族文化的生动体现。学生在儿童时期就应该意识到中华文化的丰厚博大，吸收民族文化的智慧和营养。神话中人物形象所体现的一切都是我们民族文化精神的缩影，学生对神话人物的认识了解可以促进其对民族精神的感悟和弘扬。

五、培养学生良好的品德

我国古代神话具有独特的文化特质，中国传统的伦理道德观念在神话中也有诸多体现，如盘古的无私奉献、精卫的坚韧执着、女娲的甘于奉献等品质。因此，神话在一定程度上具有对儿童进行道德观教育的功能。神话中对那些道德典范的描述，以象征和隐喻的方式把人类生活中宝贵的道德行为告诉儿童，给他们树立了行为规范等价值标准。并且神话这种特殊的题材和形式，更符合儿童的心理需要，更容易让儿童接受和认可。神话故事中正面的英雄形象会在潜移默化中引导儿童的行为向其发展，有助于学生良好品德的养成。

综上所述，神话作为一种民族文化积淀，这类文本出现在小学语文教材中是一种必然。这类文本往往更能吸引小学生的注意，带给其乐趣，更能让学生在乐趣中学到东西。作为语文教师，应该对神话类文本引起足够的重视，积极了解神话的魅力、感受神话的魅力；充分挖掘神话语言的魅力，引导学生体会其神奇，激发学生的想象力；带领学生分析和了解那些形象高大的神话人物，不仅能从知识上加强对课文的理解，更能从情感上、思想上体会到文本所传达的精神。除此之外，帮助学生从神话类课文中体会到民族文化的精髓，并拓宽到课外阅读材料的补充，让学生得到更多感悟。

以上案例中，强调的是挖掘皮影戏中蕴含的元素融入语文、美术、劳技、体育、音乐等学科，关注学生的"皮影非遗"体验和情感变化，抓住有利时机对学生进行"非遗"文化教育，提高教学有效性。各学科教师都能主动将皮影作为课程资源融入常态化的课堂教学，用皮影非遗"讲述"课本里的故事，让传统文化和现代文明有机结合，浸润学生的童年，以美养性、以文育人。

六、"皮影+"综合实践课程

学校不断丰富"皮影+"校本课程的活动载体，创设非遗实践课的体验路径，与儿童生活相融，引导学生人人参与。尤其是"双减"以来，学校聚焦学生综合发展，以皮影戏非遗为重点，充分挖掘利用区域内外的非遗文化资源，制定"皮影+"非遗校本课后服务实践方案（具体见以下案例），打造具有"文化历史底蕴"的课后服务品牌，满足学校不同年段学生的多样化课后学习需求，让非遗文化在校园保护和传承中熠熠生辉。

【案例】 学校"皮影+"非遗校本课后服务实践活动方案

———— 沈燕萍

为进一步贯彻中共中央办公厅、国务院办公厅印发的《关于进一步减轻义务教育阶段学生作业负担和校外培训负担的意见》精神，落实市教委关于课后服务"5+2"的要求，促进学生健康、快乐、幸福成长，帮助家长解决实际困难，进一步增强教育服务能力、使人民群众具有更多获得感和幸福感，进一步强化担当意识和责任意识，回应群众关切，办好家门口的好学校，我校结合实际，制订"皮影+"课后服务综合实践课程，具体方案如下：

一、指导思想

我校从2012年9月起全面开启"皮影+"课后服务综合课程的实践研究，以"关爱"为主旨，以"融合"为策略，充分利用课后服务时间，丰富学生的学校生活，让学生有时间、有空间、有机会从不同角度感受中华优秀传统文化的内涵，推进非遗文化传承与"五育并举"的融合，让学生成为"文教结合"的最大受益者。

二、课程建设背景

从"皮影+"非遗层面分析：谈到"非遗"，很多人往往认为是"活在博物馆里的古董"，甚至是"教材上的图片"，和我们的现代生活脱节。更有甚者认为保护、传承"非遗"文化传统只是相关从业人员的责任和义务。其实"非遗"就在我们的日常生活中，那些经常大排长龙的老字号食品——杏花楼、沈大成、五芳斋、知味观等，那些常常让外国友人惊叹的非遗服饰，还有天青色的汝瓷等……

从学校层面分析：2010年9月学校引入七宝皮影，开设拓展课，组建皮影社团，2012年列入学校发展重点项目启动皮影戏项目建设，2019年形成"皮影+"100课程体系，2020年9月申报"'阅中华 悦成长'非遗文化育人的实践研究"区级课题，2022年11月结题并获奖，2021年11月立项"九年一贯制学校'皮影+'非遗校本课程体系的建构与实施"市级课题，"皮影+"项目已成为学校办学特色的一张名片。

基于以上两方面的思考，学校在课后服务的时间段中引入"皮影+"综合实践课程，旨在既让学生们了解中华传统手工艺品的制作过程和传统手工艺传承背后的匠人故事，又能进一步学习非遗主题知识，丰富学习生活，拓宽学习宽度。

三、课后服务内容

（一）课程目标

1. 通过"皮影+"校本课程的学习，了解皮影、节气、剪纸等非物质文化遗产的历史、发展现状及历史价值和现今价值。

2. 在浸润式的体验中，培养学生探究文化和历史的学习能力和实践操作能力。

3. 通过对非遗文化的学习，让学生认识到非遗文化是中华民族永恒的精神财富，同时感受非遗文化的魅力和深厚内涵，提高文化素养，增加爱护"非遗文化"、保护中华文化的责任感，激发强烈的民族自豪感和认同感，彰显中华民族文化的博大精深。

（二）课程内容

为了贴近学生生活，易于了解非物质文化遗产，以上海地区存有的非物质文化遗产为重点，并就非物质文化遗产的历史变迁、特点和现状做简单介绍，让学生对非物质文化遗产有一个整体概况上的认知，理解为何要学习非物质文化遗产，以及学习非物质文化遗产对文化传承的意义。

课程内容的安排根据皮影、节气、剪纸等"非遗"项目的特点，采取多种多样的教学形式，比如：讲述教学；视频教学；请优秀的民间非物质文化遗产传人大师们进课堂，给学生亲自授课；学生亲自制作物件，进行非物质文化遗产的再创作，将优秀作品进行展览等。通过多种多样的教学模式，让学生了解非物质文化遗产的历史由来、文化特点、保护现状等，发自内心保护传承非物质文化遗产，从而增强民族文化的认同感和自豪感，对保护世界文化多样性有着深远的意义。更重要的是，学生和老师共同学习的过程也是非遗文化的传承过程。

（三）课程安排（以初中部为例）

表 3-9

课程名称	授课教师	上课学生	课程主要内容	上课地点
皮影剪纸	吴晓萍 外聘教师	选课学生	剪纸是我国民间广泛流传的美术形式。学生通过学习和实践，能初步了解剪纸的线条变化、刀口走向的灵活性	劳技教室
木版年画	张琳琳	选课学生	通过欣赏、观察、临摹、设计年画，了解年画流派；体验并学习木版年画的制作过程	美术教室2
传统刺绣	徐慧莉	选课学生	通过了解"绣花花生香，绣鸟鸟有声"的传统刺绣，学生能了解四大名绣——苏绣、湘绣、蜀绣、粤秀，知道多种刺绣针法——手针、滚针、拉绣等。通过练习十字绣，知道刺绣的困难与复杂	六（1）班教室
节气花神令（彩绘）	赵娟娟	选课学生	将传统花卉文化和二十四节气融合，通过引导学生学习基础彩绘手法，制作美丽的古色古香的花卉图案，来进行美育教育和文化教育，从而编制学校特色节气文化课程	七（1）班教室
彩塑泥玩	刘嬿嬿	选课学生	利用彩泥，通过手工捏制人物、禽鸟、走兽、花果等装饰品，体会传统中国泥塑制作的复杂与技艺精湛	美术教室1
民族舞曲	孙茜	选课学生	通过欣赏、模仿、创编傣族孔雀舞、欣赏侗族大歌等，学会欣赏美、领略不同地域的独特文化，初步了解一些少数民族的风俗习惯	舞蹈教室

续表

课程名称	授课教师	上课学生	课程主要内容	上课地点
阮乐队	张国娇	选课学生	通过学习、演奏、排练《花好月圆》《梅花三弄》《阳关三叠》等曲目,学习小阮、中阮、大阮的演奏	音乐教室
皮影	邵宇宁 陶伟 姚瑛 外聘教师	选课学生	通过皮影人物的制作、设计绘制皮影人、改变故事练习皮影表演,让学生了解皮影、喜欢皮影、感受皮影魅力	皮影馆
蹴鞠(足球)	陈晓	选课学生	蹴鞠是我国一种传统的技能和体育运动。了解蹴鞠历史的同时,还能增强学生们的耐力和体力,培养规矩意识	足球场
中华武术——太极拳	陆艳菊	选课学生	太极拳是中国拳术的一种,动作柔中带刚,拳姿优美。通过练习太极拳,增强体质的同时提高自身素养	室内体育馆
节气与种植	管丽娟	选课学生	通过在不同节气中识别常见植物,了解二十四节气对植物、动物的影响,感受中国古代传统文化的智慧与魅力	六(2)班教室 农场
节气与美食	龚美兰	选课学生	通过了解、制作各种时令小糕点,了解"不时不食"古人智慧总结,学生能知道顺应时节,吃时令美食,滋养身心	教工食堂
文博馆初探	谢华萍	选课学生	通过了解文博馆中的各种展品及其历史,感受文化传承的力量	七(2)班教室 文博馆
青铜馆的前世今生	刘玉珊	选课学生	通过学习司母戊鼎等青铜器的历史、了解马王堆墓的发掘过程,培养学生的爱国之情	七(3)班教室 青铜馆

四、课程实施

(一)组织管理

组长:朱君

副组长:朱伟强、万虹婧、杨娟

组员:王雪帆、蔡丽琼、朱明君、沈燕萍、高唱、刘嬿嬿、陆艳菊、施云娟、赵佳睿、罗杰、赵晓娟、于虹、吴霞

(二)工作原则

"皮影+"课后综合服务原则是"自愿选择""个性培育"。

(三)参与人员

全体教职员工。

五、课后服务时段

校内课后服务原则上以一学期为相对固定期。校内课后服务时间从 2021 年 9 月 1 日开始,至本学期结束。

（一）课后服务 1（每周一至周四）:16:20—18:00

该时段的课后服务,学生在原有班级自习完成作业或参加相关非遗文化课程,每班由老师看护或相关任课老师上课。17:10—17:20,学生休息 10 分钟,可以适当食用点心,补充体能。

（二）课后服务 2（每周五）:14:45—15:30

该时段的课后服务,学生在原有班级自习完成作业或参加相关非遗文化课程,每班由老师看护或相关任课老师上课。

六、实施过程

表 3-10

时间	内容	负责
8月24日起	拟定工作方案	校长室
8月30日	召开全体教师动员大会	校长室
8月30日	召开班主任及年级组长工作布置会,制定各年级课后服务方案	课程教学部 学生发展部
8月31日	1. 向学生发放纸质《"皮影+"综合实践课程意见征询告家长书》 2. 确定课后服务课程、教师安排与错峰放学管理要求	课程教学部 各班主任
9月1日	回收纸质《告家长书》,汇总统计参与情况并审核	课程教学部 各班主任
9月1日起	放学后启动"皮影+"综合课程服务	相关人员

七、保障机制

（一）确定课后服务教职员工岗位责任，加强安全卫生意识，落实学生点名制度，看护老师交接班制度和突发事件应急处理措施，保障校内课后服务工作安全有效。

（二）加强课后服务的管理，在尊重学生、家长意愿的基础上，逐步丰富校内课后服务内容，积极探索课后服务的特色模式。

（三）将参与"皮影+"综合实践课程课后服务工作纳入绩效考核范围。

（四）为落实疫情防控工作要求，课后延时服务结束后，实行错峰放学，由看护老师负责护送至校门口，确保学生安全离校。

在此基础上，抓好"皮影+"特色社团的建设，学校负责人、相关社团老师与传承人一起，共同确立皮影社团活动的课程目标，并根据课程目标，整合多学科、多领域，设计课后实践、社团活动课程内容。通过不断丰富课程内容、提高社团活动质量，让每一个参与的学生能乐在其中，学到知识，掌握技能，提升素养，健康成长。以皮影社团为例，分别面向小学部、初中部学生招募团员，组建形成"皮影+"社团梯队。通过"认识皮影""皮影戏欣赏""了解皮影造型""皮影制作""皮影表演训练""皮影创编"和"皮影创新"项目式社团主题，让学生在"光与影皮影社团"活动中，亲近皮影、体验皮影、探索皮影，了解非遗文化，教师也在建设非遗社团活动课程的实践中不断学习提升非遗教育水平。

【案例】　九年一贯制学校非遗社团的开发与实践研究

朱明君

文来实验学校作为一所创办10余年的学校,在办学过程中逐渐形成了以"文化"为核心,以学生活动为载体,育人先育心的教育理念。非遗传统文化是中华文明传承的载体,是培养"大写中国人"的精神养分,是学校开展各类教育活动的源头活水。在"五育并举"的方针指导下,学校把非遗传统文化引入校园,使之成为学校生活的组成部分,成为学生成长助力。我们发现,学生社团的组织与开发是推广校园非遗文化很好的途径和抓手。在九年一贯制学校非遗社团的建设中,我校总结出一定的经验。

一、从学生成长需要出发建设学生社团

(一)传统与兴趣结合

学生社团是一个有组织的平台,是学生了解丰富世界的窗口。组建学生社团时,要结合学生好动、好奇心强等特点,将有益身心的活动介绍给同学们,同时要将传统文化与之结合,找到融合点。学校组织了阮乐队、合唱队、版画巧作小组、传统剪纸小组等学生社团,使学生通过课余活动感受到传统文化的魅力,在动手实践中提高综合素养。

(二)地域文化与兴趣结合

上海作为一个国际化大都市,有现代时尚的一面,同时作为中国江南水乡,历史悠久的吴地文化也浸润其中。七宝、华漕地区古已有之的皮影戏就是劳动人民喜闻乐见的民俗曲艺文化,七宝皮影已被评为非物质文化遗产。学习皮影可以让学生在活动中感受家乡的人文底蕴,激发他们对于家乡的热爱,在实践学会欣赏和创造美的能力。

(三)传统文化和育人目标、学生发展相结合

学校以"关爱　融合"的办学理念构建文来实验的校本课程,文化立校,围绕弘扬传统文化的主题,兼顾体育、艺术等项目,形成社团特色。

二、社团课程开发融合传统文化、本地文化、本校特色

作为上海市非遗文化传承联盟龙头学校,我校利用校内外的丰富资源构建课程板块。

(一)加强传统文化课程师资队伍建设

虽然社团教师资源相对丰富,但大部分都由学校的一线教师兼任,所以专业性有待提升。蔡元培先生说:"有特色的教师是学校的宝贵财富。"没有教师的专业发展,就没有课程的发展和学校的发展。有了好的社团课程,还需要教师的高效落实。因此,学校应通过"内培外聘""请进来、走出去"等方式,打造具有深厚传统文化学养、勤于探索的社团师资队伍。

(二)充实师资队伍建设

我校学生社团的教师大部分由学校一线教师兼任,老师们发挥所长,但术业有专攻,部分老师的社团专业性有待提高。有特色的教师是学校的宝贵财富。教师专业性发展是课程发展的保障。有了好的社团课程,有赖于教师高效的落实。学校为此通过"请进来、走出去"的方式锻炼师资队伍,充实教学团队,分别聘请了七宝皮影老艺人、民间剪纸艺人等担任特聘教师,教师和同学一起在学中教,在教中学。

(三)构建社团课程体系

传统文化的博大精深决定了社团课程开发要根据学校和学生的实际情况筛选教学内容,并形成体系。社团课程中的传统文化教育要把学习古人的思想智慧与时代接轨,引导学生将传统文化所蕴含的智慧、赋予的时代精神,给予新的诠释。

(四)提炼教学内容

在社团活动中构建课程体系,丰富课程内容,积累课程资料。以"皮影+"课程为核心,二十四节气非遗课程相继开展。学校编撰了《皮影+艺术》《跟着节气去劳动》等校本课程教材,为学生社团和活动的后续深入开展积累了经验。

(五)增强社团吸引力

传统文化在社团中的教育作用也需要讲究方法,我们以学生为本,创新载体,创设平台,给予学生各种不同的体验。以皮影社团为例,学校在各种校园文化节中为学生社团提供展示的机会,先后推动皮影社团在"上海大世界""上海教育电视台"等平台展示。

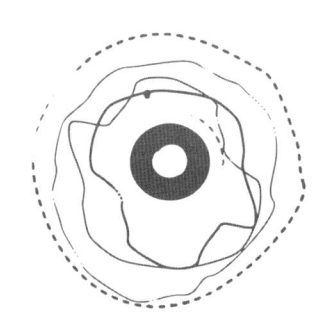

（六）非遗文化与社团建设、校园文化有机结合

在建设校园文化的过程中，非遗文化既是校园文化的重要组成部分，又是校园文化的重要标志。两者要相得益彰，相互促进。我校在构建校园环境中，把环境建设看成学生社团活动和非遗文化传承的隐性课程。在楼道文化建设中，构建了"皮影+"艺术长廊、非物质文化展览馆、民俗文化馆、文来实验学校文博馆等，这些场馆就是学生社团活动的有利资源和活动场所。学校将以传统文化为背景，将环境之美与人文之美结合起来，使校园中的"一墙一角"都彰显传统文化魅力，文来的校园已经成为传承传统文化的活教材。

三、社团课程"点""面"结合，长效与短期并举

（一）学校大力支持学生课外社团的建设

在拓展课、课后服务时段，引导师生进行非遗文化及艺术体育类社团活动，开放校内场馆作为社团活动场所。还不定期通过推荐等方式组织学生参加传统文化活动和竞赛，比如中小学生古诗文创作活动、中小学生书法创作活动、百门非遗课程进校园活动等，我校主题文化节中的活动也扩大了传统文化在学生中的影响力。

（二）利用传统节日渗透传统文化教育

组织临时性班级小社团，以小社团解决小问题。社团要围绕传统节日开展主题宣传实践活动，让学生参与其中，乐在其中，如在读书节组织朗诵小组，在立夏节组织护蛋活动，在端午节组织裹粽小队。这不仅可以让学生了解传统节日的相关知识及民风民俗，领略传统节日文化的魅力，还可以让学生体会源远流长的中华传统文化。

学生社团的发起和发展离不开社会、家庭、学校的支持，离不开良好的校园传统文化环境的营造和培育。我们应该让学生社团的发展为学生成长助力，为学生综合素养提高助力，让传统文化浸润心灵，培养大写的中国人。

教师们发挥自身优势,将非遗元素有机融入社团课程,让学生近距离接触和感受非遗文化的独特魅力,提升学生的民族自豪感和文化认同感,让非遗文化在保护和传承中绽放异彩。以下摘录"皮影+"社团老师的教学设计——

【案例】 追光寻影

邵宇宁 陶伟

一、课程简介

来实验学校成立之初确立了文化立校的办学方向,"皮影+"相关课程已经持续推进10多年了,学校建立皮影校本课程体系,皮影活动的开展已形成浓厚氛围,皮影也已然是文来实验学校闪亮的特色名片。本课为面向低年段学生的皮影普及推广课,通过皮影相关知识学习,基本皮影操作体验,使得低段学生对皮影有更直观的认识、认可,为后续的进一步学习埋下种子。

二、课程设计

表 3-11

非遗项目名称	皮影	非遗类型	演艺类	执教人	陶伟 邵宇宁
微课题目	colspan《追光寻影》					
教学目标	1. 了解皮影的相关概念 2. 进行基本的皮影操作 （包括皮影人物演讲技巧、影偶操耍技巧以及基本乐器操练等） 3. 进行一台皮影戏的排演 4. 意识到传承中华优秀传统文化的重要性以及皮影排演过程中团队精神的重要性				
教学重点	1. 指导学生进行基本的皮影操作 （包括皮影人物演讲技巧、影偶操耍技巧以及基本乐器操练等） 2. 演员皮影操作要结合台词 3. 指导学生注意乐器的加入和成员之间的配合				
制定依据	1. 考虑到授课对象没有皮影学习的经历，我们先讲述皮影的基本概念，帮助学生走近皮影这一非遗艺术 2. 在初步了解皮影后，因为一堂课时间有限，我们直接教学生进行基本的皮影操作，让学生能够直接感受皮影，深入体验皮影 3. 通过团队合作，指导学生完成一台简单的皮影戏，使学生在充满获得感的同时，油然而生"我是小小非遗传习人"这一主人翁意识和文化传承的使命感				
教学过程					

教学环节	教师活动	学生活动
皮影初识	1. 皮影欣赏 2. 皮影历史讲解	1. 认识皮影 2. 谈谈自己对皮影的了解
初体验皮影操作	1. 老师展示表演小段皮影戏 2. 讲解皮影的操作原理	1. 学生初次亲自操作皮影 （演员＋乐队人员） 2. 谈谈自己对操作皮影的感受
皮影演员和乐队演员的分配	老师观察学生初次操作，根据学生意愿和能力，选定皮影表演学生和打乐学生	1. 学生读剧本，选择自己所想要的表演角色 2. 乐器学生需要熟练掌握乐器配合
演绎与交流	老师校正学生表演中所遇到的错误操作动作，提醒乐器之间的配合点的掌握： 1. 人物之间如何配合 2. 乐器怎么配合打点	学生反思： 1. 演员之间的交流度 2. 乐器之间的配合度
成果展示	老师帮助学生展示一台完整的皮影戏，并点评学生的演出效果、提出整改的要求	学生了解表演中出现的问题，争取在下节课修正
板书设计	colspan1. 皮影的概念 2. 皮影的现状 3. 皮影的传承：保护、发扬和传承中华民族非遗文化艺术，我们都是非遗传习人	

【案例】　认识节气——谷雨

● 唐晓蓓

一、课程简介

二十四节气是中国人发明的一种时间刻度,和自然有密切的联系。它延续着传统,表达着自然,承载着传统文化。本课以二十四节气中的谷雨为主要内容,让学生初步认识"节气",了解"谷雨",从而对节气文化有初步认知,在与生活实际的紧密联系中,感受古人的劳动智慧,触发对传统文化的热爱之情。

二、课程设计

表 3-12

课程类型	综合鉴赏类	非遗类型	综合类	执教人	唐晓蓓
微课题目	《认识节气——谷雨》					
教学目标	1. 知识与技能:知道什么是节气、节气有多少个,能够说出谷雨的大致时间,了解它的气候特征 2. 过程与方法:通过了解二十四节气的起源,对节气的概念和意义、谷雨节气的意义有初步认识 3. 情感态度价值观:培养学生热爱传统文化,以及理论联系实际的能力				
教学重点	什么是节气;谷雨的气候特征				
制定依据	公历 4 月下旬为谷雨节气,结合当前节气展开学习				
教学过程					
教学环节	教师活动		学生活动		
认识节气	词语解释:节气;介绍起源与发展;简介二十四节气		找找距离自己生日最近的节气,问一问父母对当时的物候特征有什么印象		
节气与文化	二十四节气歌诀: 春雨惊春清谷天,夏满芒夏暑相连。 秋处露秋寒霜降,冬雪雪冬小大寒。 展示部分关于节气的诗词		熟悉节气歌和相关农事		
谷雨简介	谷雨是二十四节气的第六个节气,也是春季最后一个节气,每年 4 月 19 日—21 日为谷雨,源自古人"雨生百谷"之说		结合地理知识,思考为何"雨生百谷"		
谷雨气候特征	解释"初候,萍始生;二候,鸣鸠拂其羽;三候,戴胜降于桑"		对照当下天气情况,思考物候特征是否相同		
谷雨相关习俗	祭海;走谷雨;祭祀文祖仓颉		体会传统文化		
板书设计	春雨惊春清谷天,夏满芒夏暑相连。 秋处露秋寒霜降,冬雪雪冬小大寒。				

【案例】　　胶版画《刻皮影》

张琳琳

一、课程简介

将传统皮影头像制作与胶版画有机融合，运用阴刻、阳刻等胶版画技巧对皮影人物头部造型进行胶版画创作，在黑白互衬中，完成"皮影+"课程的传承与创新。

二、课程设计

表 3-13

课程类型	技艺传习	非遗类型	非遗创意	执教人	张琳琳
微课题目	《刻皮影》				
教学目标	1. 了解皮影人物造型特点和胶版画制作过程 2. 在观察、体验的学习过程中，运用皮影人物头部造型进行胶版画创作 3. 感受皮影和胶版画的美，激发对传统文化的兴趣，提升民族自豪感				
教学重点	皮影人物头像特点				
制定依据	胶版画制作方法				
教学过程					
教学环节	教师活动				学生活动
观察与发现	1. 播放影视动画 2. 出示皮影和版画作品 3. 揭示课题：《刻皮影》				1. 欣赏皮影动画 2. 仔细观察画面 3. 学生思考：有什么共同的地方？又有哪些各自的特点？ 4. 讨论交流
互动与交流	1. 播放制作小视频 2. 学生在观察过程中，教师进行适时点拨，理解并掌握刻皮影的方法和要领				1. 小组讨论，刻皮影的方法 2. 学生以图片为例，介绍自己准备阴刻、阳刻或相结合的刻法 3. 讨论交流：看完视频后感觉哪些地方有难度，说一说如何解决
实践与指导	教师巡视指导，适当给予指导和说明				学生动手刻皮影
展示与评价	1. 展示各自的作品 2. 评价：说说你喜欢的作品及理由 3. 教师总结				1. 自我评价 2. 评价他人作品
板书设计	1. 刻皮影　　2. 阴刻、阳刻　　3. 以黑衬白、以白衬黑				

"小课后，大情怀"。"皮影+"非遗课后服务，以走班制社团为引领，"皮影、节气、年画、阮乐"等非遗类课程同步开展，每个社团都有独具特色的课程内容呈现，并以其独特的艺术魅力深深地吸引着每一个学生。以下摘录学生的心得体会：

【案例】 "皮影+"社团学生感悟

● 九（5）班 陈楚玥

锣鼓声里影子戏。——《生而为匠》

"老先生，这是什么呀？"

"这可是咱们的传统文化皮影，你看，是不是很有趣？"

"嗯嗯，我也想试试！"

"来，我教你。"

三年级时，我加入了校皮影社团。

第一次参加，我既紧张又兴奋，正当我好奇地望向一个又一个活泼可爱的皮影时，一双粗糙的大手拉住我的双手，将一个皮影递给我。和蔼的声音在耳边响起："小朋友，皮影很好玩的，来试试吧！"我抬头望去，是一位脸上爬满了皱纹的老先生，这位老先生姓朱。他握住我的双手，大手带着小手，在幕布上熟练地操弄起了皮影。"你看，皮影是不是很有趣呀？"

语罢，他转身领着我走向挂着皮影的架子，深褐色的木质架子上是各式各样的皮影。颜色各异，神态也各不相同——但无一例外，透过那精细的线条和有力的笔触，一眼就能看出画皮影的人有多么用心。

老先生脸上露着自豪的笑容，说道："皮影可是我们中国的传统文化，古时候呀，皮影是由兽皮制成。而现代人又想到用厚塑料片来替代，让皮影更轻盈。这传统文化就这样代代相传，延承创新。这可是非物质文化遗产。你们要好好学习，将'非遗'代代传承下去！"

霎时间，朱老师的脸上容光焕发，双眼炯炯有神，腰背也挺得笔直，仿佛他已不是一位上了年纪的老人，而是一位热血澎湃的青年。

灯光将朱老先生和皮影照得清晰，照得真切。于是我知道了皮影的历史，知道了自己的文化担当，我和皮影的故事由此开始。

"老先生，这不过是个绳结罢了。"

"哈哈，它可不至如此。"

"为什么呢？"

"因为呀，'细结'决定成败。"

初中时的一次活动，我们的皮影演出和着淅淅沥沥的雨声，不疾不徐地拉开了帷幕。灯光绽开的一瞬间，我轻挑皮影，于幕布上舞动。

一切都是如此淡然且平静，剧情发展，皮影的动作随着观众们的呼吸声愈演愈烈，直至最激烈的一刻——却随着"咔"的一声如泄了气的皮球般跌落，竟是那皮影操作杆上的绳结松开了。

我们的茫然，老师的惊慌，观众的不解，万千情绪随空气，在一瞬间凝结成块，令人窒息。

那落魄的身影，落寞的自己似乎又在哪里见过——似乎是默写时的自己？本可以全对的默写，却在意料之外总能被圈出或多或少的小错误，似乎小得如麦芒，却又让人痛得如坐针毡。愣神间，空气的凝固已被皮影老先生的一双大手温柔地融化。他用一双大手接过皮影，用一根操作杆极淡然与镇定地完成了整场演出。

事后，我心中充斥着满满的愧意，整场戏都因一个小小的绳结而失败，它究竟有怎样的力量能撼动整场演出？

不解之时，老先生将我们唤到一旁轻笑道："现在知道了吧，即使一个小小的绳结也能焕发惊人的力量，这便是我们祖先的智慧。细细的绳结牵动整个皮影，整场戏。"我微微颔首，心中是道不尽的感慨。"知道皮影为何看似是一件东西、一样物质，却为何被称作非物质文化遗产吗？这是因为它承载着一份智慧与精神，即使是细'结'也能决成败，这份看不见的智慧堆砌成了皮影，给予了它完整的厚度——由薄薄的皮影与深厚的意义所造就。"

我的心在一瞬间明朗了，回忆起舞台上的、默写时的、成长中的种种，这场戏，又或是说这个绳结教会我太多，给予我太多——它让我撷取了一份人生的厚度与真理。

"成败不是关键，我所想要的是你们从这细'结'中总结经验，明白这份厚度的价值。"

舞台旁的灯光正明亮，把老先生和那一个绳结照得清楚，照得明朗。于是我理解了皮影的意义，更懂得了匠心的真谛。我和皮影的故事由此继续。

现在，我已是九年级的学生。虽然学业繁忙，但我仍会时不时拿起皮影，在幕布上，在光影下，舞动它。轻抚过一个个皮影，我再次感受到与皮影之间深深的羁绊。自此，我和皮影的故事暂时告一段落，但绝不会终止。

此时，我似乎又听到远方有阵阵的锣鼓声。

只是听不太真切了。

但我知道，那匠人的悲欢、世人的忧喜，尽数落在锣鼓声里的影子戏中了。

将非遗融入学生的综合实践内容，丰富其在过程中的体验感和获得感，让学生近距离切身体会非遗学习和创作的乐趣，感受到传统文化的魅力，把中华文化之根深深扎入土壤，为未来的传承播下"种子"。

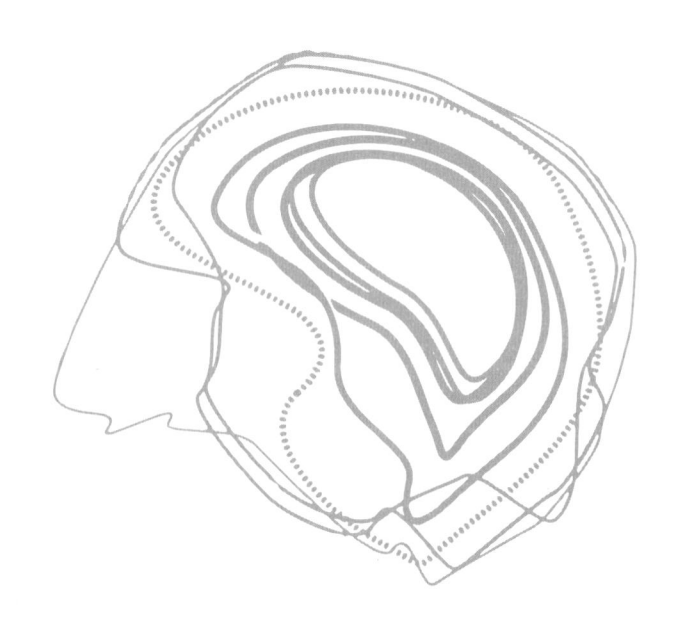

七、举办非遗课程展示

非物质文化遗产是国家和民族历史与文化成果的重要标志。举办非遗课程展示，让学校成为充满非遗文化气息的育人场所，拓展学生在校课程的学习内容，营造学校非遗保护和传承工作"后继有人"的时空，具有深远的意义和非凡的价值。学校发挥上海市非遗校联盟体龙头单位的优势，定期举办区级、市级层面的非遗课程校际间的观摩教学及展示活动，形成共享同生发展的良好氛围。以2018年4月18日举办学校非遗课程暨闵行区"阅中华 悦成长"传统文化教育推进会为例：

近几年，闵行区重视开展以"研究阐发、教育普及、保护传承、创新发展、传播交流"为路径的中华传统文化教育的实践研究，作为上海市"十佳非遗传习基地"，学校在区域内开展的皮影传习实践活动也已有一定的知名度和影响力。因此，学校积极承办以"阅中华 悦成长"为主题的闵行区中华优秀传统文化教育成果推进会，这既是出于区域内整体文化资源的影响，又是出于学校这几年在非遗文化教育中取得的成果展示。我们确立"阅中华 悦成长"的传统文化教育实践主题，是在区域传统文化资源深度运用尤其是学校非遗文化教育的基础上如何有机拓展延伸至丰富、多元的中华民族优秀传统文化的思考，更是引导学生全面了解、学习传统文化，感受传统文化的博大精深，增强民族自信心、自豪感，促进学生积极向上健康成长的整体思考。

（一）活动设计

聚集"多元体验""育人价值"这两大关键词，从传统艺术与文化对人的影响力的角度来整体设计"阅中华 悦成长"非遗文化节的展示活动，并采取"汇报演出"和"课程同步"作为学校非遗文化节的展示方式。"汇报演出"利用区域内各学校的传统文化资源开展学校非遗文化教育的实践研究中所取得的成果作汇报交流；"课程同步"凸现我校在利用七宝皮影的文化资源，基于校情长程设计构建的"皮影+"校本课程实践中所取得的成效。

考虑到示范性和辐射力，参与活动对象在本校学生的基础上邀请了闵行区同类学校的师生代表和上海市非遗校联盟体的师生代表，以期实现校际间区域资源利用推进非遗文化教育的同振共鸣与均衡发展。

（二）活动内容

第一部分："非遗百分百"——"皮影+"课程体验

1. 活动形式

自主选择、自由体验、自我评价。我们设置了课程自选课表，无论是校内学生还是校外学生都按照课程学习指导手册，参与"选课—听课—评价"的自主体验学习通道，体现非遗活动的选择性。

2. 课程设置

非遗文化节活动以"皮影"为主线，分"兴致盎然学'非遗'""动手动脑做'非遗'""欢天喜地玩'非遗'"和"津津有味品'非遗'"等四大板块，共100门课程，有历史、语文、音乐、思品等基础型学科中的皮影（非遗）文化课程，有学校主打的皮影戏、皮影剪纸、皮影画等"皮影+"拓展精品课程，也有引入区域外资源的崇明扁担戏等陌生又有趣的传统文化艺术。以下摘录课程部分课程内容（见下表3-14）：

表3-14 "皮影+"课程系列之"兴致盎然学'非遗'"

序号	课程名称	执教教师	地点
1	《龙狮欢腾》	瞿蓓懿	二（2）班
2	《大家一起读绘本》	施云娟	二（3）班
3	《上海里弄文化地图》	郭怡	三（1）班
4	《感受语文课本中的非遗之美》	翁劼颖	三（2）班
5	《二十四节气》	唐晓蓓	三（3）班
6	《走进世界文化遗产》	杨银萍	四（1）班
7	《成语故事》	郑佳	四（2）班
8	《学<三字经>讲故事》	幸灵芝	五（1）班
9	《和同学们一起读史记》	朱明君	四（3）班
10	《河西走廊赏析》	杨小娟	四（4）班
11	《英语报，这样学》	杨海燕	五（3）班
12	《环保小制作》	张黎	五（4）班
13	《沙画皮影》	程双	一楼物理实验
14	《神奇的剪纸》	管丽娟	三楼书法教室
15	《刻皮影》	张琳琳	二楼美术教室
16	《五子棋》	郑狄芳	二楼围棋教室
17	《DIY中国传统发饰》	孟晨	三楼心理教室
18	《生旦净丑演乾坤，唱念做打来传承》	孙茜	三楼舞蹈教室
19	《民间泥塑》	羊京	三楼远程教室
20	《变"废"为"宝"》	陆芸莹	一楼化学实验室
21	《歌唱与表演》	王林林	五楼音乐教室
22	《旧衣的逆袭》	王玉珏	五楼音乐教室
23	《学皮影》	邵宇宁 陶伟	皮影馆
24	《脸谱小制作》	赵佳睿	图书馆
25	《少儿传统创意画》	刘嬿嬿	二楼美术教室

表 3-15 "皮影+"课程系列之"动手动脑做'非遗'"

序号	课程名称	执教教师	地点
1	《篆刻入门》	朱伟强	六(1)班
2	《中国结》	颜春兰	六(2)班
3	《皮影剪纸》	吴晓萍、朱兰钧	六(3)班
4	《京剧脸谱》	明强小学	六(4)班
5	《植物敲拓染》	鲍文涛	六(5)班
6	《小小木作》	林奇峰	七(1)班
7	《珐琅填色》	丁家键	七(2)班
8	《立体纸艺》	宋扬	七(3)班
9	《手指编织》	顾燕婕	七(4)班
10	《古法植物蓝染手帕》	王奕蓉	七(5)班
11	《拓印中国风》	王璐	八(1)班
12	《3D皮影》	秦语	八(2)班
13	《超轻黏土》	蔡旻吟	八(3)班
14	《缝制布艺术》	王娣	八(4)班
15	《风筝制作》	张莺	八(5)班
16	《灶文化》	陈锦娟	一(1)班
17	《蛋壳彩绘》	赵佳	一(2)班
18	《剪纸》	刘玠	一(3)班
19	《陶艺》	杨莉	一(4)班
20	《十字绣》	张佳萍	二(1)班
21	《泥塑》	金艳	五(2)班
22	《中华茶文化》	赵燕	四楼团队室
23	《传统烘焙》	龚美兰	一楼自然实验
24	《编织》	王伟芳	一楼生物实验
25	《丝网花》	何燕	二楼劳技教室

3. 参与对象

现场近 2000 名学生参与课前自主选课、课上实践体验和课后点赞评价。

参与这次学校非遗文化节展示活动的还有上海市校外联办、上海市文教结合协调小组办公室秘书长邹竑，区宣传部副部长杨维萍，区教育局党工委书记朱雪平，新虹街道主任郁晓明，区教育局副局长乔慧芳等领导，还有来自上海市非遗联盟 70 多所学校负责人、区内 100 多所学校校长和师生，共 1800 多人参加活动。同时澎湃新闻、《劳动报》《文汇报》《少年日报》《新闻晨报》上海文广局"文化云"、《青年报》《上海日报》、腾讯网等相关媒体进行了现场采访和报道。

第二部分：闵行区2018年中华优秀传统文化教育推进会，推进会共分5个篇章

1. 回顾篇

《阅中华 悦成长》的视频全面回顾了区域在2016—2017年度在传统文化教育工作中所做的工作与成效；《传习、传艺、传承》的视频回顾了区域在"非遗进校园"中的历程。

2. 表彰篇

由区教育局党工委书记朱雪平宣读获得"闵行区2016—2017年度中华优秀传统教育优秀校、优秀项目学校"的学校名单，并发布了创建成果集。

3. 展示篇

颛桥小学的腰鼓表演《欢欣鼓舞》、闵行小学的课本剧《我们的节日》、君莲学校的陶笛合奏《大鱼》和纪王幼儿园的武术表演《少年强》各自展现了学校推进传统文化教育"一校一品"特色培育中的创新性探索。文来实验学校的快板说唱《全景非遗 魅力100分》重温现场100门课程的精彩花絮；田园外小的京剧表演唱《梨花颂》、文馨学校的民族舞蹈《中国风》展现传统文化之美；基地附中的机器人皮影剧《中国梦》、文来实验学校的皮影舞《童梦戏影》和明强小学的皮影戏《金鸡》组成的皮影串烧则将传统文化融于现代科技、舞蹈艺术和地域特色中，创新独特。

4. 交流篇

学校朱君校长以"非遗无限，传承有道"为主题，从非遗融入课程、融入课堂、融入活动等3个方面介绍了学校在"非遗进校园"开展非遗校园文化生活推进中的思考与探索。

5. 工作展望篇

分别由区教育局副局长乔慧芳和上海市校外联办、上海市文教结合协调小组办公室秘书长邹竑对2018年闵行区实施中华优秀传统文化传承发展和如何利用区域资源加强非遗进校园长效机制的建设，继续探索并创新发展，使成果固化，从而更具有吸引力和影响力进行了布置和强调。

八、积极参与校外展演

自将七宝皮影引进学校以来，学校便以"请进来""走出去"的实施策略，不断丰富和提升学校的非遗教育实践，更以开放的行动力，借助于各种校际交流平台、社会活动平台等展示学校的非遗文化教育成果。比如，学校定期组织"皮影+"非遗社团的师生参与上海大世界非遗传习教室公益演出；参与"一校带十校"送戏进校园的活动，到区域内外的幼儿园、中小学校、国际学校等参与非遗文化交流；参与上海市中华优秀传统文化展示月活动以及电视台、电台节目访谈、上海民俗文化节活动等，引导师生用讲、说、演、展、演等多种方式，参与混合式交流，以学校的实践行动辐射非遗文化的影响力，让更多的青少年、教育同行了解学校开展"皮影+"建设的做法与取得的成效，以此带动和推动更多的学校和师生参与学习皮影及其他非遗技艺，在文化交流活动中也促进师生增自信、强认同、拓眼界。

【案例】　参与电视台节目拍摄的感悟

————————————————— 学校皮影社团团员　冯嵩翔　九（5）班

　　我学皮影只有两年的时间，虽说只有两年却也算是经历春夏秋冬，一起看"人面桃花相映红"，一起听"稻花香里说丰年"，一起叹"霜叶红于二月花"，一起盼"风雨送春归，飞雪迎春到"。

　　小时候看到大哥哥大姐姐们在少年宫演皮影戏总觉得很新颖、独特，所以很想体验这番有趣的活动。当在学校有这个机会时，我毫不犹豫地报名参加了皮影社团。

　　"操纵控皮影时要用一只手握住脖签，另一只手握住手签，将影人靠近幕布。"大哥哥大姐姐们和老师手把手耐心地教我们如何操控皮影，不一会儿我就学会了。可当我骄傲自满的时候，老师又开始教我们如何让皮影人物转身，我一头雾水地看着老师，不知所措，我尝试了一下，结果，绳子就被缠住了。我无助地看着老师。但老师不慌不忙地把绳子解开，告诉我如何操作才能避免这种状况，从此我也腼腆地虚心学习，迎难而上。

　　2019年5月，我和小伙伴有了一次去电视台表演的机会。我知道后非常兴奋，但又害怕第一次上电视会发挥失常。是遵从自己的内心还是随波逐流，是直面挑战还是落荒而逃？我在内心质问自己。但最终我还是去了。走进拍摄地点，密密麻麻的仪器摆放在眼前，我目不暇接。当录播的大概内容都过了一遍以后，拍摄也就开始了。14个工作人员把摄像头、聚光灯等对准我和我的小伙伴们准备拍摄时，我紧张得手心里都是汗。"我是小耗子，聪明的小脑袋"，我深吸了一口气，开始了我人生中第一次在电视台的表演。

　　回看电视上的自己，我心里是满满的自豪感，觉得没有辜负自己的付出和老师的辛勤培育。

　　在我们的人生中，总会经历许多的第一次，它难忘而又宝贵，这种体验和经历促使着我们成长。随着时代的发展，作为中学生，我们也有责任去把非物质文化遗产传承下去，让更多的人来了解学习！

【案例】 皮影那些事

赵易昆仑 八（1）班

时光如梭，我从五年级加入皮影社团到现在，也有三年时间了，出去演出和观看展览也有许多次了。

还记得五年级的第一次演出，是到闵行区文来初中去表演。记得那时的我们非常兴奋、激动和好奇。到了文来初中，我们一个个左顾右盼，有的望着华丽的打着聚光灯的舞台，有的迫不及待坐上了松软的座椅看着舞台效果，有的紧张地和小伙伴对一次舞台上的操作。我也在默默地想着我的台词。我们表演的三语皮影戏——《孙悟空三打白骨精》，赢得了全体师生的阵阵掌声。

又想起了两个礼拜前我们去大世界展示时，因为有过前几次现场展示的经验，我们一个个变成了"久经沙场的战士"，分工明确，现场有条不紊。小黄在向一对母女热情地介绍着我们的皮影，小张把我们当心肝宝贝一样对待的皮影理得整整齐齐，小刘和带队老师一起准备着舞台上的灯光效果。演出开始，我们每个人精神抖擞，进入角色，配合默契，《小耗子》《校园版喜羊羊与灰太狼的故事》……每一个皮影戏在光影下鲜活的展现，听众们在节目结束后纷纷走上舞台，我们每个人现场又变身为小老师，指导他们参与简单的皮影戏演出。

进入皮影社团也让我懂得了许多。俗话说："台上十分钟，台下十年功。"我曾经还不能太理解这句话，但在皮影社团的经历让我一下子知道了这句话的意义，也让我对学习有了新的思考与感悟。

皮影早已成为我生活的一部分，使我受益良多。我从皮影了解到的一切让我对传统文化的传承和发展方面的认知有了很大的改变，我们要传承发扬传统文化啊！

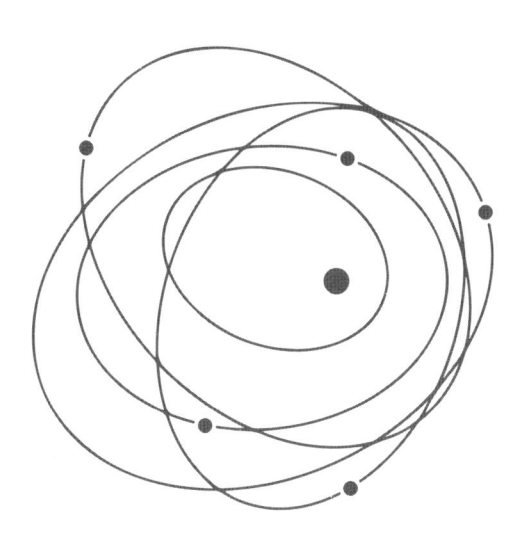

九、"皮影+"校本课程的评价

英国课程专家凯利认为，课程评价是评估任何一种特定教育活动的价值和效果的过程。泰勒在"八年研究"期间也提出了课程评价的概念。他认为，课程评价过程实质上是一个确定课程与教学计划实际达到教育目标的程度的过程。因此，课程评价是指判断课程在改进学生学习方面的价值，是一种课程价值判断的过程。根据"皮影+"校本课程的目标与实施过程，以皮影校本课程为例，我们的课程评价具体操作如下：

（一）明晰评价内容，突出价值取向

1. 传统育人：在皮影非遗教学中渗透立德树人

皮影发源于我国西汉时期的陕西，距今已有 1000 多年的历史，是世界上最早由人配音的活动影画艺术，有人认为皮影戏是现代电影"始祖"。利用以皮影为重点的非遗载体，用其蕴含着的文化精神渗透入"皮影+"教学，在学生心中植下"真、善、美"的思想，有助于学生品正立德，完善人格，培育"真、善、美"的价值观念。

2. 文化育人：在皮影非遗教学中关注多元学科内涵

中国皮影戏是一种集光影、美术、剪纸、雕刻、舞蹈、音乐、说唱为一体的传统表演艺术。在中国，不少的地方戏曲剧种都是从皮影戏中派生出来的，而皮影戏所用的幕影演出原理以及表演艺术手段，对近代电影的发明和现代电影美术片的发展也起到了重要的先导作用。皮影艺术在中国乃至世界上拥有很高的艺术价值。多样化的"学科+皮影"的多元体验，把传统与现代艺术有机融合，为学生提供了一个认识美、发现美、追求美、创造美的文化教育场，激发学生对生活、对美的热爱与向往。

3. 实践育人：在皮影非遗教学中挖掘个性特长潜能

在皮影非遗学习中，学生们不仅学习皮影非遗的知识与技能，还能发展个性与表演、创造创新能力，更可以让学生感受到团队合作的精神内涵。

（二）确定评价机制，形成校本模式

一方面，以"皮影+"特色章、红红蓝蓝评价徽章作为学校对学生的评价载体，将学生参与"皮影+"课程中的参与表现与成长表现纳入"争章"活动和学生的综合素质评价中，激励学生全员参与，并自主参与传统文化的教育实践，达到成长内化自觉的效果，让传承之"根"牢牢地植入校园。

另一方面，开展"我是小小传习人""我是非遗设计师""我是非遗讲解员"多角色、分层次的评价途径，让学生参与其中，承担起"我的课程我做主""我的传承我做主"的任务，变被动学习为自主感知和发展提升。在此基础上，校外以"十佳优秀小队"评选、上海市"我是非遗传习人"的评选为抓手，开展红色文化研学，"小书包走进大虹桥"实践，上海大世界、电视台和其他兄弟学校的公益演出，上海民俗文化节，闵行区中华优秀传统文化教育展示，上海市非遗文化育人成果展示活动等，在实践中提升每一位学生传承中华优秀传统文化的意识和能力。

第四章

活动融合：感受非遗的无限趣味

文化素养展现出了人的内在品质，对学生的综合素养发展有积极的促进作用。其中涉及人的情感态度、文化品格和道德修养等。因此，学校应该从学生的价值取向和审美情趣出发，跟上时代发展的步伐，融入"提升文化素养，树立文化自信"的要求，在带动学生发展和健康成长的情况下，保证学生形成良好的精神品质，成长为对社会有用的人才。

第一节
活动架构与内容

一、活动架构

对学生而言,非遗文化传承在本质上都不能靠说教来实现,而是靠其身历其境的感染和浸润,靠其投入主题教育活动的体验和感悟。因此融入校园活动的课程化实践活动、融入生活的常态化文化浸润、融入自觉的趣味化活动教育,是最自然、最持久、最有生命力的过程,也是让学生对"高、空、远"的传统文化,有了实实在在的接触、参与、体验和感悟的机会与真实触动。

对学校而言,充分利用学校的"皮影+"非遗文化楼、"红色力量"楼道等校内外资源,探索非遗文化的实践研究教育,这种立足文化资源的实境式教育无疑更具有亲和力和生命力。

基于这样的认识,围绕"文化育人"的核心思想,以校园生活为基础,以"融合"的策略,开展以"我是非遗传习人"为主题的校园非遗探访和研学活动,让学生手脑并用,个个喜欢非遗,这是学校培育文化认同、增强民族精神、创建非遗文化校园的一项重要举措,也是"文化立校"办学宗旨的有力表现。

二、实施内容

(一)我与非遗面对面

这一阶段主要以探访非遗项目传习艺人为重点,了解皮影传习人及其他非遗传习人的群体现状、项目传承的现状,思考解决方案。通过实地探访、实录及调研等方式,形成"皮影+文化"等探访小报告。

(二)非遗传承我做主

这一阶段启动"小小传承人行动计划",校内开展"大手牵小手""皮影+"传承活动,组织"皮影+"才艺专场展示活动,影响和带动更多的学生加入非遗传承;校外以班级小队活动或学校"皮影+"社团活动的形式,参与社区展示、大世界非遗公益课程展示、上海市中华优秀传统文化教育月展示,形成校内+校外的联结通道,增强学生对优秀传统文化的保护意识、传承意识,强化教育效果。

(三)我是"非遗小达人"

这一阶段主要以评选与表彰校级、区级、市级"我是非遗传习人"为抓手,以皮影为重点,从学生、家庭两个层面分级分类评选"非遗小达人",形成良好的非遗文化教育效果。

第二节
实施策略与效果

一、与文化节融合

这里的文化节是指以非遗文化育人为重点，将非遗元素全方位融入校园生活而形成的八大校园主题文化节。比如：游戏节玩传统游戏，读书节诵经典诗文，科技节做非遗文创作品，艺术节展个人才艺（见以下案例）等，推动传统文化与现代校园生活的有机链接，以此架构独具非遗文化特征的校园文化活动。2021年4月学校成功举办"皮影+"100课程展示，2021年9月荣获中国系列"空中课堂"多个一等奖、2021年10月上海市非遗空中课堂一等奖、师生获上海市"我是非遗传习人"个人和团体金奖。

【案例】　"致敬祖国·唱响经典"
——学校第十一届文化艺术节活动方案

为歌颂伟大的祖国、伟大的党和改革开放取得的伟大成就，贯彻落实党的教育方针，围绕立德树人根本任务，传承中华文化经典、弘扬社会主义核心价值观，为培养学生艺术审美情趣和热爱中华优秀传统文化的思想意识，丰富校园文化艺术生活，建设以"皮影+"为主线的中华优秀传统文化艺术的学习环境，展示我校艺术教育和传统文化教育成果，推动我校艺术教育改革和非遗校园文化发展进程；现根据学校实际情况组织开展学校第十一届文化艺术节活动，引导全体师生积极培育社会主义核心价值观，感受中华优秀传统文化的魅力，增强民族文化自信，营造健康、和谐、积极向上的校园文化。具体安排如下：

一、指导思想：

以学校"皮影+"特色文化教育为主线，以班班唱红歌、人人唱国歌为重点，扎实推进社会主义核心价值观的培养和践行活动，形成生动活泼、健康向上的校园文化氛围，培养学生的主体意识和参与精神，张扬个性和特长。

二、活动主题： "致敬祖国·唱响经典"

三、活动时间： 2019年12月2日—12月31日

四、组织机构：

（一）领导小组：

组长：朱君

成员：杨娟 李松涛 朱伟强 万虹婧

（二）工作小组：

组长：杨娟 李松涛

成员：朱伟强 万虹婧 蔡丽琼 赵娟娟 陈晓 赵勇 骆建军 陈丽

五、文化艺术节内容

（一）班班唱比赛。

（二）个人才艺比赛。

（三）"我是非遗传习人""我是非遗家庭"评选。

（四）文艺汇演及年级迎新活动。

（五）教师迎新联欢活动。

（六）"阅中华 悦成长"上海市非遗联盟体送戏进课堂研讨活动。

六、具体安排

表 4-1 活动内容

序号	内容	要求	时间	负责人
1	班班唱	国歌必选，红歌可由班主任自定参与比赛（时间由年级组长跟艺术老师协调）	2019年12月2日—20日	年级组组长 陈丽 孙茜 张国娇 王林林
2	黑板报设计比赛	围绕文化艺术节主题结合"新年"的节日文化由各班级自主设计	2019年12月16日评比	赵娟娟 蔡丽琼 陈晓
3	"我是非遗传习人"比赛	以传统文化艺术为切入点，按动态类、静态类两项，分个人和团体（主要是家庭组合或师生组合）参与比赛	2019年12月20日评比截止	年级组组长 邵宇宁（材料收集汇总颁奖），艺术组成员负责评比
4	个人才艺比赛	分书法、绘画、声乐、乐器上交视频	2019年12月27日评比截止	陈丽总负责，艺术组成员、年级组长负责通知和汇总上交
5	文艺汇演表彰及年级迎新活动	以舞台表现为重点，充分展现我校艺术教育成果和传统文化教育氛围，可结合活动表彰	2019年12月31日 12:30	李松涛 杨娟 陈丽 陈晓 赵娟娟 蔡丽琼
6	教师迎新联欢活动	以工会小组为单位结合艺术节活动参与汇演活动	2019年12月30日 12:30	万虹婧 朱伟强

七、活动要求

（一）加强组织领导

本项活动由校长室牵头，各分管部门协调，并选择学生喜欢的活动方式，广泛发动师生开展丰富、有效的校内外活动，使之成为弘扬中华优秀文化艺术的践行者和传播者。

（二）注重宣传，营造氛围

学发部利用班主任例会、学校广播、微信公众号等平台载体，做好宣传报道，营造浓厚氛围，提升活动效果。

附件：

"致敬祖国，唱响经典"之"我是非遗传习人"活动方案

以"皮影"特色项目为抓手，积极引导全校师生参与弘扬和传承中华优秀传统文化，搭建展示我校师生和家长的艺术才能的舞台，营造弘扬中华优秀传统文化的浓厚氛围，感受优秀传统文化的魅力，增强民族文化自信和文化自觉。

一、活动主题　　"致敬祖国，唱响经典"——"我是非遗传习人"

二、活动内容　　以传承和弘扬中华优秀传统文化为主线，聚焦非遗名录中剪纸、面塑、绒绣、竹刻、纸艺、编织、雕刻等民间手工类项目及音乐、舞蹈、戏剧、曲艺、杂技、魔术、武术等传统演艺类项目的展示、展演、竞赛，通过个人、团队、家庭的才艺展示，挖掘非遗传承人背后的精彩故事，最终评选出10名"非遗传习人"（个人和团体各10名），并于闭幕式颁奖表彰。

三、参加对象　　本校师生及家长。

四、活动安排　　本次活动分民间手工类、传统演艺类两项，以各班为单位发动全体师生、家长参与手工类、传统演艺类的各项活动，并按照活动方案落实好作品征集等各项工作。上报时按静态类和动态类分别上交作品。其中静态类、动态类各年级各申报5个作品（团体包括家庭组合、师生组合）；最后由学校对上交作品进行分组评审，评选出文来实验学校第二届"文来实验杯——非遗传习人"奖项。

五、报名方式　　各年级组长将"我是非遗传习人"手工类评审作品、演艺类评审作品分别以U盘的形式于2019年12月16日（周一）下班前统一交到邵宇宁老师处。

六、奖项设置　　活动设立学生奖、家庭奖：
1. 学生奖："文来实验杯——非遗传习人"10名
2. 家庭奖：评选"文来实验杯——优秀非遗传习家庭"10个

从中华优秀传统文化出发，通过八大主题文化节的实践活动，让学生接触生动和形象的文化活动内容，在动手和动脑的情况下，使其领略到非遗文化知识的魅力和价值，让学生对非遗文化产生兴趣，也施展出各自的艺术才能。

二、与班队建设融合

以《中国皮影戏》校本教材为抓手，将工匠精神、传统美德、文化血脉、思想情怀融入德育教育活动。学校层面整体规划，顶层设计班队文化的特色创建，各年级、各班级开展不同年龄段、不同主题的"皮影+"微班会，引导学生了解皮影戏的历史与发展，学习中华民族的宝贵精神品格和崇高价值追求，用皮影非遗文化构建独具特色的班级文化和学生文化。2020 年 10 月 15 日成功举办闵行区"阅中华 悦成长"项目指导下班队非遗文化特色建设展示。

【案例】　"学史爱国，我是小小皮影家"
——"皮影+"微班会文化建设的思考与实践

赵娟娟

在"文化立校"办学思想的引领下，学校整体规划"皮影+"微班会建设。我们认为，如果要让学生做小小皮影家，那班主任自己就该做个"家"，这个家就是班主任自己对班级文化建设的思考。在实践过程中，我们也发现，让班主任自己先想好这些问题再去操作是很难的，因此依托学校的皮影文化特色，以"皮影+"微班会作为抓手，采用边实践、边反思的方式来推进班队特色文化的建设。

一、初尝试

在建设初期，我们组织班主任和学生一起根据班级实际情况、学生兴趣点来进行微班会的设计，并且尽量考虑到自己班级的文化特色和年级主题的协调性。在备课设计的过程中我们发现皮影实在是一份大美的文化技艺，它的色彩如此考究，它的技艺如此繁复（敷彩），它的历史如此源远流长，丰富的文化育人价值让班主任深深体会到了祖国文化的博大精深，并迫切地想将这些文化精华浸润给学生。

因此当"皮影+"班会的教案上交呈现的时候，内容非常丰富。比如，有从皮影的美术、音乐、工艺等美学角度来入手；有从合作精神、探究精神、爱国精神、工匠精神等内涵角度来设计，更有从传承与创新等非常深刻的文化育人角度来呈现。

二、重建构

纵观全校"皮影+"微班会内容，我们发现存在散点式的问题，如：年龄段分界不够明显、部分内容重叠、班级特色不明显等。学校德育管理层着手根据全校各年龄段的学生特点，从年级统筹主题内容入手，结合班主任设计的教案内容进行"皮影+"微班会的长城设计。

（一）学皮影

一、二年级低龄段学生主要以"学皮影"为主，学生们依托学校文化艺术节相关"皮影+"活动，进行中国皮影起源和历史的学习，了解什么是皮影戏、皮影有哪些流派等，在学习中增长见识，初步体会皮影戏这一中华传统文化的魅力。

（二）探皮影

三、四、五年级的中低年龄段学生主要以"探皮影"为主，通过组织开展小队活动，去七宝皮影馆、上海大世界等非遗场馆参观，进一步感受皮影背后的中华音乐、戏曲等艺术文化的内涵。

（三）做皮影

六、七年级中年龄段学生主要以"做皮影"为主，在体验制作皮影人物、皮影道具的动手操作中，挖掘皮影艺人身上的中华文化精神，并实际运用到学习生活中去。

（四）演皮影

八、九年级高年龄段学生以"演皮影"为主，通过改编皮影剧本、创新皮影宣传形式，来思考皮影的传承与创新之路，进而培养学生的民族文化自信，发扬学生的爱国主义情怀。

以年级组为单位进行的研讨反思重构，充分体现了"异"与"同"的辩证关系，更能反映不同年段不同学生需要的特点。

三、再实践

在初步搭建微班会课框架的基础上，年级组组长、班主任开始带领班级进行"皮影+"微班会的实践，第一轮磨课、上课、探讨、反思和学生互动的过程，也是我们逐步完善微班会校本课程的过程。在这一轮的实践中，我们又发现了需要再完善的问题，首要的是时间：考虑到"皮影+"微班会整体内容的丰富性、将近9年时间的学习跨度、区校级其他德育活动和班级自身需要的教育内容的开展等实际因素，我们对"皮影+"微班会的时间、形式又做了完善：

时间上：更精简。我们由起初40分钟的大班会变为现在20分钟的微班会。变得更加灵活、自由，这样的改变使我们的形式更为丰富。

形式上：更丰富。除了以往常规的班会课，我们还在周一7:30—7:50的班主任晨会、周三12:30—12:50的午会、周五12:30—12:50的"皮影+故事"红领巾广播时段开展微班会实践，可操作性更强。最后形成定时、定量、定点的微班会体系。

我们在摸索中定位自己的班级文化特色，在研讨中挖掘皮影的育人价值，在实践中初现学生的成长转变！可喜的是，通过系列主题班会的育人内容长效、线状地，而非短期、点状地引导学生的行规习惯、三观态度、爱国情怀，在实践过程中逐步形成了系列主题班会，每位班主任都有自己的思考和心得。

思考—实践—反思—重建，这样反刍式的过程虽然痛苦、但也快乐。以"皮影+"微班会为抓手，通过认真细致的研讨、丰富多彩的活动、精美创意的作品来将我们中华优秀传统文化浸润到学生的心中，根植于他们的内心。学生在欣赏皮影和制作皮影的过程中人生观、价值观经受洗礼，变得更能欣赏艺术，更能吃苦耐劳、热爱学习，更有民族自豪感和爱国情怀。

我校"皮影+"微班会的探索仅仅是一个起步，班集体文化建设、传统文化育人实践、学生的充实健康成长，这些思考和行动，非一人一己之力，非一朝一夕之功，还需要所有德育人群策群力，持之以恒的细化、拓展和凝练，在"中华传统文化传承"的育人大背景下，我校在"擦亮自己的班级文化品牌"这条道路上将会不断"砥砺前行"，最终收获的是班级文化建设的成效，是学生的健康成长！这也是"皮影+"微班会的最重要的意义和价值！

在学校非遗文化教育活动的整体架构和引领下，各年级组依据年龄特点确定"皮影+"主题，各班的班主任基于学生学情和班级文化创建特点落实"皮影+"微班会课，从而推动实现班队文化建设的常态化。以下摘录班主任开展"皮影+"微班会的教学实践——

【案例】　　探皮影前世今生　立传承皮影之志
——"皮影+"微班会课

程会　八（5）班

一、教育背景

皮影是世界非物质文化遗产，皮影道具和人物的制作所蕴含的丰富工艺可以独立于影戏之外，成为一种独立存在的艺术形式。制作精美的皮影人可以作为手工艺品供人们欣赏，可作为室内的装饰品，点缀生活的空间。皮影人的设计与制作为美术设计提供了难得的素材，且提供了广阔的展示空间。民间艺术与专业创作是一种相互渗透、相互依存、相互转化的关系。现代艺术从民间艺术吸取营养，无论是创作手法、表现形式还是作品中渗透的民族精神，都将为新的产品提供积极的经验和有用的启示。皮影戏的剧目中所表演的内容多是直接源于百姓生活的民间平常故事，以简单的故事情节阐述一些深刻道理，所以它常常能为人们的日常行为提供一种伦理形式。因此剧目中包含的故事情节，以及反映的民风是调查采集民间艺术素材的有效方法。

但我们也看到，皮影戏艺人面临后继无人的局面：一是皮影艺人收入不高，而且没有保障。很多人宁愿选择外出打工。二是年轻人特别是艺人的子女不愿意学。他们认为，皮影戏土气，不新潮，没什么用。皮影艺术的演出严重萎缩，观众流失。特别是年轻人，对皮影戏的内容和表现形式感到陈旧，从心理上产生了叛逆。另外皮影戏自身发展并不够与时俱进。

文来实验学校作为非遗传承的龙头学校，一直以来学校构建的皮影学习氛围非常浓厚，我们八（5）班的同学们在皮影学习实践过程中都产生了极大的兴趣，成为皮影特色班级。

2020年9月24日，我们班专门拍摄了皮影班会课的宣传片，同学们表现非常踊跃，也对于皮影戏的表演很热情，欢声笑语不断。

2020年10月3日，我们班3个小队：北极星小队、Dreamer小队、Nines'小队去七宝皮影馆探访皮影的前世今生。每个小队围绕皮影编写小剧本，比如，施歆怡所在小队的《垃圾分类之三打白骨精》、沈星宇所在小队的《林海雪原》、江佳恒所在小队的《岳飞精忠报国》。另外每个小队开展了关于皮影戏的探究，完成了《关于皮影流派的发展的探究》《关于皮影戏代表作的探究》《关于皮影戏的保护和传承的探究》等探究报告。

二、教育目标

（一）通过观看皮影表演，了解皮影的历史及艺术特点。

（二）通过实践探究，对皮影进一步了解，掌握基本的皮影戏表演技巧。

（三）通过皮影，认识到传承中华优秀传统文化的重要性和紧迫性。

三、教育过程

表 4-2 教育内容

执教时间	执教班级	班会主题	班会课时
2020年10月12日	八（5）班	探中国皮影流派 寻传统文化之根	1
环节	活动		设计意图
一	播放一段文来实验学校八(5)班未来可期中队3个小队关于皮影探究的成果的整合小视频		导入主题
二	1.请陕西皮影爱好者王涵鑫讲解三大皮影流派之一的陕西皮影的特点		了解陕西皮影的发展
	2.请施歆怡小队关于皮影流派的发展的探究，并演皮影新剧《垃圾分类之三打白骨精》		了解皮影流派的发展
	3.请沈星宇小队关于皮影戏代表作的探究，并演皮影新剧《林海雪原》		了解皮影的代表作
三	1.江佳恒小队关于皮影戏的保护和传承的探究，并演皮影新剧《岳飞精忠报国》		皮影传承的重要性
	2.上海松江皮影老艺人的心声		上海皮影的传承
四	探中国皮影流派 寻传统文化之根 传承皮影艺术 你我一起努力 ——八(5)班全体同学		鼓励同学们为传承皮影而努力

【案例】　　打造心爱"皮影家"
——"皮影+"微班会课

施云娟　二（1）班

一、教学背景

习近平总书记在党的二十大报告中指出，"坚持和发展马克思主义，必须同中华优秀传统文化相结合。只有根植本国、本民族历史文化沃土，马克思主义真理之树才能根深叶茂"。而我校自建校以来，一直秉承"文化立校"的办学理念，从起初皮影社团的建立再到后来"皮影+""跟着节气去劳动"等校本课程的创建与实施，文来实验学校的师生一直走在传统文化传承的道路上。

本节班会课，是一年级学生进校两个月后开展的。刚进入小学，孩子们对新的学习和生活充满了好奇，对校园环境、对班级、对老师、对同学、对课堂、对学习都充满了新鲜感。

为了让孩子尽快适应学校的学习和生活，9月份，我们开展了"认识校园和伙伴"主题系列活动。学生们知道了学校主要场馆分布的地理位置和基本功能，认识了同伴和老师。在对学校"皮影家"的走访后，有趣的皮影历史故事、不同的皮影造型、热闹的皮影戏表演都激发了学生们浓烈的学习兴趣和好奇心。10月份，我们以"打造班级皮影家"为主题开展了"美化班级皮影角"的活动，组织带领学生们：收集金点子—评选金点子—学做皮影—创意成果展示等活动，一起打造班级皮影家。通过这些活动的设计，带领学生们用自己的观察、思考、实践和体验，将身边人、身边事用他们喜爱的皮影造型制作出来，以此激发学生爱学校、爱班级、爱老师、爱同伴的思想感情，促进学生对皮影的认知，初步感受传统文化的魅力！

二、教学实录

师：同学们，为了布置班级的"皮影角"，前期我们开展了"金点子"的收集和评选活动。最终，我们决定用皮影造型的方式把金点子呈现出来，共同打造我们班级的皮影角，布置我们心爱的皮影家。今天，你们把自己的作品都带来了，让我们一起来交流一下吧！

生：组内交流。

师：请每组派一名代表来介绍一下自己的皮影人物和造型，并说说为什么会选择这样的人、事、物来成为你的作品？

生1：我做的是孙悟空：因为它本领大、聪明又勇敢。

生2：我做的是我们的学校，我们校园很漂亮，五星红旗高高飘扬，我喜欢在学校里上课、和同学做游戏。

生3：我做的是施老师，因为施老师上课很有趣，长得也很漂亮。

生4：我做的是秦榆哲，因为他经常帮助我，所以我喜欢他。

师：小朋友们说得真好！不仅把自己喜欢的理由说清楚了，老师还发现你们观察特别仔细，皮影造型做得特别逼真。那你们是怎么和爸爸妈妈一起完成这个作品的呢？

生1：我们是通过上网学习皮影的制作方法，然后再自己制作。

生2：我和妈妈分工合作。我先把喜欢的皮影人物画出来，妈妈负责在皮影人物的活动支点的地方穿针引线。

生3：我也是先画皮影人物，然后涂色，用了两脚钉固定四肢，用了塑料吸管做操作杆。

师：同学们真有办法，接下来让我们一起观看张梓墨同学和她的妈妈共同制作皮影的视频。

生：时不时发出赞叹声。

师：相信通过刚才的视频，你们对制作皮影的方法和步骤有了更深的了解，那就是：1.画、2.涂、3.剪、4.塑封、5.钻孔、6.固定、7.加杆。

师：那么在整个制作皮影的过程中，你的感受是怎样的，能和大家一起分享吗？

生1：一开始觉得做皮影很难，但尝试之后，觉得没那么难，还挺好玩的。

生2：以前作业完成后，爸爸妈妈就各自看手机。现在有了做皮影的任务，爸爸妈妈连手机都不看了，陪着我一起做，我感觉很开心。

生3：我和爸爸妈妈做了好几个皮影人物。晚饭后，我们会拿起皮影编故事，很有趣。

生4：我做的皮影人物是秦榆哲，他身上有很多优点，值得我学习。

师：谢谢同学们的分享，看来通过这次活动，同学们的收获可真不小。接下来让我们一起来听听爸爸妈妈是怎么说的？

生：有的笑了，有的竟鼓起了掌……

师：真没想到，这次活动还拉近了亲子关系。视频中，爸爸妈妈们也不吝啬对你们的表扬，你们真的很棒！最后，让我们把手中的作品，悬挂在班级的皮影角，一起打造我们心爱的皮影家吧！

三、教学反思：

在开学至今的近两个月时间里，学生们相处融洽，对班集体已经有了初步的概念。对校园的人、事、物，从陌生到了解，从了解到熟悉，又从熟悉到喜爱，这些微妙的情感在心中慢慢变化。本节班会课就利用学做皮影的契机，引导孩子把自己喜欢的人、事、物做出来，把喜欢的理由说出来，通过挖掘身边微小的事例，发现他人身上美好的闪光点，让班级变得更加温暖和美丽！

从本节课的反馈来看，较好地完成了教学目标。教师通过谈话引导、小组讨论、照片分享、家长视频等方式将教学过程层层推进。学生通过参与、体验，将皮影的制作过程清晰地讲述出来，并能结合制作的皮影人物将自己的情感进行真实的表达。更令人惊喜的是，学生制作的皮影人物和造型非常丰富，有学校、有老师、还有同伴……这和9月份开展的"认识校园和伙伴"的主题活动密不可分。这些都是本节课较为成功的地方。但是课堂中教师急切地想推进下一个环节，而忽略了某些有效资源的利用。例如，学生在说道："我做的皮影人物是某某同学，因为她经常帮助我，所以我喜欢她。"此时，教师可以直接提问其他学生，在自己两个月的在校学习生活中，获得过哪些同学的帮助？你对这种助人的行为又有什么看法？通过学生之间的交流、思考和教师的点拨引导，学生就会知道：同学之间应该互帮互助，乐于助人的同时自己也会得到快乐。这样，班会课育人的价值也显现出来了。

通过这节班会课，我还在思考：如何将学校特色文化元素，多元化地融入班会课的设计和实施？如何依托传统文化的活动载体来丰富和推进班级文化的建设？这些问题有待自己和同伴们进一步探讨和摸索。

从以上两节微班会课我们不难发现，微班会课作为教育学生的主阵地，具有"短"（用时短暂，力求高效）、"快"（应变快速，针对性强）、"小"（话题小微，聚焦明确）、"灵"（方法多样，灵活易行）等特点。以非遗文化打造的"皮影+"微班课班队特色，是从文化育人的本质上去实现教育的目的，能够对学生思想品德、文化情感产生直接的教育意义。

三、与学生主题实践融合

基于"我是非遗传习人"这一主题,学校探索和形成"皮影+"传统文化系列、红色文化之传承红色基因系列及社会主义先进文化之节气劳动传承勤劳美德系列的综合实践活动。与虹桥枢纽商务区的多家企事业单位签订学生综合实践基地建设协议,开展架构"小书包走进大虹桥"社会实践活动体系;以"皮影家"楼道、"红色力量"党史教育楼道、上海红色教育资源、场馆资源为依托,探索和架构"小书包走进大上海"校外研学实践的课程和传统文化特色中队创建活动,让学校的非遗特色走出校外、进入家庭、辐射社会。

【案例】　承经典之美　与未来同行

——"皮影+"传统文化教育系列实践之"百年动画探索之旅"

蔡丽琼

一、背景分析

2022年是中国动画诞生100周年。翻阅百年中国动画史,从20世纪开始塑造出无数典型的艺术形象,《猪八戒吃西瓜》《渔童》《金色的海螺》《大闹天宫》《九色鹿》《天书奇谭》……这些经典动画作品深受几代人的喜爱。

其实在两千多年前,皮影戏——最古老"电影"——就开始在中国出现并一直流传至今。作为世界上最早的幕影娱乐文化,皮影戏巧妙地将民间的雕刻与绘画技艺结合起来,同时吸收了传统戏曲、表演及文学艺术的精华。

现代动画尤其是中国动画的发展离不开对传统文化的传承和创新。影视故事内容的撰写编辑、绘画摄制工艺、音乐演绎等都表现出一代又一代动画人对优秀传统文化的学习、继承,并探索与现代科技融合和创新。这样的传承与创新正如教育部制定并发布的《完善中华优秀传统文化教育指导纲要》中指出的那样:"中华优秀传统文化是中华民族语言习惯、文化传统、思想观念、情感认同的集中体现,凝聚着中华民族普遍认同和广泛接受的道德规范、思想品格和价值取向,具有极为丰富的思想内涵。"

作为从传统皮影一路脱胎成长起来的现代动画,是学生喜闻乐见的文化娱乐形式,可以成为引导学生了解、喜爱传统文化的重要媒介。而动画作品之所以深受喜爱,也是因为这些动画作品中有着"天下兴亡、匹夫有责"的家国情怀充满了"仁爱共济、立己达人"的社会关爱体现着"正心笃志、崇德弘毅"的人格修养,是完善青少年学生道德品质、培养理想人格、提升政治素养的有益内容。

在2022年暑假,学校号召全校同学跟随经典动画作品,开展一场"皮影+"传统文化的探索之旅。希望学生们在经典探索的基础上,不仅仅简单停留在喜爱上,更进一步激励同学们从自己喜爱的作品或者人物身上找到值得学习的优秀品质,也鼓励学生树立自己的理想,并在今后的学习中懂得通过学习、劳动、不断努力、坚持,最终实现自己的理想。

二、活动内容

第一阶段

实践体验与探索:与经典同行 承传统之美

"非遗无限,传承有道!"2022年暑期,文来实验学校学生发展部开展"皮影+"传统教育特色活动,将爱国主义教育、传统文化教育与劳动教育相融合,打造学生欣赏美、实践美、传承美,融爱育美的暑期生活。

任务一:看一看——赏析经典

观看至少一部国产经典动画作品,感受经典之美,并进行文实学子最爱的经典动画推荐。

图 4-1 学生观影后制作皮影

任务二：演一演，做一做——经典模仿实践体验

经典动画中那些令人捧腹、发人深省的人物、对话、故事情节值得被我们长久记录。

（1）演一演：依据经典动画作品，截取其中的一个画面或者片段，以"模仿角色动作拍照""为精彩片断配音""演奏一段经典插曲""演出一段皮影小戏"等不同的方式，让自己也穿越进入经典中。

（2）做一做：独立完成或者与家人、朋友一起用擅长的方式把经典留下，让经典再次流行！皮影角色制作、绘画、剪纸、泥塑、电影海报、推荐演讲、文创设计……形式不限。

任务三：探一探——知根知底

一部优秀的动画电影凝聚着无数人的辛苦劳动。画面、配音、人物角色造型、动画的拍摄等都值得我们去探索。

撰写一篇小型探究报告，可以配上合适的PPT展示探究过程和成果。

可以尝试探究：中国百年动画的变迁史；传统动画中的皮影元素；经典动画制作或者拍摄过程；传统动画对当下中国动画的创新启示……

第二阶段

分享交流与展望：传承经典走向未来

经典的创造可能是神来一笔，但是能够成为经典肯定不是运气也不可能是偶然。在第一阶段的实践探究基础上，各班结合9月读书节"阅读经典、感受经典"主题活动，组织全体学生对暑期实践探索活动情况进行实践成果展示，并开展学习感受和成果交流小结。

各班依据学生的总结交流，继续深入开展系列班会，引导学生将经典动画和现实生活契合，由此激发学生学习的内驱力，树立学习目标和未来职业理想。

低年级学生从"皮影家"的角度引导学生观察生活、热爱班级集体；

中年级学生从"皮影佳"的角度探究兴趣爱好的培养、克服困难养成良好习惯；

高年级学生从"皮影+"的角度探究经典动画成功的缘由，畅想自己的成长之路。

通过自我认知分析，从"我喜欢什么、我的专长是什么、我将来想要做什么、我现在需要怎么做"等角度，进行自我思考、自我规划。

三、实践成果——系列活动受到学生们的积极响应

1. 问卷调研获取文来学子十大经典动画推荐名单

在 2022 年校读书节闭幕式上朱君校长做了十大经典影片的推荐发布。

2. 以班级、小队为单位，线上线下相融合开展探究实践活动

2022 年 3 月—6 月的特殊时期，各班学生运用线上与线下相结合的方式进行了探究学习活动。例如四（2）班向日葵小队安排了线上观看中国经典动画片《三个和尚》的活动。在他们的活动通讯稿中提到，这是一部生动有趣而富有教育意义的动画片，它告诉我们：人心齐，泰山移。团结的力量大，我们做任何事情，都要树立与他人互助合作的思想观念。整部动画片参考了中国传统的绘画技法，将水墨山水画造型表现得淋漓尽致，同时，把西方动画片的现代漫画手法巧妙地结合并融于民族风格之中，使生动活泼的画面形象中蕴含着深刻的道理。

再如三（1）班萌芽中队的队员们开展了一系列线上传统文化探索之旅。通过自主观影、交流感悟、合作配音等环节，不仅欣赏了国产经典动画，和同学们增加了交流，了解了中国传统技能在电影制作中的神奇表现，还锻炼了口头表达能力。活动持续了整整一周时间。

3. 用静态与动态相结合的形式表达自己对经典动画的致敬

学生不仅通过泥塑、剪纸、皮影人偶、手工制作、人物模仿摄影等静态作品呈现自己喜爱的经典动画形象，还通过配音、故事演绎、探究报告等更生动的形式呈现。

学生泥塑作品摘选

图 4-2 自制皮影角色　　图 4-3 唱经典曲目、演绎经典角色

图 4-4 开展经典片段配音　　图 4-5 百年动画趣配音

4. 融合学校八大主题文化节——读书节开展专项展示

"阅经典 悦成长"主题教育是学校在传统文化教育形成的品牌活动。主题文化节的舞台就是学生们交流和展示他们的学习成果和感受的很好机会，也借助于这个展示给全体学生示范和引导。

在 2022 年读书节上，四年级组呈现了一个融合探究报告与文艺表演的综合性节目。四（2）班徐露雪同学交流了她在假期与妈妈共同开展的专题研学成果，而四（4）班的 5 位同学用现场配音的方式带领全校同学回顾经典动画《九色鹿》片段。

在学生们的研学报告交流中，我们看到不仅有文字报告、图片报告还有研学视频。丰富多样的成果是学生们学习和探究过程的展示，也是他们对学习内容经过自我思考和整理的呈现。

5. 深入开展系列班会，引导学生将经典动画和现实生活契合

经典动画给予学生们的启示是非常丰富的。教育活动还需要从点到面，再由面及里地深入学生心中。继续开展的班级主题教育也必不可少。

以三（3）班教育活动为例——

【案例】　　承经典之美与未来同行

一、教育活动目的

（一）通过经典动画内容的欣赏，激发学生们对经典动画的喜爱。

（二）通过观察了解经典动画的制作不易，懂得珍惜和珍爱传统动画，并向艺术家们致敬。

（三）通过对自己的专长和喜好进行分析，初步树立职业理想，并知道理想的实现离不开努力与坚持。

二、活动过程

（一）课前热身

2022冬奥会，动画角色悉数登场，他们积极参与冬奥的场面激动人心。

（活动目的：通过动画激发学生的学习热情，也为后续"动画与现实"的结合做铺垫。）

（二）经典动画知多少

大家都喜欢看动画片，不仅是同学们，老师和家长们也一样喜欢。可以说，动画陪伴了一代代人的成长。

1.快速问答

（1）暑期学校号召大家观看经典动画片，大家都看了哪些动画片呀？

（2）你最喜欢的动画是什么？为什么？

（3）你最喜欢的动画角色有哪些？为什么喜欢他/她/它呢？

（4）读书节上，校长进行了文来实验学校经典动画发布。大家还记得是哪些动画片吗？

……

2.向经典动画和他们的制作人致敬

图 4-6 读书节 cosplay 秀

（二）欣赏中国百年动画纪念曲

（活动目的：通过系列快速问答，激活学生们的记忆，通过反馈了解学生们对传统经典动画的了解和喜好，探寻在经典动画中倡导的优秀传统美德和制作工匠们的良好精神品质。）

（三）探究与思考

1. 思考

如果你有机会参与动画电影的制作，你想担任什么工作？为什么？请先在小组里交流，再举手们回答。

预设学生回答：

（1）我想绘画动画人物，因为我喜欢画画。

（2）我愿意给动画配音，因为我可以体会不同的人物。

（3）我可以写故事，创编成动画。

……

在学生回答的过程当中老师需要追问一个问题，为什么你会选择这个工作？那你觉得担任这个工作，你还需要掌握些什么本领呢？

2. 承经典之美，与梦想同行

今天的课程即将结束了，老师还有一惊喜给大家！（动画片）

师：经典动画片非常好看，里面有飞天的梦想、有入海的梦想，我们一代代中国人不仅看动画，还把动画里那些故事变成了真，改变了我们的生活。所以同学们，刚才我们提到了自己的职业理想，你们也看到我们的前辈们，这些大梦想家们，通过自己的不断努力学习、工作取得成功。同学们，让我们像孙悟空在最后说的那样："操练起来！"

三、活动前准备

与经典动画同行 小问卷

班级 _____ 姓名 _____ 学号 _____

1. 我观看过的经典动画片有：

（可以多选，如果有其他的还可以自己增加）

《大闹天宫》《猪八戒吃西瓜》《神笔马良》《九色鹿》《黑猫警长》
　（　）　　　（　）　　　（　）　　（　）　　（　）

《孙悟空三打白骨精》《渔童》《葫芦娃》《海尔兄弟》
　　（　）　　　　（　）　　（　）　　（　）

我还看过 _____ _____ _____ _____

2. 我最喜欢的动画电影是《_____》。

因为 _____

3. 我最喜欢的动画人物（角色）_____

因为 _____

4. 我们中国现代动画有多少年的历史了？_____（可以直接圈出来）

　　50年　　70年　　100年　　150年

5. 如果你有机会参与动画电影的制作，你会安排自己担任什么工作？

（1）编写故事　　（2）绘制人物形象或者绘制动画背景图片

（3）编写电影音乐　　　（4）参与电影音乐的演奏

（5）为人物、角色配音　（6）将动画拍摄成电影

（7）_____

6. 你为什么为自己选择这些工作呢？_____

7. 课程中的自我评价（适合小学中低年级学生使用）

（1）我认真听老师和同学的发言。☆☆☆☆☆

（2）我积极参与课堂的交流发言。☆☆☆☆☆

四、总结思考

中国现代经典动画片无论是画面、故事内容，还是其中的音乐、角色配音等，给全体中国人留下了深刻的印象。"与经典同行 承传统之美——百年动画探索之旅"作为学校"皮影＋"系列传统文化教育实践，秉承着"非遗无限传承有道"理念，融合教育的各个方面，注重探索提升学生综合素养的可能途径。对教育活动组织者、学生、家庭都产生一定的影响，也为今后继续开展传统文化教育活动积累了经验。

（一）传统文化教育活动从学生喜闻乐见的内容着手，能得到学生的积极响应，也能助推家庭良好亲子关系的形成

动画片一直深受孩子们的喜爱，中国经典动画是几代人的最爱。当确定并推出本次活动后，受到了学生的积极响应。收到的学生展示成果形式丰富，内容也非常有趣。

不仅是学生个人，在问卷调研和学生访谈中得到了"我和家长一起看，我们都喜欢"的反馈。甚至有学生表示，看这些经典动画片的时候，爸爸妈妈比自己还激动，主动讲述自己小时候的故事。由此可见，传统文化教育活动的组织开展对促进亲子关系有着积极作用。

（二）将传统文化与未来科技发展对接，树立学生文化自信的同时，能够激励学生主动思考探索，改变学生简单接受的学习模式，促动学生主动思考，主动学习

在本次教育活动中，指导学生们通过观摩对比中外动画、亲子互动、小队活动、主题交流探究成果等不同形式开展主题学习。在过程中学生们对于中国经典动画的骄傲和自豪溢于言表。在此基础上跟进的"未来发展、职业启蒙"教育，引发学生对科技发展、自我成长规划开展思考。

教育的结果指向未来。开展传统文化教育的过程中，我们不是简单在学习、继承，更多的还要激励、引导学生站到人生发展的大路上，树立远大的理想，鼓励他们看得更高、走得更远。

从学生的发展需要出发，以中国优秀的传统文化为载体，积极为学生创建良好的学习环境，以丰富的实践活动激发学生学习传统文化的兴趣，增强对中华民族的认同感和自豪感。我们还将学生主题实践活动有机延展到家庭、社区和社会，形成"学校、家庭、社区"实践教育合力。以下摘录2022年寒假"皮影+"学生实践方案和班级小队的研学实践案例——

【案例】 "皮影+"学生寒假特色实践方案

一、实施背景

2022年寒假，将迎来"春节""元宵节"两大中华传统佳节，结合学校"皮影+"特色项目，围绕"皮影+劳技""皮影+美术""皮影+历史"，组织学生开展"皮影+"寒假特别作业，实现以劳育德、以美育德的教育效果。

二、实施内容

（一）龙腾虎跃乐研学

本项以小队为单位，依据校本教材"小书包走进大上海"提供的场馆、道路等线索，和同学、家长开展一次"大上海"研学活动，完成"皮影+历史""皮影+文化"小队研学报告一份。因疫情防控的要求，小队活动可以以线上线下相结合的形式开展。

1. 研学内容

本次寒假小队活动每班每小队至少2次，活动后要有200～300字的通讯。具体内容：

（1）小队研学路线图1份（手绘最佳）

（2）研学成果

① 一、二年级：主题活动收获 一句话感言（可制作相册或视频）。

② 三、四、五、六年级：以朗诵、演讲的形式录制视频。

要求：以"强国有我"为主题，演讲作品须为原创，有真情实感。

③ 七、八年级：研学报告。

2.活动评价

（1）开学第二周，班会课进行研学报告小队交流活动。

（2）2月28日—3月7日各年级组开展年级大会，进行年级组研学成果交流，推选出年级优胜研学成果。

（3）3月14日升旗仪式进行研学成果颁奖。

（二）虎头虎脑探新春

表 4-3 活动内容

主题	内容	要求
虎年画（写）虎	我们常用"虎头虎脑"来形容可爱的样子。新年到了，同学们也来写一写或者画一画你心中的"虎"吧！	国画、水彩、油画；书法（硬笔、软笔）虎年对联、描述"虎"的诗词、美文均可 请在作品背后写好班级、姓名、作品名称 硬笔书法作品不小于 A4。其他作品不小于 8K，不必装裱
虎年说虎	十二生肖为什么有虎这个生肖？你又知道哪些关于"虎"的故事呢？来和我们大家说说你知道的虎的故事吧！	请在2月16日前将你的故事语音配一页背景图（视频也可以）发给班主任老师。五至八年级欢迎推荐主题皮影剧本。我们将在大家的故事基础上，推荐优秀作品参加"虎年演虎"学校特色创意皮影表演
虎年做虎	虎头鞋、虎头枕、虎头粽……在传统手工制品中有很多含有虎元素的制品。同学们，请你也来试一试吧！	大家可以用剪纸、皮影造型、彩泥、面塑、编织、绣花、雕刻等各种材质、手段来创造一个属于"文来实验"的独特"虎" 2月7日前所有作品请先拍照发给班主任老师。参与学校评选。入围作品，请带来学校进行后续评审和展示

所有作品均需要提交自述：（1）作品简介；（2）制作作品的感想。

三、后续活动及评价

（一）虎年演虎

以班级为单位，开展"虎虎生威向未来"的课本剧编写及表演活动，展示各班"皮影+"特色文化的创建成果。

（二）总结展示

以各年级为单位落实"皮影+劳技""皮影+美术"的探究成果的总结及评价，在此基础上学校做学生寒假生活"皮影+"课程展示活动。

【案例】　　记忆传统民俗　体验香囊制作　传承红船精神

——记二（4）班飞扬小队非遗研学实践活动

幸灵芝

文来实验学校从创建之日起倡导"文化立校"，致力于传承非遗文化。在学校的"皮影+"非遗文化传承特色的影响下，学生甚至是家长都潜移默化地在实践中开展小队研学活动。

乐知中队——飞扬小队的队长张同学，其家长是学校所在街道的工作人员，家长不仅非常重视孩子的研学实践，对学校致力于非遗传承的做法也十分认同。在该家长的带领下，飞扬小队的非遗研学活动开展得有声有色。

元宵节是中国的传统节日，飞扬小队组织队员参加了新虹团工委主办的"欢度元宵　拾忆传统"活动，一起感受记忆中的浓浓年味。"头戴红缨帽，身穿绿罗袍，背上生双翅，爱脏腿长毛，打一动物！""唯他命，打一成语！""苍蝇""公鸡""不由自主"……在猜灯谜环节，刚开始队员们还有点拘束，生怕自己答错了，但灯谜各种五花八门的回答瞬间调动起队员们参与活动的积极性，飞扬小队的队员们纷纷举手，沉浸在猜灯谜的快乐氛围中，全情投入。

元宵节故事《打灯笼》带领队员们跟随主人公招娣从期盼挑灯笼，到点亮、燃烧、熄灭，再到重新心怀期待的温暖，体验了一把传统风俗习惯，充实了记忆中的元宵文化。当队员们津津有味地读完绘本故事后，老师问春节放烟花点灯笼会遇到什么危险，队员们异口同声说会着火。随后申虹消防救援队的大哥哥陈家志代表救援队向队员们科普"起火如何报警""火场中如何逃生""湿毛巾如何使用"等诸多消防知识，在了解非遗文化的同时，进一步提升了队员的消防安全防范意识。元宵节自然少不了传统美食"元宵"，队员们撸起袖子开始搓面团，做出了各种"创意汤圆"。

猜灯谜、听故事、做汤圆、做杯垫、投壶游戏……丰富多彩的活动让队员们沉浸式地体验了元宵节的民俗，加深了队员们对传统节日中的非遗文化的记忆，也激发了他们对中国传统节日的热爱。

根据资料记载，2016年香囊制作技艺列入闵行区非物质文化遗产名录项目，多年来，新虹街道通过培养特色课程、开展香囊制作技艺传习等活动，为喜欢非遗文化的人们提供了学习和交流的场所。飞扬小队的5名队员也迫不及待地来到新虹文体中心的"锦囊妙馆"，开展了一场有关"香囊"非遗文化的研学之旅。"锦囊妙馆"是全区首个以香囊文化和技艺传承为主要特色的展馆，在这里既可以近距离接触非物质文化遗产，还能亲手DIY专属锦囊。队员们跟着讲解员石老师缓步走进"锦囊妙馆"，整个场馆分为"欣赏体验区"和"学习交流区"。其中欣赏体验区又细分"观""闻""佩""颐""情"等5个部分，飞扬小队的孩子们可以从五感沉浸式体验到香囊非遗文化。

队员们来到"观"字区，这里是一整面香囊墙，选取了180种不同款式的香囊，形态从动物到水果，材质从丝质到木质。其中一个全手工制作的"知了"香囊，吸引了不少参观者拍照记录，它整体外形皆由丝线绣成，眼睛、脑袋、蝉翼等纹理细节一一复刻，极具灵气。转眼来到"闻"字区，该区挂着很多透明的瓶子，队员们根据瓶子上的标签知道里面装的是白芷、苍术、桂枝等药材。队员们争先恐后地凑近闻瓶子里的香味。"佩"展区用于展示香囊佩戴的场景，队员们都被一个镂空圆球的金属装置所吸引，讲解员介绍它是仿照唐朝"葡萄花鸟纹银香囊"放大制作的，设计巧妙，令人叹为观止。"颐"展区记载着将香料和药材融汇在一起的香囊养生药方。"情"字区则表达感情好寄托情思，讲述香囊传递间的美好寓意。

在文体中心石老师的细致讲解下，队员们了解了香囊的诸多知识，对于香囊的制作也跃跃欲试，急不可耐地来到场馆里的学习交流区。队员们选择自己所喜欢的香囊颜色，准备好香料和制作材料，在老师的指导下开始制作香囊。有些男同学对针线活不熟练，笨手笨脚地跟着老师裁剪、缝线，既滑稽又认真，相对来说女同学就熟练很多，做工也很细致。最后队员们各自佩戴着自己亲手做的香囊，满载而归。此次研学活动，队员们通过沉浸式的学习体验，进一步加深了对中国传统香囊文化的认识，对非遗文化的兴趣更加浓厚。

飞扬小队的队员们还参加了新虹街道党群服务中心主办的青少年快乐成长联盟活动，活动主题为"弘扬红船精神 传承红色基因"。队员们在老师的带领下，来到新虹街道党群服务中心的"音乐与信仰"情景党课长廊，聆听了《十送红军》《义勇军进行曲》《保卫黄河》《春天的故事》《歌唱祖国》等一首首红色歌曲及背后的历史故事，同学们听得非常认真，革命先辈们的英雄事迹也深深地印在了队员们的心中。随后，同学们跟着老师一起来到活动室，一起学习"红船精神"。习近平主席的《弘扬"红船精神" 走在时代前列》中指明"红船精神"的内涵为：开天辟地、敢为人先的首创精神，坚定理想、百折不挠的奋斗精神，立党为公、忠诚为民的奉献精神。了解"红船精神"的内核后，老师带领队员们练习制作"红船模型"，指导队员们一步步耐心地拼装。红船的制作较为烦琐，对二年级的孩子来说有些难度。但是同学们受到"红船精神"的影响，一遍一遍练习，一点一点组装，发挥智慧，不轻言放弃。最终在老师和家长的指导下，成功地完成了红船的制作。通过亲自动手体验红船模型制作，队员们对红船的历史和党的历史都有了更深的认识，相信"红船精神"也在他们的心里种下了小火苗。

通过校内外相结合的实践方式，让孩子们记忆、体验、传承中华非物质文化遗产，增强文化自信，是一个任重道远的过程，应该认真做好每个小队研学活动，踏实走好每一步！

以传统节日、民间艺术为重点，设计广泛化、故事化、体验化、兴趣化的主题实践活动，凸显非遗文化教育的生活化和实践性，有利于最大限度地发挥非遗文化的育人价值。

四、与行规教育融合

学校，是文化、文明的传播地；文化、文明，是学生成长的乳汁。而中华优秀传统文化，是学校传播地对学生施行奠基性、成长性、影响性教育的重要来源和内容。因此，我们认为，行为规范如果不能彰显中华文化的特质，习惯养成没有内涵和深度；文化传承需要通过行为规范教育来外显和内化，如果没有良好的行为表现，就失去了传承的价值和生命力。基于这样的认识，我们探索"三传 三行"的教育实践模式，将非遗"三传"课程落实在"三行"的不同阶段，在传承中华优秀传统文化的同时，深耕学生的行为规范教育。

【案例】　　基于文化传承的"三行 三爱"行规教育的探索

——朱伟强

学校坚持社会主义办学方向，以"皮影+"特色项目为抓手，以文化传承为基本点和生长点，架构学校行规教育的校本框架，使"文化立校"的办学思想内化为教育底色，既发挥"文化育人"的价值，让文化传承通过行为规范教育来外显和内化，又形成基于文化传承的"三行 三爱"行规教育特色。

一、教育内涵

"三行 三爱"是以中华优秀传统文化为根基，汲取其精华滋养行规教育，落实学生道德品质培育和行为习惯养成的教育实践。"三行"即"我必行，我要行，我能行"，其中的"我"指向学生，并贯穿于行规教育3个层次的全过程；"三爱"即"自爱、他爱、博爱"，对应"三行"教育的具体目标；"传艺、传习、传承"是实现"三行 三爱"的实践模式，其中"传艺"指向"我必行"，是指每个学生在了解、知道和掌握一至两门传统文化艺术过程中培育自己的良好习惯和人文素养；"传习"指向"我要行"，是指通过一定时间的实践体验，把主动学习中华传统文化变为自己的一种生活习惯、学习习惯、文明习惯和自身发展的需求；"传承"指向"我能行"，是指通过传艺、传习的过程，将承中华优秀文化变为一种己任，担负起传承中华优秀文化的使命感和责任感，真正成为一个博爱的人。

二、实施途径

我们实施"认知学习、内化培育、辐射引领"三位一体的"三传 三行 三爱"的实践模式，将传统文化中的爱国情感、民族精神、诚信友善、爱岗敬业等良好的生活品行、文明礼仪习惯自然融入育人全过程，实现传统文化教育与行规教育的融合共进。

（一）"三类课程"构建"三行 三爱"的"认知学习"

1. "我必行——自爱"

以课堂为主阵地，将学校的传统文化项目"皮影＋"融入语文、英语、历史、劳技、音乐、美术、体育等基础型学科，坚持校本实践课程的持续性、常态性。

2. "我要行——他爱"

以《中国皮影戏》校本课程为抓手，开展"皮影＋微班课"，各年级落实行规育人与文化育人的内容，形成"三行 三爱"实践主阵地。以《上海里弄文化地图》《二十四节气》《中国古建筑模型赏析和制作》等与传统文化有关的拓展型校本教材为依托，将传统文化中的爱国情感、价值观和良好生活、行为习惯自然融入教学全过程，起到"潜移默化、润物无声"的教育效果。

3. "我能行——博爱"

以"小书包走进大虹桥"探究型实践课程的建设与实施为依托，制定"皮影＋100"综合探究课程菜单，夯实"三行 三爱"的"体验实践"。学校融合社区、校际、企业和场馆资源，挖掘和汲取以七宝皮影为代表的非遗文化内涵，融合海纳百川的上海城市精神和多元文化背景，实施"阅中华 悦成长"为主题的多元立体的综合课程菜单，将"三行 三爱"行规教育的要求融入学生"传艺传习传承"探究体验全过程。

（二）"两项评估"检测"三行 三爱"的"内化培育"

让学生学习传统文化的最终目的就是培养良好的道德品质，践行中华民族传统美德、培育民族精神。为此，学校在全校范围内开展"三行 三爱"的三字经编写征集，师生共同参与创作，最终形成《每日行，与爱行》的三字经朗朗上口，学生易背诵，也更易自觉以此规范自己的行为。在此基础上，学校设计"皮影＋"特色章，激励学生自主参与传统文化的教育实践，达到内化自觉的效果。与此同时，将"三行 三爱"之星的评选与"我是非遗传习人"评选相结合，通过自荐展示、线上评选、微信推送的方式，通过"三行"的具体要求，激励越来越多的学生在学习中习得一门技艺，了解传统文化的精髓，认同传统文化的影响，在传艺、传习、传承的实践中达成"三爱"目的，实现培养学生从小有中国心、爱国情，扣好人生第一粒扣子，培育中国精神的育人主旨。

（三）"一个机制"推动"三行 三爱"辐射引领

建立校内校外联动的"三行 三爱"活动机制。校内：以八大主题文化节为抓手，将"传艺、传习、传承"的"三传"教育活动与"每日一行，与爱同行"德育实践融为一体，既展现学生良好的行为习惯和精神风貌，又实现以美育人、以文化人的教育目标。校外：组织开展"小书包走进大虹桥""小书包走进大上海"的系列体验活动，学生们走进社区、"上海大世界"、电视台和其他兄弟学校参与传统文化公益演出，定期举办市、区级传统文化教育的展示活动，向全社会辐射学校行为规范特色教育的成果，展示学生良好的精神风貌。

三、实践成效

用中华优秀传统文化激活学校立德树人的创新实践，激活学生形成国家意识、传承传统文化、养成良善德性，学校逐渐成为中国传统文化的教育场。10年来，学校荣获上海市"一校一品"特色项目学校、上海市中小学行为规范示范校、上海市安全文明校园、上海市非遗进校园"十佳"传习单位、上海市非遗校联盟龙头单位、上海市"非遗在校园"示范校、上海市家庭教育示范校、上海市心理健康教育合格校、闵行区传统文化教育优秀校、闵行区传统文化教育特色课程学校，学校办学水平、办学绩效评价连续多年获区二等奖。

基于文化传承的"三行三爱"的校本行规教育，为学生构建了源于兴趣的"传艺—传习—传承"的成长途径，用中华优秀传统文化激活学校立德树人的创新实践，活跃学生文化自信的自觉培育，促进学生良好行为习惯的养成和健康成长。

在学校统筹和整合安排下，学生发展部和各年级针对学情设计和实施"三传三行"的实践，取得了一定的成效。以下摘录班集体开展非遗教育的实践案例——

【案例】 "演红色皮影，做爱国少年"教育实践案例

童莹 八(5)班班主任

一、课例背景

（一）学校情况分析

我校是上海市非遗联盟体龙头单位，其中皮影戏曾荣获上海市"一校一品"的特色项目称号。学校立足传统文化的"根"和"魂"，以构建"皮影+"校本课程、非遗文化校园，培育学生的文化认同和民族自信作为班队文化建设的重要内容。

基于这样的背景，我们以皮影戏为抓手，积极开展"一班一特色"的班队文化探索与实践。从皮影戏的起源、流派、制作、发展、传承等方面挖掘其特有的艺术魅力和育人价值，不仅让学生欣赏皮影戏的演出，还探究皮影戏背后的工艺及蕴含的精神内涵，以学生所喜欢并乐于接受的育人途径与方式实现教育目标。

（二）学情分析

崇德中队是由31位学生所组成的集体，男生17人，女生14人。生源主要来自学校附近的拆迁户和外来务工子女，学生中大部分胆小、单纯、有些懒惰，班级中找不到"鹤立鸡群"的人物。但孩子们的动手能力强，喜欢传统文化艺术，喜欢参与班级、学校开展的各项活动。

目前已形成"积极、健康、向上"的班风，班级凝聚力较强，有集体观念；大部分学生有良好的学习习惯和行为习惯。但到了八年级，有些学生因为不能适应学业上增加的难度，失去了学习的积极性和动力。

从这样的现状出发，我以学生喜欢的皮影戏为抓手，以"学一学、做一做、演一演、说一说、传一传"的实践活动，以浸润式的文化主题教育，创设学生们自主参与、自主实践，在体验中获得感悟并自觉内化的班队文化建设的新主张、新架构。

（三）主题解析

皮影戏是一门集绘画、雕刻、文学、音乐、舞台、表演于一体的综合性民间艺术。学校皮影项目的培育已有10多年的发展历程，通过校园非遗文化的浸润与熏陶，学生对皮影戏这一中华优秀传统文化有较强的认同，所以将皮影戏作为班级文化特色的一个抓手，有理论依据和实践基础，以学习与了解传统文化，体会与感受传统文化艺术中蕴含的精神内容作为班会教育的主题，更能接近学生的认知教育区，容易被学生所接受并自觉践行内化。

在实践中，坚持以"整体规划、阶段实施、重点推进、目标明晰"的工作思路予以开展主题教育活动。其中，六年级着重探究皮影戏的起源，探究皮影戏起源背后所蕴含的感恩精神，我们开展了"皮影起源——崇德向善"等主题班会。七年级侧重于探究皮影戏的制作，通过开展"画皮雕刻——精雕细琢""敷彩技艺·多彩生活"等系列班会，引导学生领略皮影戏制作中所蕴含的独特的工匠精神。八年级是初中阶段的一个重要转折期，也是最青春激扬的年纪，重点开展皮影戏剧本的创新以及皮影戏精神的传承，旨在引导学生培养自我发展、自主创新的能力，正确把握个人与集体的关系，通过皮影戏人物榜样的力量激励学生奋发有为，更加脚踏实地努力学习，增强生活和学习的人生驱动力，这也是本节课设计的出发点。九年级则侧重于深入挖掘皮影戏中传递的团队合作、责任担当，引导学生进一步明晰如何完善做一个正气少年的目标，承担起弘扬中华优秀传统文化的历史使命。

这几年，学校积极创设传统文化、红色文化的育人环境，校园里有"皮影家"传统文化楼道、"红色力量"楼道，学生们也越来越能切实感受到身边浓浓的爱国主义氛围，他们积极响应"把红色资源利用好，把红色传统发扬好，把红色基因传承好"的号召，开展了好几次关于红色皮影文化的小队实践活动，从身边的人和事物中感受到当代爱国精神的传递。所以，本课致力于借助于皮影文化的艺术魅力，将传统文化、红色精神有机融入学生的一日一行中，这样不仅能让非遗文化在新时代依然闪烁光芒，而且还能让红色精神"活"起来，"靓"起来，让学生励志做正气少年，励志要为实现中华民族的伟大复兴而砥砺奋斗！

二、课例

（一）课程名称：演红色皮影，做爱国少年。

（二）课程目标

1. 认知目标

通过参与创作、编写、制作演绎爱国皮影戏，进一步了解皮影戏的艺术特点，认识到创新皮影戏的重要性。

2. 情感目标

通过感受皮影戏人物中的精神品质，激发学生立足当下、发愤图强，为中华腾飞做爱国少年，激发砥砺前行的爱国情感。

3. 行为目标

通过亲身实践，演绎红色皮影，明晰个人与集体、个人与国家的关系，深刻感悟红色皮影戏中蕴含的革命精神，以英雄人物为榜样，激发自己的学习内驱力，并将其落实于平时的生活和学习中。

（三）课程类型：班会课。

（四）教学过程

表 4-4 教育内容

班会过程
引入： 学皮影，说皮影，画皮影，制皮影，演皮影，已成为我们班的特色活动，每位同学积极参与，都很有收获。有的同学已成为学校非遗传习人，有的小队还参与闵行区 15 分钟幸福圈的特色展示。上节课，老师给大家布置了一项作业，以小组为单位创作《长津湖》的主角——伍千里的皮影戏人物，哪个小组愿意分享创作过程呢？
环节一："爱国人物我来说" A：薄子浩：我们小组先说。经过商量，我们把伍千里的脸型设计成方脸，眉毛要加深，这样可以表现伍千里刚正不阿、不怕牺牲的精神品质。还有他的衣服、帽子要增加一些红色元素，用红色来凸显他的那颗赤诚的爱国之心。 B：赵心平：我们在他的眼神、表情上花了点功夫，想让他的眼神和表情更加坚定，因为我们想突出他的不畏艰难、勇于担当的精神品质。 C：我们组设计的是由伍千里率领的"冰雕连"，这幅画面给我们留下了深刻的印象，伍千里率领的第七连趴在 -40℃的雪地里潜伏 6 天 6 夜，他们宁死也绝不撤出阵地，宁死也绝不暴露自己和队友，这是一种多么强烈的集体主义观念。

续表

班会过程

D：我们在雕刻伍千里时，想突出伍千里的这身军装，伍千里说过，他回家之后出门在外，都有人对他微笑，那是因为他们认识他身上的军装！军装是一名军人的尊严，也是军人的使命，伍千里穿起这身军装就承担起了自己的历史使命，抗美援朝，保家卫国，他将个人的荣辱和国家紧密结合在一起，有着浓浓的爱国主义精神。
童：同学们很棒，不仅认真学习皮影人物的创作，而且在创作过程中感受人物的精神品质，这项作业完成得特别好，老师为你们点赞，也请大家给自己点赞。

其实，在老师心中，你们一直都很棒。为什么这么说呢？（请看视频）
童：同学们：三年，所有的集体活动，台前幕后，每个人都积极参加。义卖、拔河、元旦等活动，全员参与。2021年的迎新年活动，我们一起吹气球贴窗花的情景还历历在目。三年，运动会上我们班年年年级第一、学校前三名，这都离不开每个人的努力。魏俊豪、陈康平不畏艰难，年年一千八百；马伊诺为了班级的总分，牺牲自己最优项目跳远，选择次优项目，服从大局；薄子轩，临危受命，参加跳高跳远，勇于承担！无论任何一项集体活动，你们每个人都拥有着非常强烈的集体荣誉感，只要班级需要，你们一定会毫无怨言，挺身而出，为班级贡献出自己的一份力量！

但是老师有一个困惑，想请大家看看：（PPT出示家长的微信和语音）
童：家长们反映的这些问题，请同学们想一想：这是什么原因造成的？
A：因为最近天逐渐变冷了，迟到的比之前也多了。我觉得可能是因为大家不够自律。
B：可能是因为最近的数学题目比之前难了很多，同学们不愿意思考了，所以就抄作业了。
C：作业拖拖拉拉是在磨洋工，不愿意早写完，因为早写完可能妈妈会继续布置课外作业。

板书：
作业拖拉——虚度光阴
抄作业、作业敷衍——不够自律
躺平、佛系——缺乏目标

设计意图：
以学生喜欢的皮影戏为抓手，以"老师心中的自己""家长心中的自己"两方面的材料，通过皮影戏人物身上体现的不怕困难勇于拼搏、强烈的集体主义意识以及将个人的荣辱和国家紧密联系在一起的爱国主义精神，引导学生思考个人与集体的关系，学会分析及反思自身目前存在的问题，为环节二做铺垫。

环节二："爱国皮影我来演"
童：同学们分析得很好。但老师还是想问同学们：集体活动时，你们都很积极，都会不顾一切地挺身而出，为什么面对自己学习的时候，却会出现这些问题？
A：活动时知道要为集体而战，集体荣誉感很重要。
B：为班级而战的时候目标比较明确，就是要拿第一，拿第一老师还奖励奶茶。但在自己的问题上时目标不够明确，学习的动力也不足。
C：运动会、义卖、元旦迎新，这些都是短暂的，顶多一个星期坚持一下就好了，但是学习是一个需要长期坚持的过程，太难了！
童：谢谢同学们的发言！为集体而战，大家都有集体荣誉感，这一点很重要。但集体的荣誉更需要每个人的努力，每个人都出色，这样的集体才更出色、更强大。当然，每一条通往成功的路并非一片坦途，鲜花与荆棘总是并存，但只要坚持，会到达理想的彼岸！

接下来，请大家观看一段"皮影戏"。
童：谢谢朱瑾瑜、李文俊二位同学的精彩表演。同学们，在这段皮影戏的最后，伍千里说当年的付出值了，他为什么会有这样的感慨呢？请大家想一想，以小组为单位进行讨论。

设计意图：
利用班级同学中已具备较强的集体观念这一特点，通过挖掘"伍千里"这样的爱国人物的榜样的影响力，引导学生发现自己的闪光点和存在的不足，明晰个人的努力对集体的影响和作用，从而引导和帮助学生自己去解决近期存在的问题。

续表

班会过程

环节三："红色精神我来承"
唐瑞华：因为他看到因为他和其他英雄们的努力，中国人民都过上了幸福的生活，他觉得他们都没有白白牺牲。
童：嗯，是的，我们并不是生在了和平的年代，只是生在了和平的国家。我们不仅生在和平的国家，我们还成长在太平盛世时期，这些都要感谢英雄们的付出。
B：他觉得值得的原因在于当年他们打胜了战斗，现在我们年轻一代继续努力，而不是浑浑噩噩，虚度光阴。年轻一代们向英雄学习，传承"不怕困难，勇挑重担"的革命精神，这使伍千里看到了祖国未来的希望，所以他觉得一切都值了！
童：说得特别好。我们长在红旗下，生在春风里，不经战乱，不缺衣食，国家富强，人民幸福。正是有了强大的国家才有我们如此幸福的小家，但国家腾飞、发展、壮大，离不开像"伍千里"及无数个"伍千里"这样的人的辛勤付出！
我们要学习"伍千里"，我们更要"吾辈当自强"！那么，我们应该如何"自强"呢？
A：我们应该向伍千里这样的英雄学习，要学会坚持。
B：我们应该好好学习，天天向上，以后才能找到自己想做的工作。
C：我们应该认真完成每天的作业，不拖拉，不敷衍，独立思考。
D：我们应该克服困难，不能因为天气等客观原因就懈怠、就放弃。
童：太棒了，大家的发言很精彩。相信大家明确了目标，拥有了信念，未来就能一步步做得非常好。
同学们，老师知道，许多同学家里条件优越，而很多新上海人在上海扎根需要奋斗几十年才能安居乐业，但这些你们天生就拥有，所以，有些同学很满足现状，一旦遇到学习上的一些困难就会畏惧、佛系，就会躺平。
在这里我想请大家看一段视频。请大家想一想，从老艺人的话中你有什么感悟？今后遇到困难时，应该怎么做？
视频：《坚守与传承》
A：学习皮影戏的人很少，可能是因为皮影戏制作很难，我们前面也学习过制作，我觉得是很难，尤其是敷彩雕刻更加难。
B：这是皮影老艺人对传统工艺的热爱与执着，遇到困难，也想尽办法去解决而不是放弃。
童：当今时代，皮影戏的受欢迎程度已经大不如前，但是，为什么这些民间艺人，持之以恒，不怕困难，要传承皮影戏呢？
B：我觉得他是源于一种对传统文化的热爱，一种对中国文化的热爱，是一种勇于承担历史使命的爱国情怀。因为他说，皮影文化是中华优秀传统文化，所以，他觉得他有责任把这个民间传统技艺继承和发扬下去。
童：大家说得非常好。老艺人几十年如一日地坚持，也深知敷彩雕刻的艰难，这是一种匠人精神；老艺人如此的执着与坚守，就是因为他拥有一颗爱国之心。中华优秀传统文化博大精深，是老祖宗留下来的优秀文化遗产，和平年代靠的就是文化强国，有了深厚的文化底蕴，才有科技才有航天，如果我们不去传承不去坚守，那么，我们国家可能就会失去文化自信，失去经济腾飞巨大的支撑力，那么，伍千里这样的英雄的牺牲就会付诸东流。我想，如果真有时光穿梭机，我们也将无言面对我们的英雄、有愧于这些英雄们的付出。所以，老艺人的坚守、传承，是一种浓浓的家国情怀！
所以，同学们，刚才大家也提到了我们要有目标，我们要自律，那下面请结合老艺人的这种家国情怀，谈谈作为新时代的我们应该树立怎样的奋斗目标呢？
设计意图：
通过"皮影老艺人"的坚守，触发学生对老艺人爱国情怀的感悟与认同，以此为引领激发学生传承中华优秀文化的责任感，理解每个人的努力与承担家国情怀的担当与使命之间的关系，升华主题，也为下一个环节"报国目标我来定"做好铺垫。

续表

班会过程
环节四："报国目标我来定" （填写小卡片环节，交流展示，形成个人与集体、国家的递进导图） A： B： C： 为了让中国经济腾飞而奋斗，为了让中华民族屹立世界之巅而学习，这就是每个人的家国情怀！这是一种可以战胜任何困难的力量！ 同学们，今天既然伍千里穿越到了我们的校园，现在我也想带着大家穿越一把，请大家跟着我一起穿越到二十年后的你，想一想，看一看，二十年后你会是怎样的呢？ （在每个人的目标后写上二十年后会成为什么样的人） A： B： C： 童：二十年后的你们，太棒了。为你们点赞！同学们，相信经过你们的努力，二十年后，你们会成为一个正义凛然的律师，一个医术超群的医生，一个家喻户晓的科学家，一个在某个专业领域里的发光发热的你，一个代表国家站在世界舞台上的你。二十年后，你们每个人都将成为祖国需要的栋梁之材，每个人都成为独一无二的自己，你们是中华民族伟大复兴的希望。希望同学们从今天起，为自己的目标积极行动起来，将二十年后成为那个优秀的你的梦想变为现实，也为国家的繁荣富强做出自己应有的贡献。 **设计意图：** 通过创设让学生制定小目标、畅想20年后的自己的情景，激发和增强学生明确目标并认识到有了目标就要转化为行动力的意识，引导学生进一步理解"成为爱国少年与成为祖国需要的建设者与接班人的关系"，从而立足当下，发愤图强，有爱国心，立爱国志，树立为中华腾飞而砥砺前行的人生目标，成为建设祖国的栋梁之材。

班会后延伸教育活动
1. "每日一行，我必行"：让学生把自己制定的目标和理想告诉自己的父母，请家长帮助并监督自己，实现自己的目标。 2. "每日一行，我要行"：以小小皮影传习人为抓手，以班级中某个优秀学生代表为创作对象，设计和创编校园生活皮影戏，并在后续主题班会课中展示交流。

班会反思

  我校是上海市非遗联盟体龙头单位，以构建"皮影+"校本课程、非遗文化校园，培育学生的文化认同和民族自信作为班队文化建设的重要内容。

  基于这样的背景，我以皮影戏为抓手，开展"一班一特色"的班队文化探索与实践。六年级，着重探究皮影戏的起源，探究皮影戏起源背后所蕴含的感恩精神，我们开展了"皮影起源——崇德向善"等主题班会；七年级，侧重于探究皮影戏的制作，通过开展"画皮雕刻——精雕细琢""敷彩技艺·多彩生活"等系列班会，引导学生领略皮影戏制作中所蕴含的独特的工匠精神；八年级，是初中阶段的一个重要转折期，也是最青春激扬的年纪，基于学生喜欢皮影戏的背景，重点开展皮影戏剧本的创新以及皮影精神的传承，旨在引导学生培养自我发展、自主创新的能力，正确把握个人与集体的关系，通过皮影戏人物榜样的力量激励学生奋发有为，更加脚踏实地的努力学习，增强生活和学习的人生驱动力，这也是本节课设计的出发点。

班会反思

本堂课按照事先的设计完成，在推进的过程中生成了很多资源。比如学生提出了班级运动会大家的付出。运动会是班级凝聚力最强的时刻，所以孩子们提到这里，我便顺势表达自己对孩子们在运动会上表现的欣赏感激，以此进一步激励他们的集体主义精神。还有的孩子认为有较强的集体主义是因为有奶茶喝，为集体做事情比较有积极性，而学习的时候动力不够而且学习是一个漫长的过程，个人的事情关于的仅仅是个人，和集体没有必然的联系。基于此，我引导学生不要将个人的事情和集体割裂开来，个人的荣辱和集体的关系就像个人和国家的关系一样。在讨论如何自强的时候学生认为自强就是要好好学习以后过上好日子，在这里，我引导孩子们思考，由于孩子们的家庭条件优越，对于好日子唾手可得，这也是为什么很多孩子遇到困难不能够坚持到底会躺平、会佛系。在探讨皮影老艺人的坚守与传承时，有同学提出，皮影戏很无聊，现在科技发达，流量明星更受大家的欢迎，这个问题是一开始没有预设到的，但也正是帮助学生提高辨别能力、深入了解传统文化艺术的契机。所以我抓住这个生成资源，引导孩子们进一步了解皮影，皮影戏是世界的第一部"电影"，也是日本动漫的起源，皮影戏在世界上流传已经有2000多年的历史了，经过了历史的考验，而流量明星只是在最近一段时间才博得大家的关注，经不住历史的考验、时间的洗涤。但因为想完成环节的推进，所以没再深入引导。现在想想如果我当时能够进一步追加一句去承认皮影戏的现状，然后引导孩子们在今后的学习生活中去创新皮影戏，让孩子们进一步意识到这节课我们表演红色皮影戏其实也是对皮影戏剧本和现代艺术的结合，这样结合一下可能更好！最后一个环节是穿越到二十年后，我们班的季同学说自己的梦想是二十年后当一名优秀的父亲，要好好教育自己的孩子成为一个将自己的荣辱和国家的命运紧密结合在一起的人，这点完全出乎我的意料，同时我又特别感动。因为我们学校的老师都知道，之前我分享过一个案例就是关于这位同学，他的爸爸对这个孩子的管教不太注意方法，导致这个孩子一度有心理上的阴影，所以我听了当时很感动，但是由于受时间的限制不能展开表达对他的赞美以及肯定，只能简单说道：父亲是个重要的家庭角色，每个人将自己的小家经营好，我们的国家就会变得更加强大。

本节课在设计的过程中也遇到了很多困惑，我设计的初心是想要"演红色皮影，做正气少年"为主题但是在设计的过程中发现将传统文化和正气少年结合在一起很困难，很容易给听课的老师带来困惑，不知道想要传承传统文化还是培养正气少年，所以最后我们改为培养爱国少年，因为传承传统文化其实就是爱国的一种表现，但是在整堂课的推进中我觉得可以再紧凑一些，更好地将传承文化和爱国紧密结合在一起。同时由于课堂时间有限，部分同学没能在课堂上表达自己的见解，组织形式还有待进一步改进和丰富。爱国其实是一个很大的话题，如何结合学校的皮影戏特色项目、学校的红色主题文化资源，将爱国意识渗透到日常的学习生活，也是值得我进一步思考的地方。

良好行为习惯的养成不能靠空口说教，更不能生搬硬套，要让学生知其然并知其所以然。中华优秀传统文化教育，有利"文化自信"，激发"民族精神"，影响"人格养成"。因此，借力非遗文化内容，开展系列主题教育，可让学生明确习惯养成的理论内涵与现实意义，润物无声，水到渠成。

第五章

环境融合：开放非遗体验学习场域

非遗，与中小学生当下的生活存在一定的距离。那么，如何让非物质文化遗产在新时代继续绽放璀璨之花？我们的思考是：打造非遗的实践空间，创设学生体验学习的场景，让学生从兴趣到实践、沉浸式地体验非遗文化，是拉近学生与非遗之间的距离，保护、传承非物质文化遗产的重要渠道。

我们都知道，"体验学习"（Experiential learning）是人最基本的学习形式，是指人在实践活动过程中，通过反复观察、实践、练习，对情感、行为、事物的内省体察，最终认识到某些可以言说或未必能够言说的知识，掌握某些技能，养成某些行为习惯，乃至形成某些情感、态度、观念的过程。体验学习的思想最初来自美国著名教育家杜威的"经验学习"。杜威认为，"经验包含一个主动的因素和一个被动的因素，这两个因素以其特有的形式结合着"。这两个要素就是体验（Experience）和承受（Undergoing）。体验是为求得某种结果而进行的尝试，承受是接受感觉或承受体验的结果。也就是说，只有当主动地尝试和被动地承受结合在一起的时候，才构成了经验。他认为，要保障人类经验的传承和改造，学校教育就必须为学生学习知识提供一定的材料，而他们要真正获得真知，则必须通过运用、尝试、改造等实践活动来获取，这就是著名的"做中学"（Learning by doing）。按照杜威的思想，只有通过具体的"做"，才能达到改造个体行为的目的，"做中学"突出了体验的重要性。

图 5-1 学校文·博馆

我们强调学生的体验感，即意味着课程实施不仅是学生凭借书本，在教师的指导下，把知识对象化，以获得客观、精确的知识过程，更是一个学生联系自己的生活，凭借自己的情感、直觉、灵性等直接的、直观的感受、体味、领悟，去再认识、再发现、再创造的过程。学生的体验感具有过程性、亲历性和不可传授性，是充满个性和创造性的过程。

基于此，在非遗知识习得的基础上，创建非遗场馆或实践基地的学生体验场，让学生在喜闻乐见的形式中，真切地了解非遗的前世今生，加深对非遗文化的了解与感悟，才能让非遗焕发出勃勃生机，促进非遗在现代生活中的延续、发展和传承。

第一节
构建学校非遗场馆

无形的"非遗"亟须有形的"非遗馆"承载。当下青少年缺乏良好的文化环境是导致中华优秀传统文化在青少年中传播不利的因素之一。作为青少年学习的主要活动地点，优秀传统文化的发展需要学校提供浓厚的文化氛围。因此，充分利用学校原有楼道、场地等空间，设计相关中华优秀传统文化内容信息，使之成为中华优秀传统文化生生不息的文化滋养源泉，是一件十分重要的事。

一、纳入学校五年发展规划

我们以"皮影+"文化为抓手，以非遗展示、非遗研学、非遗手工体验及非遗表演为主题，全面规划非遗文化校园的建设。利用楼道、墙壁等地方普及非遗知识和非遗艺术，打造欣赏美的空间；利用专用教室打造学生实践美、传承美的文化艺术空间，让学校的每个角落都成为传统文化的展示场所，增强师生对非遗的参与感、获得感、认同感，让"非遗进校园"深入人心。

图 5-2 进博会国礼展

二、成就"皮影+"独特育人环境

学校以"每一个角落会说话"为主旨,秉承"从无到有,从零到一,再从一到系统化"的建设策略,改建和规划皮影环境设施,研发和建设以"皮影+"楼道文化为重点的非遗文化、以"红色力量"为重点的百年党史教育实践基地,形成"皮影+"景观路、"皮影+"走廊、"皮影·家"楼道、文·博馆、"国礼"馆等一体的非遗文化环境,提供师生进行实景探究,创设"有内容的、有记忆的、有文化张力的""皮影+"文化氛围。在此基础上,"影的故事"皮影陈列室和皮影剧场用于皮影戏的展示、传习、交流,成为展非遗、学非遗、传非遗的示范实践基地,也成为"馆校合作"的"移动课堂",开展的非遗综合教学实践多次荣获上海市课堂教学评选一等奖。

第二节
设计场馆体验要点

非遗体验项目是一种以传承、保护和发展中华传统非物质文化遗产为核心的文化活动。将场馆体验学习融入学校教育,扩展学习体验边界,不仅为学生提供更为广阔的学习空间和学习视野,培养具有长远目标、宏大视野和具有科学精神、人文情怀的新型人才;还可以让学生感受到非遗技艺的美妙之处,更让传统文化得到更好的传承和发扬。

一、确定学校场馆体验内容

围绕非遗校园文化建设,引入上博、七宝皮影馆等场馆资源打造形成以皮影戏为重点的实景教学场景。基于场馆的功能性,考虑学生的发展需求及兴趣爱好,选择相关的非遗内容开展学习与探究体验活动。场馆体验的主要内容设计如下:

表 5-1 学校非遗场馆体验要点

非遗场馆	实践体验类型	实施形式	活动目标
皮影楼道	参观、欣赏	拓展社团活动、主题活动讲解	1. 掌握非遗知识，形成非遗项目技能，开拓文化视野、陶冶情操，培养艺术情趣 2. 参与非遗实践，增强动手动脑能力，提升非遗技艺和美育的综合素养 3. 感悟非遗中蕴含的文化与精神，培育创新意识，激发对生活、对中华民族优秀文化的热爱 4. 理解多元文化的融合，培育文化自信和民族自豪感
节气楼道	参观、欣赏	拓展社团活动、主题活动讲解	
皮影陈列室	参观、欣赏、调研、互动	拓展社团活动、主题活动讲解	
文·博馆	参观、教学、探究	学科融合、主题活动	
皮影剧场	观摩、创编、表演、展示	课堂教学、主题活动、展示活动	
青铜器馆	参观、调研、探究	学科融合、主题活动	
"国礼"馆	参观、调研、探究	学科融合、主题活动、社团探究	

二、设计非遗场馆体验流程

学校的非遗场馆体验主要以非遗手工艺制作、皮影戏非遗音乐舞蹈表演、非遗文化故事讲解、非遗文化历史探究等形式，每个场馆分别确定不同的学习内容和学习目标。在实践流程上主要包括：初步感受非遗—学习知识—实践体验—总结交流—讲解展示—再体验感悟。

第三节
开展场馆课程体验

以《中国皮影戏》校本教材为抓手，聚焦文博知识、传统文化、红色文化，研究开发和实施艺术类、文化类、自然类、历史类等系列课程内容，形成学生参与面广、体验性强、立德启智、实践育人的馆校合作的综合性实践课程，确保常态化。

一、设计场馆体验学习单

根据场馆的内容和特点，设计和确定学生的学习单，按计划指导学生开展体验式项目化的综合性学习课程的实践。以"国礼"馆体验项目为例，其学习单如下：

表 5-2 "国礼馆"观展学习单

序号	展品	知识点	题型	具体任务
1	《世界之花》	理解艺术作品中象征、比喻手法的运用及艺术效果	讨论题	想一想：这幅标志性图形表达了什么意思？在整个特展馆中具有什么作用？
2	《礼说区大色块》	培养绘画兴趣，感受线条的表现力	绘画题	学一学：进行临摹创作，并说一说这是什么艺术风格，来自哪个国家的艺术家，他有哪些著名的作品
3	《国礼系列展品》	在赏析国礼过程，增强学生对世界地理、历史以及文化艺术背景差异的了解，提高对世界文化多元丰富的认同感	选择题	找一找：特展馆里一共有多少国礼？这些展品来自哪些国家？选择这些展品作为国礼有什么意义？
4	《双耳瓶》	学会从构图和色彩欣赏作品，感受艺术创作的魅力	简述题	写一写：请认真欣赏这件作品，并写下自己的感想
5	《软木画》《释迦塔木雕》《刺绣工艺品》	欣赏软木雕刻刺绣的表现手法，掌握历史知识和艺术形式	填空题	填一填：这些中国艺术品分别有什么艺术特点？说一说，你还知道哪些非物质文化遗产？
6	《文创作品》	赏析作品的过程中，懂得艺术来自生活	体验题	做一做：布展区域中有哪些非遗的文创作品？请选择与皮影戏有关的主题，进行文创作品的创作

图 5-3 学校"国礼"馆

从以上表格内容可以看出，这份学习单充分体现了学生的主体作用，无论是展品的内容选择，还是对知识点的设定、任务的要求，都以学生为主体，体现了探究性学习的特点。通过欣赏、体验和探究等活动，加深对"国礼"馆中世界非遗的了解，最后通过研究报告、作业展示、主题演讲等形式，学生获得以下几方面的启示：

（一）对非遗的概念有一个全新的认识与感悟，提升审美能力和审美情趣。

（二）在欣赏国礼作品中感悟艺术之美不分国界，增强对民族文化的理解。

（三）在国礼中体悟与礼关联的文化与艺术的价值与意义，尤其是其蕴含的历久弥新的文化价值。

（四）体验学习也可以培养学生的合作能力、资料搜集与整理能力、交流与表达能力等。

二、组织学生场馆体验交流

我们将非遗课程与场馆体验相结合,利用场馆资源构建学习情境,使学生的学习与非遗环境建立特定的联系。同时,通过体验任务促成自主学习,学生通过亲身认知,学习在真实场景中自然而然地发生,学生角色也从知识接收者变为知识探索者和创造者。学生们积极参与学校非遗场馆的管理,在探究体验的基础上,撰写解说稿,担当解说员,积极参与学区化、区域化的校际间非遗传承。以下摘录学生讲解员的讲解内容——

【案例】 学校"节气楼"讲解稿

2016年11月30日,二十四节气被正式列入联合国教科文组织人类非物质文化遗产代表作名录。在国际气象界,二十四节气被誉为"中国的第五大发明"。

节气楼是学校非遗文化校园建设的一个重点举措。

现在大家看到的"节气歌"这面墙,运用了大色块,主要是呈现一年四季的色彩变化,也揭示即将展开节气楼的内容丰富性。

这里的设计是以树叶为主线,采取镂空、叠加的处理并融入中国的剪纸艺术,既指向节气楼的艺术之美,又反映节气是勤劳的中国人民创造出来的非物质文化遗产之要义。

即将开启的节气楼是以一粒米的春夏秋冬的不同造型为过渡,形成既独立又相互联系的四大板块,每层一个季节,用一个色调增强区分度和艺术的渲染效果。每层的正墙都设计不同的装置外显季节与生命的内在联系。每层的侧墙以"节气说""说节气""探节气"等三大板块传递节气与农耕文化、民风习俗、健康养生、艺术创造等的关联性。

图 5-4 学校节气楼（1）

图 5-5 学校节气楼（2）

现在是第一个单元：春季

这面侧墙从这里开始是春季。这里以《悯农二首》引入，反映节气与农事的关系，强调粮食的来之不易。6个节气名称运用篆刻的元素以及节气诗的扇面等内容来体现中华优秀传统文化的魅力。

正墙

这面墙以不同种类的"种子实物"装置为主题，辅之以春雨滋养的意境，主基调以白色为主，绿色为辅，寓意春季是孕育生命的季节，万物即将萌发。

侧墙

这里内容上以"种子家族的那些事"来普及节气的相关知识，色彩上用大面积的白色画面来呼应正墙的主题和色彩。

这里有个"探节气"的互动区域，让我们开展节气的探究活动，也表达了"这里就是自主学习空间"的节气楼设计思想。

现在是第二个单元：夏季

侧墙

这里引入水稻开花的相关知识，让我们对节气与农业生产有个直接的了解。6个节气名用了诗一般的语言，让我们感受节气之美。色彩上运用承接正墙的红绿色，用晕染的处理表现夏天的热烈。

正墙

这里以"花"为主题，用绿色、红色两种不同的对立色彩来凸显夏天是个炽热多彩、处处争奇斗艳且充满生机活力的季节。造型上用无数个简单的、透明的小镜子组合成花的绽放形态，建立起人与镜子的奇妙对视空间，形成"花"即是"人"（这里的人指向学生），"人（学生）"即是"花朵"的独特意境，凸现"生如夏花"的主旨。

侧墙

内容上强调了二十四节气不同的花、节气的物候与花信，对节气相关知识做了一个阐述。同时用敦煌壁画里的节气之美，强调节气的历史性和生活性，反映"岁时节令"的时代记忆和文化魅力。

现在是第三个单元：秋季

侧墙

引入五常大米的相关信息，阐述节气对农作物生长的重要作用，色彩上用了非常明亮的黄色与蓝色，与正墙主色彩有个呼应。

正墙

这一层楼表达秋季时节，色彩上用金黄色为主基调，蓝色为辅，寓意万物从繁茂成长趋向成熟。画面以"果实"为主题，用特制的南瓜造型以及各种不同的果实最灿烂的时刻来呈现，用生动的画面展现季节赋予收获的这份意义。

侧墙

这里以节气的特点、习俗内容对二十四节气做一个知识普及，并以《冰嬉图》还原古代的节气习俗场景，加深观者的直观印象。同时，以《礼记·月令篇》里记录的节气文献作延展阅读，增强节气楼内容表现的多元性。

图 5-6 学生讲解员正在讲解

现在是第四个单元：冬季

侧墙

这里开始是冬季，内容上是引入水稻的历史。设计上以正墙的土壤纹样为创作要素，色彩上以呼应正墙的褐色系，添加了绿色系调，表达冬天江河的元素，意指万物生长皆规律，也表达人与自然的关系。

正墙

四楼以"土地"为冬季的设计主旨，用各种不同形态的土壤纹样体现"天人合一"的生态思想和因地制宜、因时制宜、循环发展的中国人的生态智慧。土壤的实物装置表达新一季生命在新一轮的节气里、土壤里重新孕育生长，强调"朔风起，万物藏"的季节特质。

侧墙

大家现在看到的是《游春图》《清明上河图》，主要是以诗画里的节气、中药里的节气、节气与时令美食等加深对节气的理解与认知。在"探节气"板块，设计了节气声音的问题，激发我们的探究意识。

现在是结束部分

这里的内容是引用了习近平总书记指出的农耕文化的价值以及对节气阐述的结束语，再次传递节气文化的重要性。画面上运用立体的树根造型装置，增强视觉上的空间感，设计上既与 4 楼的土壤做一个延展，又与引入区的树叶有一个首尾呼应。

三、开展场馆专题探究

建设非遗体验场馆，创设更加真实的教育场景，让学生近距离接受文化和事实的教育，这是学校"五育并举"的一个重要举措，也是适合学生发展的新型教育生态。将课堂"迁移"到非遗场馆，孩子们学习的方式从单调的课本学习，变为了专题探究，让学生有期待，保持对场馆学习的喜欢和热爱。学校在探索"场馆体验学习"的过程中，紧扣学科课程标准，以目标为导向，以体系为引领，回应学生的核心素养发展。以下摘录的这节文博馆的主题拓展课例，是以"物品、情感与思想"为线索，从博物馆学习出发，将学生在博物馆学习中最直观的体验源于博物馆中各式各样的展品，从而唤醒个体的情感体验和认知体验。

【案例】 "文·博馆里的青铜器"拓展课教案

刘玉珊

一、教学目标

（一）引导学生欣赏古代青铜代表作品，使学生初步了解古代青铜艺术的发展史及其特色

（二）指导学生从青铜器的造型、纹饰及所处的时代背景等来分析青铜器的艺术特色，大胆发表自己的见解

（三）激发学生的民族自豪感，教育学生热爱和传承祖国的传统文化艺术

二、教学重点

了解青铜器在各个历史阶段中的发展变换及时代特征，理解青铜器与社会发展的关系。

三、教学难点

能够从青铜器所处历史阶段、造型、纹饰等方面欣赏其独特的艺术美。

图 5-7 学校"青铜馆"（1）

四、教学过程

（一）青铜欣赏

1. 考考你

（1）你知道人类历史进程的三个重要时代吗？

（2）你了解青铜发展的历史吗？

（考古学家将人类历史的进程概括为石器时代、铜器时代和铁器时代三个阶段。古代青铜器铸造萌芽于原始社会后期，商晚期、西周早期是青铜器发展的鼎盛时期，战国以后，青铜器逐渐为铁器所代替。）

2. 一起来鉴宝：

我们怎么来鉴定一件青铜器具的艺术价值和历史价值呢？我们可以凭借什么依据来呢？

（在青铜发展的各个历史阶段，由于时代背景下大的审美观念的变化、铸造工艺的不断革新，使青铜器的纹饰、器形等在各时期展现了独特的风格。商周时期青铜器为王室所垄断，青铜器主要是祭祀和礼器的功能，其中青铜鼎是权力的标志，造型威严而厚重，繁密的纹饰神秘而诡异，显示出雄伟和力量的美。春秋战国时期社会生产力有了新的发展，文化艺术日趋繁荣，南北各地青铜器艺术风格多样，造型优美，青铜器逐渐失去祭祀和礼器的功能，更多向生活实用方面发展。）

一起到我们"校园文·博馆"去探探青铜宝藏吧！

图 5-8 学校"青铜馆"（2）

后母戊方鼎（商代）

后母戊方鼎是商代晚期最重的青铜器，是我国已发现的青铜器中最大的一件。造形朴实而又厚重，方正的鼎腹，圆柱形的鼎足和谐地结合在一起，沉稳而又庄严。鼎体饰以饕餮纹，耳上铸有两虎相向食人头的形象。气魄沉雄，器形凝重，纹饰华美，是商代青铜器风格的典范。

父乙觥（第四届进博会香港推介会赠送）

父乙觥为商代晚期的青铜器，是盛酒器，是一件形神兼备的青铜艺术珍品。上海博物馆收藏的父乙觥，高 29.5 厘米，全长 31 厘米，底部纵长 12 厘米，横长 16.7 厘米，重 4.8 千克，由盖、身、鋬和圈足等几部分组成。此器集多种动物纹样于一身，是将精美的艺术设计和器物的实用性高度统一的一件瑰宝。

图 5-9 文·博馆的编钟（复制品）

见日之光镜仿品（西汉）

"见日之光"镜是西汉时期一面特殊的青铜镜，镜面不仅能照人，当平行光照射镜面时，镜面的反射投影就能出现与镜背的文字和纹饰相同的影像。这是古代铸镜工艺上的一项杰出创意，也成为困惑世界千年的古镜之谜，被外国人称为"魔镜"。

曾侯乙编钟仿品（战国早期）

曾侯乙编钟，战国早期文物，中国首批禁止出国（境）展览文物。1978年在湖北随县（今随州市）出土。是由65件青铜编钟组成的庞大的乐器，其音域跨5个半八度，12个半音齐备。它高超的铸造技术和良好的音乐性能，改写了世界音乐史，被中外专家、学者称之为"稀世珍宝"。

（二）模拟制作

1. 将黏土揉熟，制作一些备用的泥板、泥团、泥条。
2. 将制作好的泥板或泥团做成需要的形状。
3. 将做好的形状进行组合。
4. 用准备好的泥条粘贴在组合好的形体上，用浮雕或刻画的手法进行装饰。

（三）作品展示

（四）作业设计要求

1. 用黏土仿制或改做青铜器，并能在创作过程中敢于将自己的想法和创意体现在作品中，做出别具一格的作品。
2. 可以在做好器具表面刻出花纹或其他图形，也可用泥条粘出各种形象。

五、课后拓展

课后请同学们收看中央电视台经济生活频道的《鉴宝》、国际频道的《国宝档案》以及科学教育频道的《探索＆发现》等节目，了解更多的关于我们祖先创造的悠久灿烂的文明。

六、教后感

本课主要是以欣赏为主，让学生了解青铜器的起源、分类、纹饰、铭文等知识，极大地激发了学习的热情，通过眼、耳、手多方面的运用与协调，品尝到学习的乐趣，在主动积极的学习过程中，受到审美教育。再者就是通过对本"校园文博馆"古代青铜器中具有代表性的部分作品加以观赏、介绍和交流，以增强学生的自豪感。

从这节拓展课我们可以看出，场馆体验学习是一种全新的学习方式。让学生有较好的体验，必须有详细的教学设计，要有基于国家课程标准的具体课程目标，从而让学生在真实场景中的认知感受会更好，这也是学校打造非遗场景开展实景式教学的价值体现。

图 5-10 学校文·博馆

第六章

师资融合：打造形成师生传承生态

中国人民群众是华夏文明的创造者，是繁荣非物质文化遗产的实践主体。人民群众在非遗传承和发展中的参与感和认同感，是非遗文化得到继承发扬的先决条件。当前我国非遗工作紧随时代发展脚步，及时调整发展方向和策略，从"抢救性保护"到"有效性传承"，从"单一保护"到"多元传承"，以实现文化底色的革故鼎新为方式，通过个人和群体的文化活动，更加贴合当今我国国情"合理利用""振兴传统工艺"及"培育和扩大传承队伍"上来。在这一过程中其核心目标只有一个：不断完善多层次、广维度、全方位非遗保护与传承的法律体系和实践体系，既保障非遗的成长性和现实性，又保证非物质文化遗产传承和发展的旺盛生命力。

第一节
非遗传承的特点及现状

非物质文化遗产是传承文化具象形态，在非物质文化遗产保护中，"传承"是核心，是灵魂。非遗传承人是非物质文化遗产的主要承载者、传承者及创造者，是延续文化历史的民间活宝，保护非物质文化遗产的核心就是保护好非遗传承人，而培养"传习人"是保护传承机制的一个重要途径。

一、非遗的传承特点

（一）活态性

非物质文化遗产区别于物质文化遗产的一个基本特性，就是它是依附于个体的人、群体或特定区域和空间而存在的，是一种"活态"文化，其发展性和延续性决定了它不可能脱离传承人而独立存在。

（二）无形性

非物质文化遗产作为一种源远流长的行为及生活方式，它无法如物质形态般以凝固的方式予以保存，其存在必须依托于传承人即非物质文化遗产重要的活动承载者。如果没有了这些传承活动，就不存在这些动态的表现活动，也就更谈不上非物质文化遗产了。

（三）历时性

非物质文化遗产的传承方式主要是口传心授、代代相承，非物质文化遗产的保留和延续主要靠传承人世代相传，传承的范围有限、传承的速度较慢，一旦出现某一非遗项目的传承人断档，这个项目就可能会失传或消失。

因此，我们感到，在非物质文化遗产保护工作中，最重要的是要对掌握、表现优秀非物质文化遗产技艺或形态的人加以有效保护，对非物质文化遗产传承人的保护迫在眉睫，至关重要。

二、非遗传承人的现状

截至目前，国家级非遗代表性项目共有1557项，包括民间文学类167项，传统音乐类189项，传统舞蹈类144项，传统戏剧类171项，曲艺类145项，传统体育、游艺与杂技类109项，传统美术类139项，传统技艺类287项，传统医药类23项，民俗类183项，共涉及3610个申报地区或单位。从传承人情况看，国家文化主管部门先后命名了五批国家级非物质文化遗产代表性项目代表性传承人，共计3068人。他们不仅肩负着延续传统文脉的使命，还不断地将天才般的个性创造融入传承实践活动中，是当之无愧的"文化大使"。但在文化和旅游部公布的1082位第五批国家级非遗传承人年龄分析中发现，非遗传承人平均年龄达到63岁，60岁以上的传承人占比达到58.3%，40岁以下的国家级传承人只有7人，占比仅为0.68%。

图 6-1 "舞龙"课程

第二节
非遗传承保护的思考与对策

国家非物质文化遗产保护工作专家委员会副主任、辽宁大学教授乌丙安曾指出:"非物质文化遗产是无形的、看不见的,它是以人为载体的,它的拥有者、储藏者存在于民间,是他们承载着非物质文化遗产的薪火,失去了传承与传承者,非物质文化遗产就不复存在。没有那些老艺人,就不可能有非物质文化遗产的技艺。如果不对传承人进行保护、抢救,非物质文化遗产保护就只能是句空话。"

从这些数据可以看出,大多数活态传承人的年事已高,许多珍贵的非物质文化遗产都正处于"曲终人散""人亡艺绝"的边缘,如果不把这些传承人掌握的技艺、技术、技能"绝活"及时用各种方式留存下来,就会造成非物质文化遗产不可弥补的损失。

从这个层面上来说,非物质文化遗产的"濒危性"集中体现在"传承危机",要解决"传承危机"的关键是"传承人"的保护,保护传承人是建立非物质文化遗产传承机制的重要内容。通过传承人的传授、习得、接受、掌握非物质文化遗产的技能,并有可能成为新的传承骨干的人即"传习人"。在非物质文化遗产保护中,齐抓保"传承人"与培"传习人",才有可能使非物质文化遗产"世代相传"下去。

一、非遗传承的思考

联合国《保护非物质文化遗产公约》在"保护措施"条款中对"传承"加上"特别是通过正规和非正规教育"的说明，意味着"教育"是"传承机制"的重要手段。

从国家层面来说，通过财政支持、完善立法、大力宣传、使用现代科技手段等进行抢救、保护非物质文化遗产是迫在眉睫的工作。

从学校层面来说，在保护与传承非物质文化遗产的过程中，把非物质文化遗产的内容纳入教育体系，建立系统的、科学的、合理的教育机制，将教育导入非物质保护和发展之域，从教育的视野去研究非物质文化遗产的保护和发展问题，是我国非物质文化遗产的保护和发展的必然要求和重要途径。

因此，聚焦"代际传承"的非遗传承路径特征和"五育并举"的要求，有计划、有组织地对年轻的下一代进行系统的教育活动，因地制宜地组织开展内容丰富、形式多样的非遗传承培训及宣传展示等活动，以此激发师生保护传承非遗的兴趣和自觉，能够有效实现代际传承。

二、非遗传承的对策

我们认为，通过学校在课程里融入非物质文化遗产的内容进行教育和学生的相关体验活动，能使新的一代真实有效地获取中华优秀传统文化，使非物质文化遗产得以保存和发展。而教师在讲授非物质文化遗产相关知识，体现的也是非物质文化遗产的教育价值。

因此，学校有责任利用、挖掘、整合资源在非物质文化遗产保护和发展方面贡献自己的力量。我们将非遗师资队伍建设列入学校的校本研修项目，在全体教师中进行系列化的培训，提供机会让其学习非遗知识。以2021学年开展的"非遗文化润校园，教师先行美传承"校本研修为例：

【案例】 上海市文来实验学校"非遗文化"校本研修方案

表6-1

项目名称	非遗文化润校园，教师先行美传承		
研修项目模块（单选）	师德素养		
学时	30学时（45分钟/学时）	学分	3学分
项目领导小组	组长：朱君 副组长：朱伟强 万虹婧 赵娟娟 组员：朱明君 王长平 蔡丽琼 陈晓		
研修起止日期	2021年9年—2022年9年		
研修目标	1. 以"五育并举，德育为先"的教育国策为研修背景，进一步提高教师立德树人的观念，树立传承中华优秀文化的教育教学理念 2. 通过学习和探究学校特色——"皮影+"非遗文化课程体系和校内外各类文化场馆，提升教师文化素养和育人思考 3. 形成教师文化育人专业研讨氛围，打造一支具有一定传统文化育人理念和专业能力的教师队伍 4. 形成浓厚的非遗文化育人校园氛围		
主题设定依据及解决的问题	1. 非物质文化遗产是中华民族优秀传统文化的一部分，在提高民族文化素质、塑造民族性格、开放民族胸怀、提升民族理想、推动民族文化创新方面具有独特作用，成为教育立德树人的重要载体，也成为独特的美育路径。作为青少年学习教育的主阵地，我校开展相关的非物质文化教育很多，但是教师还不够重视，认识也不全面，也没有专业的方法去落实，通过本次研修，能充分用好、用活红色文化、传承非遗精髓，落实立德树人、育美童心的学校教育内涵 2. 皮影戏是一种综合性民间艺术，具有"审美功能、思维训练功能、教化功能"的教育价值。我校从"皮影"到"皮影+"文化课程再到"非遗文化场馆"的建设已近10年，但一直是散点式地开展活动，不够系统，通过校本研修的方式组织教师系统学习学校非遗文化特色，不但可提升教师文化育人理念，也可以促使教师形成"皮影+"非遗文化跨学科育人的思考，为学校更系统更专业地提高孩子们的文化素养、获得美育体验打下基础。同时，也解决了进一步凝练学校的校风、学风、教风等文化外延的问题		

图 6-2 学生排练皮影戏

续表

项目名称	非遗文化润校园，教师先行美传承
研修主要内容	1. 学习和认识非遗文化育人的价值和意义，了解我校非遗文化建设的历史与进程、成果和展望 2. 参观校内外非遗文化场馆 3. 学习在非遗文化和各学科之间的整合的方法
研修资源	梁志刚《关中皮影》 徐建辉《浅谈"非遗"实践活动的教育功能》 党的十九大报告："要全面贯彻党的教育方针，落实立德树人根本任务"等重要内容
成果形式	1. 参观探究活动汇报 2. "皮影+"非遗课程案例 3. 校本研修总结
考核评价	制定研修成果考核评价方案，纳入全员绩效考核 教研组交流 优质成果教工大会汇报交流（含颁奖仪式）

续表

研修过程安排			
研修日期	研修内容	研修方式	备注
2021年9月10日 13:00—16:00	1."非遗文化润校园，教师先行美传承"校本研修动员会 2.讲座："皮影文化进校园"	专题讲座	朱君 赵娟娟 （4学时）
2021年10月15日 15:00—16:30	讲座："文来实验'皮影+'非遗校本课程体系的构建与实施"	专题讲座	杨娟 （2学时）
2021年10月16日 —2021年11月31日 13:30—16:30	1."走进非遗之大上海（篇）"上海市非遗文化场馆研学活动 教研组教师分组参观学习上海博物馆、上海纺织博物馆等上海市非遗场馆，了解身边的非遗文化，体验非遗文化历史和价值，拓展课堂育人资源 2.我校教研组老师围绕"文来实验非遗文化浸润式课堂设计"的主题进行研讨交流，重点讨论如何在各学科中融合渗入非遗文化，提升学生文化自信	研学活动 交流研讨	教研组长、行政蹲点 （8学时）
2021年12月1日 —2022年12月31日 13:30—16:30	"走进非遗之美校园（篇）""皮影+"非遗场馆参观活动 教师分批参观我校"皮影+"景观路、"皮影+"走廊、"皮影·家"楼道、"红色文化"楼道、"文·博馆"、"国礼馆"、"青铜器"馆等一体的浸润式的文化环境，感受我校"皮影+"文化特色校园氛围	研学活动	备课组长 （8学时）
2021年1月7日 14:30—16:00	"走进非遗真精彩，文化传承我先行"研学汇报交流活动 各教研组围绕前两次的非遗场馆研学活动，进行交流汇报	交流汇报	全体教师 （2学时）
2022年1月14日 —2022年2月14日	寒假教师非遗文化探究学习活动	探究学习	全体教师 （2学时）
2022年3月16日 —2022年6月20日	新冠肺炎疫情期间全员导师非遗文化指导活动	导师指导 （线上+线下相结合）	全体教师 （2学时）
2022年6月30日 14:30—16:00	文来实验学校"非遗文化"校本研修总结会	汇报交流	全体教师 （2学时）

学校教师既是提高公众保护意识的"传承人",也是新的"传习人",更是学生非遗传承的"引路人"。作为知识的传播者,教师们只有自己体会了才能将非遗文化的精髓传授给孩子们,培养学生对非遗工艺、艺术及文化的认识和热爱。摘录部分教师的培训感悟——

【案例】 "非遗文化润校园,教师先行美传承"研修小结

> 杨静

党的十八大报告指出:"建设社会主义文化强国,加强社会主义核心价值体系建设和提高公民道德素养,应建设优秀传统文化传承体系,弘扬优秀传统文化。"传承优秀传统文化,教育有着不可推卸的重要责任。虽然数学不像语文或英语一样,需要研究文字、语言,讲究读写,但是数学也是一种文化,其中也蕴含着极其丰富的思想性,所以作为小学教育内容之一的小学数学教育也是责无旁贷。

我们学校就是一所非常注重中国传统文化的有内涵的学校。以"关爱红,融合蓝"为背景的非遗文化课程体系的探究,一直是我们文来实验学校致力于开发和发展研究的课程,旨在通过中华优秀传统文化的传承和创新,提升师生的文化内涵和爱国之情。

一、皮影在数学教学中的渗透,让学习不再枯燥

数学来源于生活,又运用于生活。因此数学的学习并不是脱离生活而存在的。所以我们在设计数学学习情境时,在进行练习设计时,往往首先想到的是哪些是贴近学生生活实际的、什么是学生会感兴趣的。如果将皮影文化、皮影人物与我们的数学教学、练习相融合,那么我想数学教学和传统文化都会相得益彰,让学生爱上了。

记得在《平行四边形的面积》一课中,我首先展示了我们皮影馆的几个场景,一张张照片在播放中,也引发了学生对校园美的感触,对皮影人物的兴趣。照片最后停留在一张楼梯过道的白墙上。"那么美的皮影馆,如果把这面白墙也设计上一个平行四边形的版画,是不是会更生动呢?那需要多大的版面呢?"

面对熟悉的皮影馆，学生的兴趣一下子提升了。一节课在学生积极主动的情绪引领下，推进顺利，效果非常好。当然，如果课后再让学生进行皮影艺术创作，我想效果会更好。

二、从点到面的渗透，让学生对皮影、对中国传统文化更自豪

小学阶段，是学生从一个懵懂未知的孩童到初步形成自己的人生观、价值观的重要时刻，如果在启发学生数学思维、发展学生数学素养的同时，若能引导学生感悟我国更多的优秀传统义化、数学文化和非遗文化，这样更能激发学生的民族自豪感，强化对我国民族文化的尊重和热爱之情。在更多传统文化的浸润下，对学生更多了解"皮影"、更加喜爱皮影也是一种触动。

如在《算盘》的教学中，介绍我国数的发展过程：从用实物计数、结绳计数、刻道计数到算筹，再到算盘，让学生在数的发展过程感受我国古代人民的聪明智慧。又如《轴对称图形》中可以展示一些花鸟纹锦、瓷器、脸谱等既具有轴对称特点又能突显我国文化瑰宝的图案，还可以在课堂中简单讲解每幅图的出处、年代以及所代表的含义或所蕴含的数学思想，让学生在感受知识、感受美的同时，了解祖国辉煌灿烂的文化，培养学生热爱祖国文化的情感。《乘法口诀》《圆的认识》《鸡兔同笼》等数学课堂，其实都蕴含着一个个数学故事，只要老师有意识，都能给自己的数学课堂创建一个浓浓的"传统文化味"。

孩子的学习离不开老师，同样传统文化的传承也离不开学校的每一位老师。让我们努力让学生在理解掌握数学学科知识的同时，潜移默化中感受中国的优秀文化，让每一个孩子在学习之路上为我们国家而自豪，也为我们学校的"美"而骄傲！

非遗进校园是传统文化自信的彰显，也是"润物无声"的文化传承。发挥教师的主体作用，提升教师的非遗技能，以文化育人，可以高质量地帮助孩子们掌握非遗技艺，切实助力非遗传播和非遗传承。

图6-3 学生探访七宝皮影馆

第三节
非遗传承保护的实施策略

习近平总书记强调:"要加强非物质文化遗产保护和传承,积极培养传承人,让非物质文化遗产绽放出更加迷人的光彩。"非遗传承具有独特性和专业性,除了要充分利用区域地理资源,还需要专业师资的支撑。为此,我们依托"非遗"传人,通过"外聘内兼""组团联盟"的实施策略,探索形成现代"传习人"师资队伍建设的新路径、新方法,推动学校非遗传承有序高效发展。

一、外聘内兼

基于校情,我们拟定的培养方式分为两种:一种是校外"非遗"传承人培养校级传承人;另一种是校级传承人培养社团"非遗"指导教师,各指导老师积极开展学生的"非遗"传承活动,建设"小小非遗传习人"。

(一)建立"皮影+"工作坊

1."师徒传习带教"

学校常年聘请七宝皮影馆朱墨钧、叶光华二位老艺人、全国皮影家协会理事焦达、新虹街道文化中心剪纸工作室朱兰钧等老师定期指导上课,学校教师作为助教跟进。专家担任非遗导师着重技法学习的指导,本校教师参与非遗课程研发和非遗传承的实践研究,担任非遗社团的指导老师,开展非遗研学的实践体验,共同助力学校构建体系性化的"皮影+"教师团队。2023年3月学校"皮影+"教师工作坊荣获全国第七届艺术实践案例二等奖。以下摘录2021年学校组织开展的教师研学实践的活动报告:

【案例】 "馆校合作"研学活动实践报告（教师版）

表 6-2

实践主题：走进上海博物馆			
主题类型：请在选项前打√ （　）走进红色基地　（√）走进非遗艺术天地　（　）走进城市现场			
序号	小队成员姓名	任教学科	任务分工（如摄制、文案、交流、保障等）
1	陶晓华	语文	组长（路线安排、组织协调、汇总）
2	朱明君	语文	保障
3	罗杰	语文	PPT 制作
4	乔许芸	语文	文案（活动过程、收获与思考）
5	杨芳	语文	摄制（照片、视频）
6	涂盛荣	语文	文案（活动背景、目标）
7	王璐	语文	PPT 播放
8	蒋启莹	语文	交流汇报
研学活动日期	2021 年 12 月 30 日 下午		
研学活动背景	世间万物皆学问，本次研学实践活动在上海博物馆，有十分重要的意义和作用。参加研学活动走向自然，走进社会，走进博物馆正好是对老师们平日里教到的课本知识的印证。可以有效加强对教学的兴趣，是一次有意义的社会实践		
研学活动目标	1. 培育爱国情，传承文化基因，加深教师对祖国历史文化的了解 2. 拓宽视野，丰富知识，培养兴趣爱好，感受博物馆的奇妙，体验中华优秀传统文化，丰富精神世界 3. 提高社会实践潜力和创新精神，弘扬中华传统文化，培育践行社会主义核心价值观，为后续学生研学有实践参考		

图 6-4 文·博馆展品

续表

研学活动过程（400 字以内）
老师们在上海博物馆门口集合。一映入眼帘的就是石狮和古代历史传说中的神兽。上海博物馆的收藏、研究、展览和教育，以中国古代的艺术品为重点，馆藏文物近 102 万件，其中，珍贵文物 14 万余件，包括青铜、陶瓷、书画、雕塑、甲骨、符印、货币、玉器、家具、织绣、漆器、竹木牙角、少数民族文物等 31 个门类，尤以青铜、陶瓷、书画最为突出 老师们先参观了青铜器馆。馆内陈列了夏代萌生期的青铜器，商代初期至中期育成期青铜器和商代晚期、西周早期鼎盛期的青铜器。这些青铜器图案纷繁华丽，有着各种动物植物和自然万物的花纹，是我们远古祖先对身边事物和自然的一种认识与喜爱。各种不同的形状也在告诉我们古代生活中贵族们对这些器皿的使用场合及具体功能 接着，老师们各自浏览了自己感兴趣的场馆，收获了丰富的课外知识

研学活动收获与思考（200 字以内）
博物馆之行让我们心里踏实了许多，觉得自己不再是无源之水、无根之木。青铜器里隐藏着真真切切的过往，记录了实实在在的春秋。这些物品展现了历史的进程，展示了我们中华古代瑰丽无比、丰富多彩的生活。我们没办法永远让这抹天地间的灵气存在，那就用另一种方式留存它们

佐证材料清单目录（具体内容另建文件夹呈现）
1. 研学路线：上海博物馆——青铜器馆 2. 活动照片：（见照片文件夹） 3. 其他事项

师生研学，是以"学生学什么，老师先体验"的思想，以"小书包"系列校本教材为抓手，构建师生研学共同体，创新"探究与研学"的实践路径，让非遗教育活动走出校外，走向社会，为深化非遗文化育人拓展渠道的构建。

2. 课题研究

聚焦非遗文化内涵，组织教师开展非遗文化育人的探索实践，将非遗体验有机植入校园生活的方方面面，在校园生活中强调传统文化润泽学生的心灵，丰富学生的精神世界和成长经验，保有中华文化之根，实现弘扬优秀传统文化，延续和坚守民族精神。以2022年区级获奖课题为例——

【案例】 "阅中华 悦成长"非遗文化育人的实践研究

———— 杨 娟

一、选题价值

（一）非遗文化的育人价值

非遗是中华民族优秀传统文化的一部分，是学校教育立德树人的重要载体。挖掘其蕴含的爱国主义情怀、创新精神、审美意识、意志品质等教育价值，对于提升青少年综合素质有着无可代替的价值。相对于非遗传承的时代要求，传统意义上的非遗进校园局限于理论层面，学生参与非遗文化的实践缺乏系统架构，非遗进校园项目的随意性、单一性，体验非遗项目被设计制约了非遗文化内涵的挖掘，削弱了非遗育人的作用。本课题采用以学生为主体的非遗实践体验框架的行动策略，对应了我们的研究思路，也蕴含了我们研究的假设。本研究从宏观、纵观、微观、支持背景研究分析如下：

1. 非遗文化

非遗是民族个性、民族审美习惯的"活"的显现。通过非遗进校园，能够更好地培养青少年对传统文化的情感，激发对于我国博大精深的传统文化的热爱和兴趣，同时能更好地引导他们深入认识自己的人生价值和生命意义。所以，搜集、整理和传承传统文化，是一项迫在眉睫的工作。尤其是在当今科技高度发达、文化领域呈现丰富多元化的时代，很多传统文化不被下一代所接受，很难完整地自然地原生态地被传承下来。这些对非遗进校园提出了更高的要求，而满足这些要求的对策就是用好、用活非遗文化、传承非遗精髓，以此落实立德树人、育美育心的要求。

2. 非遗文化育人

传统教学方式是以教师传授为主导，忽视亲身体验，忽略了学生的个性差异与兴趣特点。而非遗文化的育人机制，强调非遗的文化性、技能性、审美性、情感性，在实践活动中兼顾学生差异，设置选择与年龄层次相符合的非遗项目，培养学生的人文素养、技巧能力、艺术品位、品格精神，这是对学校课程育人的有效补充。

（二）"阅中华 悦成长"的内容

研究发现，非遗进校园的呈现多以理论论述为主，缺乏实践实证。尤其从系统的角度研究非遗活动的研究并不多见，推进过程中缺乏整体架构、课程体系和持续进阶的设计与实施路径，尤其是非遗育美育心价值的实践与实证、非遗教育走向课程化和体系化的探索、学生在传承非遗、美育体验中从被动走向主动的实践等问题亟须解决。所以，"阅中华 悦成长"重点解决非遗进校园的有效实施途径和非遗文化育人与学校育人的有机融合，根据校情和学情设计中华优秀传统文化课程框架、活动专题和环境建设，为学生提供系统学习和体验的机会，在感知、认同、接纳的基础上实现学生对中华民族的归属感，增强对中华文化的认同感、对伟大祖国的自豪感，并取得以下三方面的突破：

1. 构建一种机制。构建学校主导、场馆资源支撑、非遗校联盟体联动的非遗进校园的实施机制，这种机制是保障非遗文化在学校传承的基础。

2. 搭建一个平台。将非遗楼道、非遗走廊、非遗景观、非遗班级、非遗角等建设和非遗课程、非遗校本教材、非遗活动融入学生"阅中华 悦成长"的实践内容，创建非遗进校园的实施平台。这种平台是推动学校实践非遗文化传承的有效载体。

3. 形成一种路径。基于学生需求，推出具有推广价值的非遗进校园的实施路径和学生实践体验路径。这条路径是实现非遗文化育人价值的途径。

因此，从理论层面上来说，对于作为青少年学习教育的主阵地，学校应当探索适合的非遗模式和途径，有助于提高人们对非遗文化的重视，推动素质教育的进行，也使"非遗"的文化传承呈现出新的活力；从实践层面上来说，以不损害非遗的活性和完整性为原则，因时制宜、因地制宜地研发课程、编制教材，建立非遗育人的活态文化空间，形成较为清晰的育人机制、路径和价值体现，对新时代学校以美育人、以文化人具有借鉴意义。

图 6-5 学生举办"阅中华 悦成长"展示活动

（三）基于"阅中华 悦成长"的路径假设

以学生为主体的实践策略假设，研究非遗传承、非遗育人与学校教育之间的关系，以非遗进校园文化育人的实施途径构建与实现为重点，建构"阅中华 悦成长"的浸润式实践路径，驱动学生自主实践体验的文化感悟，这不仅为非遗的保护、传承寻觅到了新的机制、平台与路径，而且有利于非遗文化育人价值的发挥并拓展学生校园文化生活的新视角。

本课题强调以"阅中华 悦成长"丰富学生自主体验非遗内容为主旨，将非遗文化有机融入青少年的校园生活，实现非遗保护与青少年文化教育的有机衔接，既有助于青少年近距离接触非遗、熟悉非遗，更实现非遗在青少年一代身上的继承与发展的可持续性。

二、研究过程

（一）"阅中华 悦成长"非遗文化育人的调研及分析

聚焦"学校、教师、学生"3个维度，自编问卷调研全校师生对非遗项目的核心需求并形成《关于学校开展非遗文化育人的调研与分析报告》《关于教师开展非遗校本实践的现状调查与分析报告》《关于学生非遗课程学习的现状调查与分析报告》，为"非遗进校园"的可行性、后续非遗文化育人的校本实践，落实非遗文化育人机制和路径奠定基础。

（二）"阅中华悦成长"实践路径的功能架构与分析

阅中华 悦成长

本课题的实践路径有二大特征：
1. 每门课程、每项活动都指向传承中华优秀传统文化，弘扬民族精神的育人目标，指向学生乐于实践、接纳和认同中华优秀传统文化，指向把爱国情、强国志、报国行融入学习生活的全过程，突出系统性。
2. 强调与学校文化生活融合，实践中融入非遗元素，赋予校园活动的文化特质，从不同角度感受中华优秀传统文化的内涵并成为有大爱的人，以此催生和形成独具学校非遗文化特质的教育生态，突出融合性。

"阅"功能
将中华优秀传统文化从文本目录中整理、选择，提取融合形成"课堂、活动、环境"的课程体系，使学生在零距离"触摸"中可看可学可感悟。

"悦"功能
非遗项目本身独具的艺术形式有助于激发学生生成兴趣点，并通过自主选择浸润式的实践体验后，获得掌握1-2项非遗技巧后的成功感。

"选择性"功能：
强调"尊重兴趣，多元选择，着眼发展"的实践理念，指向不同的实践对象、实践内容和实践素养，增强非遗文化育人的精准性，区别于传统非遗进校园的特征。

"自主性"与"自规划"功能
学校整体规划与设计的课堂、活动、环境成为学生自主参与、实践提升的平台，并在系统实践中规划自己的选择与个性发展。

(三）开展"阅中华 悦成长"非遗文化育人的实践研究

  1. 从"阅中华 悦成长"架构的特点入手，验证非遗文化育人路径的研究思路

  "阅中华 悦成长"是基于以学生为主体，设计建构以非遗文化为主题内容并融入校园生活的体验性实践路径。因此，从其独具的特征来考虑非遗文化育人的途径，可以验证研究的工作思路：

  （1）非遗会让学生学会文化创造但必须基于一定的基础，首先要认识到"美"，才能创造出"美"，而这种对"美"的认识必须是"零距离"的接触体验。所以，创设学生阅读实景，通过动手实践，与非遗大师亲密接触，才能真正体会"艺术魅力""工匠精神"。

  （2）以非遗文化为主题的校园生活，会让学生更深刻地学习体验这些中华优秀的传统文化财富，更充分地浸润于传统文化的魅力、驱动成为文化的传承者。

  （3）实践证明，在非遗项目的亲身体验中，才能更充分地激发学生的学习内在动机，更有利于把非遗文化育人内化为学生的文化品质培育。

  2. 将"阅中华 悦成长"实践路径与校园生活实践平台融合拓展，创新非遗文化育人的内涵

  "阅中华 悦成长"的核心体现在：一是非遗对学生的吸引力，包括项目内容、艺术表现形式产生的影响，目的是评价非遗育人效果和学习效果；二是为学生的校园生活提供一种探究、体验、感悟的新载体，目的是激发学生非遗学习研究的兴趣；三是提供国家课程内容以外的非遗知识，目的是让学生感知认同民族文化的磅礴与浩瀚，提高文化艺术修养，也让他们的精神世界更美好。这三个方面也正是本研究的价值所在。而这三大核心内容催生出了本课题研究的新途径的三大优势：有选择、有系统、有融合建构，这是本课题研究的突破口。

  学校以"调研式启动、分阶段落实、递进式体验、自主性开展、交叉式深入、反思性评价"为行动策略，有序推进实践研究。

  调研式启动：指自编问卷调研全校师生、家长对非遗传承的核心需求，厘清基础与存在的问题，为本课题研究实施路径奠定基础。

分阶段落实：指依据学生年龄层次按学期设置不同的非遗项目，做到每学期非遗探访落地，有收获。

递进式体验：发挥市非遗校联盟体龙头单位的优势，每学期安排校际间不同类别的非遗体验，增强非遗内容的多元化、丰富性，促进学生的递进感悟。

自主性开展：学校提供框架和教育目标，各年级结合目标自行设计开展符合学生特点的实践。

交叉式深入：与八大文化节相结合，通过节日活动的多视角文化主题，拓展实践活动内容和形式，增强活动的趣味性和教育性。

反思性评价：与"每日一行，与爱同行"行规教育相结合，通过"三传三行"3个阶段的检测，提升实践的有效性与达成度。

在此基础上，构建"统筹渗透式""体验参悟式""对照融合式"的实践模式，这是"阅中华 悦成长"非遗文化育人实践的切入点。

统筹渗透式：是以课堂为主阵地的探究赏析，以寓文化育人于学科渗透为载体予以落实的实践路径，体现全员化、规划性。

体验参悟式：是以课程为抓手的学演创编，以寓体验感悟于自主教育的架构为载体予以落实的实践路径，体现校本化、自主性。

对照融合式：是以活动为依托的展示评价，以寓文化教育于浸润内化为载体予以落实的实践路径，体现系统化、融合性。

（四）利用"阅中华 悦成长"实现非遗文化育人价值的建构实践

1. 基于浸润体验的校本课程整体架构——课程资源融合驱动的实践研究

基于国家课程，以"皮影"为主线，设置基础型学科中的非遗课程和以皮影戏、皮影画为重点的精品拓展课程，以及引入资源的非遗项目，形成不同板块的"皮影+100"课程，并以"以一贯之"的思想，设计和落实螺旋式上升、分级递进的课程内容，满足不同年龄学生对不同种类非遗项目的选择与学习发展需要。

2. 基于自设计的学生课堂体验路径探索——师生共同参与的"皮影+"课堂综合实践

"学科融合式"：选择有代表性的、易接受的非遗项目结合学科教学、班会课教育等作为固定课程，采取课堂授课与实践体验相结合、理论与实践并重的方式，强化非遗文化的渗透性和传播性。

"主题探究式"：师生合作开展"皮影+"校本教材创作，提供"设计、体验、认同"的非遗课堂内容保障。

"馆校合作式"：通过皮影剧场、皮影陈列馆、文博馆等环境，构建非遗教学的"移动课堂"，实现"创新·发展·示范"的实践途径。

3. 基于"浸润"特征的主题活动实践——助推学生感悟内化的研究

文化节：以发挥非遗文化育人为重点，将非遗元素融入学校的八大文化节，激励学生全员参与，推动传统文化与现代校园生活的有机链接，以此架构独具非遗文化特征的校园文化活动。

师生研学：以"学生学什么，老师先体验"的思想，以"小书包"校本教材为抓手，构建师生研学共同体，创新"探究与研学"的实践路径，让非遗活动走出校外，走向社会，为深化非遗文化育人拓展渠道的构建。

成果展示：以"我是非遗传习人""我是小小讲解员"的评选为抓手，开展区、市级中华优秀传统教育的展示活动，激励学生参与非遗实践的积极性，构建非遗文化育人的评价机制。

4. 基于自设计的非遗文化育人的路径探索——师生团队的实践案例呈现

教师层面：以"皮影+"为主线，从"学科渗透、主题班会、馆校合作"3个实践维度开展实施"教材整合、学段衔接、探究研学"的行动路径，形成既重视课堂主阵地，又强化课外研学实践；既重视基础知识渗透，又着重指向非遗文化的内化，探索形成非遗文化育人的校本实践路径。

学生层面：推行"全面+个性"的实践路径，通过"课堂、活动、实践"三式联动方式，推动学生获得美育体验，感知非遗文化的魅力。

三、研究目标

（一）建构浸润式体验驱动学生自主参与的"阅中华 悦成长"的实践路径。

（二）以融合策略构建非遗文化育人的实景系统环境，创设非遗传承与学校文化建设相融合的空间和平台。

四、研究结果

（一）机制新——建构了"阅中华 悦成长"的"自组织"

将学校作为挖掘、保护、传承、发扬非遗文化的重要阵地，融合各方资源，构建形成以学校为主导、场馆资源为支撑、非遗校联盟体联动的非遗进校园的实施机制，提供了非遗进校园的保障组织，有利于推动非遗文化在学校的发展传承。

（二）平台新——实现了非遗文化育人价值背景下的三层次的融合建构

"阅中华 悦成长"是以非遗环境、非遗课堂、非遗活动作为非遗实践的3个主要内容，找到了非遗与学科学习、与传统文化的关联点，以整体规划与实践论证了非遗文化育人的美育美心的价值。

（三）路径新——基于学生主体的"阅中华 悦成长"自设计的建设

创设浸润式体验的实践路径，通过给学生讲述、学习这些非遗的起源、发展、技法、特点等，再动手去实际体验各个非遗项目的魅力，让学生在传承非遗、美育体验中从被动走向主动。

五、推广价值

本课题强调建构以浸润式体验功能的自设计的"阅中华 悦成长"路径和机制是可行可操作的；以融合自设计规划的"皮影+"课程，发挥非遗育人价值的途径是有效的，本课题的研究对其他学校开展非遗文化育人的实践具有一定的参考价值。

六、反思与展望

（一）非遗文化育人理念需要教师团队理解融合，才能深化理解与转化。

（二）"阅中华 悦成长"实践路径建构是一个融合过程，需要规划与自设计的支持探索。

（三）非遗文化育人背景下的学校教育育人，是需要基于自设计的评价引领。

非遗传播和非遗队伍的培养，一直是学校工作的重要内容。通过开展课题研究，不仅让非遗保护和传承有方向有抓手，更为学校统筹推进"非遗传承"提供了"试验场"，为同类学校的非遗传承和创新工作提供了"参照物"。

二、打造"我是非遗传习人"

1. 培育学生非遗团队

我们开设"非遗周周学"定制课程，每周五中午向全校师生展播，每周2次请非遗传人进班级授课，以最"纯粹"与"最原色"，精确传递把握非遗的原生态文化与技艺形态，"护根"住非物质文化遗产的传承。在此基础上，以"我是小小皮影家"的评选和"小小文化讲解员"的培养为重点，建设一支"会画、会剪、会做、会演、会说"的非遗学生团队，并以非遗家庭的评选，拓展非遗传承面。以下摘录"我是非遗小传人"评选材料——

【案例】　　"结缘传统文化"
——"我是小小非遗小传人"事迹材料

◆ 申沁可　八（1）班

对于中华优秀传统文化，我有着与生俱来的喜爱，从小就喜欢在家里和爸爸妈妈玩"飞花令"、猜灯谜、作诗等，还经常参加各类传统文化活动，如上海市民文化节、上海市古诗文大会、"我爱古诗文"竞赛，屡获好成绩。在学校我还是校皮影社的馆长，曾经登上过上海大舞台参加表演。因为喜欢，我在平日的训练中对每个皮影剧都仔细背诵剧本，琢磨细节，热情表演。

我沐浴着中华优秀传统文化的甘霖成长，感受着它的细腻、温润、磅礴和力量。我相信中华优秀传统文化是所有中国人的心灵源泉。我希望自己能在独自享受这份美好的同时，通过自己的努力参与和示范，去传承并发扬好我国传统文化的熠熠光彩。

细细想来，我虽然年纪轻，但与传统文化的故事却也不少。从出生起，我就成长在传统文化的熏陶之下，久而久之，故事便自然而然地发生了。

我跟古诗文之间的故事最值得一提。相信很多人从小就背诵过唐诗三百首，我自然也不例外。妈妈回忆说，在我三四岁的时候，不但古诗文背诵得好，甚至还在背诵之余，偶尔依样画葫芦"作诗"一首。虽然没人"懂得"欣赏我的诗，但这并不妨碍我对古诗的感情。读小学期间，我更是诗兴不断，常常在不限定题材的作文作业中以诗代文，有几次还获得了老师的表扬。中学生活开始以来，我连续参加了多个古诗文类的大赛。不得不说，与我想象的不同，参赛是个"苦差事"。虽然通过参赛，我收获颇丰，提高很快，也屡次获奖，但备赛过程却甚为紧张和忙碌。备赛过程曾经是我和古诗文的关系比较紧张的时期。细细想来，应该感谢老师和妈妈的帮助和鼓励，让我坚持到了现在。有了之前的古诗文基础，我在写作文，甚至聊天过程中都常常灵感突现，妙语连珠；在学习文言文时也很有帮助。我在学习之余的一大乐趣也是拜古诗文所赐，那就是我们家的传统娱乐项目——飞花令。我的对手是爸爸，前几年我次次落于下风，而这几年我渐入佳境，次次将爸爸打得丢盔弃甲，连连求饶，好不过瘾。

我与传统文化的的另一段故事发生在我和皮影戏之间。初次遇见皮影，是在我五年级时。望着老师在幕布后潇洒又流畅地表演皮影，我好生羡慕。只可惜我那时性格内向，虽说希望自己也有一天能站在台上演一出精彩的戏，但对当时的我来说这也只可能是幻想。"小申，想要上来试试吗？"老师仿佛看出了我的心思，便不由分说地将我从台下拉了上去。看着那些精致的皮影戏，我有些不知所措，无助地看向老师。他马上心领神会，把着我的手教了起来，那皮影开始在我手里活灵活现地跑着跳着闹着，"天气凉快秋风爽……"听着台词，我不自主地跟着念起来。后来到底有多少个周五下午是皮影戏伴我度过的呢？我不清楚，但我明白，皮影就是这样融入了我的心房。快乐的时光总是短暂的。渐渐地，学业重了，皮影课也就逐渐少了。但无论多忙，我始终没有忘记皮影戏，那令我快乐、让我痴迷的皮影。多少个周五下午，我的心会飘荡到那皮影馆，回忆和同学们一起在大众面前表演、一起教小朋友操练的时光。"小申，又有一场表演要我们登场哦。"每次听到这句话，我心中那痴迷的火种就会重新燃起。站在台上，我往往不禁感慨，不一样的舞台、不一样的戏，不一样的皮影戏串起了多少同样痴迷的心？

每个人都有着形形色色的故事，但只有我们和传统文化之间的故事会随着我们呱呱坠地就即刻发生、不断演化，并一路滋润着我们的心灵，呵护着我们成长。让我们珍惜这一份缘，发扬这一份光吧！

2. 构建传承评价体系

根据学生的年龄特点，提出"文以润心，爱以修行"的实践宗旨，构建"传习、传艺、传承"即"三传"活动评价模式，以分年级、分层次的3个学习模块和"每日一行之我必行、每日一行之我能行、每日一行之我要行"的3个发展维度，促进非遗传承螺旋式上升与循序递进的落实。以学发部组织开展的"三传三行"校本特色实践活动为例——

【案例】　　非遗"三传"促行规，每日"三行"养品德

> 王雪帆

一、案例概述

本案例的实施对象是义务教育阶段的中小学生，案例主要研究的内容是"皮影+"非遗项目中蕴含的爱国主义精神、道德品质、人格修养、文化内涵对学生良好行为习惯养成的积极影响。"皮影+"是我校非遗进校园的特色项目，诸如皮影戏等这些承载着一个又一个符号意义的"根"，是传承民族文化、弘扬民族精神、激发爱国情感、内化良好道德品质的有效载体。文来实验学校自2009年成立以来，秉承"关爱·融合"的办学理念，以"皮影+"非遗体验为抓手，以"每日一行，与爱同行"的主题实践为途径，通过传统文化的浸润和滋养，学生感悟精神力量和道德约束，在中华优秀传统文化中积聚内心自信，用内在的力量和约束，外化为现实生活的动力、品德和行为。基于学情和校情，我们确立以非遗"三传"（即传习、传艺、传承的3个阶段）为体验模式、行规"三行"（即每日一行之必行、每日一行之能行、每日一行之要行的3个分层目标）为教育体系，顶层设计并全面推进行规教育实践并使之成为特色，实现德育教育走向"无痕"，激励学生的行为习惯养成从"激发自觉"到"成长自觉"。

二、目标与思路

设计的非遗"三传"、行规"三行"的教育实践，明确以弘扬爱国主义精神为核心，从爱国、处世、修身3个层次概括凝练教育内容，吻合"自强、自诚、志远"的校训精神渗透，贴合行规教育的层次性培育，契合不同年龄学生的发展需求。通过"皮影+"项目3个阶段的浸润，学生不仅学习皮影及其他传统文化项目，掌握1～2门传统技艺，更是在传统文化艺术的浸润中，自主、自愿、自觉地践行道德规范，从而呈现出良好的行为习惯。

我们以"皮影+"项目校本课程为基础，拟订行规教育的认知目标和学生实践目标，整体策划校本节日和学生主题活动，通过挖掘和提炼传统文化的育人内涵，既着力培养学生的基本行为规范和社会公德，又重视提高学生的人文素养，把行为规范教育渗透于学生的日常生活，促进学生的全面发展。基于"自强、至诚、志远"的校训，构建"传艺、传习、传承"即"三传"活动模式，围绕"传统文化育人"这一中心，以两个平台（校园主题文化节、每日一行实践活动）为实践体系，通过三个模块（学校主导、家庭延伸、社会辐射）逐步摸索出了"运用'皮影+'传统文化，促进学生行为习惯养成教育"的德育新途径——"环境熏陶、课程体验、活动内化、四方合力、特色争章"，从而实现弘扬优秀传统文化，延续和坚守民族精神，培育良好习惯，打造校本特色的行规教育品牌。

三、过程与方法

（一）实施途径

1. 环境熏陶：营造文化氛围，增强行规达成的自觉性

我们把"皮影+"优秀传统文化作为校园环境布置的着力点，努力营造优秀传统文化育人环境。学校有专门的皮影教室、皮影演出舞台、皮影长廊、围棋教室、阮乐教室等，既可参与皮影等传统文化艺术的排练、演出，又可集中参与体验互动展示。中外元素兼容的屋顶花园、二十四节气的文化长廊、每个楼层的文化墙、每个班级"皮影+，让遗艺流动起来"的角落布置，将传统文化渗透学生的日常，继而教育和规范学生行为的日常。

2. 课程体验：三类课程与德育课程同步实施，提升"三行"的获得感和成就感

根据不同年龄的学生，既将基础型课程的非遗文化进行挖掘，设计出每个年级、每个年龄段的教育目标，供全体老师在课堂教学中渗透中华民族的传统文化，强调学科育人的重要性；又整体开发"皮影+"校本课程，创作《新武松打虎》《新三打白骨精》《小耗子的故事》《喜羊羊与灰太狼（校园版）》等节目，构建《光影里的快乐》《上海里弄文化地图》《二十四节气》《中国古建筑模型赏析和制作》等与非遗有关的校本教材，尤其推出的《皮影操》《皮影舞》《皮影版画》《皮影剪纸》《皮影争章》等微课，内容上将优秀传统文化和现实发展文化、行为习惯达成训练相融合，形式上简单生动，易学易懂。在此基础上，设置"每日一行，与爱同行"的校本德育课程，分阶段完成教育的内容、目标与评价。

3. 活动内化：依托多元活动，拓展"三传"实践深度

我们将"三传"实践与学校的校本节日融合，在活动中激发学生主动参与、自主内化的积极性。以读书节为例，学校组织非遗故事、非遗经典诵读、非遗知识竞赛、非遗经典人模仿秀等活动，让学生在活动中了解传统文化精髓，引导学生养成良好的行为习惯。我们还组织学生开展古诗文诵读比赛，不仅加深学生对古诗文的理解，感受古诗文的韵律美，而且明白"修身、齐家、治国、平天下"的道理，美与高尚在学生心中得到了统一，习惯与品德在学生身上形成，学生参加区、市级大赛，都获得了很好的名次。

4. 四方合力：校内外联动，强化教育效果

以"三传""三行"为抓手，构建校内实施、校外拓展、校际合作、校社共建的融通机制："每日一行"的家庭作业，让家长督促和见证孩子"三行"的成长历程；假期"手造非遗探索之旅""一岗一行"假日小队活动，延伸"三传""三行"的实践通道；走进社区、大世界等的公益演出，以及定期举办市、区级展示活动，既是锻炼学生进一步规范和提升自己的行为，又是向全社会展示和辐射学校特色教育的成果。

5. 特色争章：约束教育与激励教育相结合，实现知行合一

让学生学习传统文化的最终目的就是让学生学着做人、学会做人，知行合一，亲身践行中华民族传统美德。在雏鹰争章的基础上，结合中华传统文化教育的内涵设计了"皮影+"特色章，激励学生自主参与传统文化的教育实践，达到成长自觉的效果。

（二）特色做法："每日一行，与爱同行"的校本德育实践

"家国情怀、社会关爱、人格修养"是"三传"教育的核心，在确立"三传"教育活动模式基础上，与之相呼应，我们从"自爱、他爱、博爱"3个维度，根据学生身心成长规律，为不同年段的学生设定不同的教育目标，以"每日一行之我必行""每日一行之我要行""每日一行之我能行"3个阶段设定特定的教育要求（见表6-4），从而实现"三传""三行"3个阶段的螺旋式上升与循序递进落实。

表6-4 "每日一行，与爱同行"之"必行"教育要求（部分）

指标			指标要素	检测点		
一级	二级	三级		低年级学生（一至三年级）	中年级学生（四至六年级）	高年级学生（七至九年级）
博爱	感恩教育	1. 民族精神教育 2. 环境保护教育 3. 感恩教育 4. 理想教育	1. 树立国情和国家意识，传承民族传统美德，弘扬中国传统文化 2. 懂得关爱地球、关爱生态环境 3. 孝亲尊师，践行报恩 4. 确立明确的目标与理想	必行： 1. 爱祖国，升国旗时能立正，学唱国歌，敬队（团）礼或行好注目礼 2. 了解我国基本的民族传统节日文化 3. 爱护环境，合理使用水、电，养成校8个校园低碳环保习惯 4. 尊师重长，孝敬长辈。主动向老师问好，行礼（鞠躬礼、团礼）。不说老师坏话，不给老师起绰号，不直呼长辈姓名；上下课听班长口令起立向老师问好 5. 有自己喜欢的英雄人物	必行： 1. 爱祖国，升国旗时肃立，大声唱国歌，行礼规范 2. 积极了解中华民族优良传统，积极参加学校传统文化活动和相关课程 3. 关心爱护周边和校园环境，不随意破坏公物，不浪费地球资源，低碳出行 4. 尊重师长，孝敬长辈，能主动问好关心。经常帮助师长做力所能及的小事 5. 学习目标明确，有理想	必行： 1. 爱祖国，尊敬国旗、国徽，升国旗时肃立，认真唱国歌，行礼规范，神情肃穆 2. 熟悉中华民族优良传统，积极参加学校传统文化活动和相关课程，有自己特别感兴趣的课程和文化 3. 关爱地球，关注生态环境，有忧患意识 4. 尊重师长，孝敬长辈。能主动致敬问好，关心帮助，用心沟通。每天坚持帮助师长做力所能及的小事 5. 有高远的理想，有自己特别想达到的目标

文化是精神的载体，精神是民族的灵魂。中华优秀传统文化是习近平总书记十八大以来治国理念的重要来源，也是我们行规教育的着力点。

真正有效的行规教育应该蕴含在"润物细无声"的育人过程和细节之中。我们坚信，以"三传"促行规、"三行"养品德的主题的实践教育，能够让每一个孩子在体验中获得爱的能力和自觉意识，而正是这份责任感，将对每个学生行为规范的自觉养成和主动践行起到很大的促进和激励作用。

二、组团联盟

非遗文化的传承，需要一代代人薪火相传。非遗教育不仅需要传承者、创造者，还需要面向社会展示、交流、推广，才能形成有效的传播力度，赋予非物质文化遗产新的生命力。

（一）申报创建传习基地

根据《中共中央关于深化文化体制改革推动社会文化大发展大繁荣若干重大问题的决定》《完善中华优秀传统文化教育指导纲要》《上海市文教结合工作三年行动计划（2013—2015年）》等文件精神，以中华优秀文化传习基地为抓手，进一步推进非物质文化遗产进校园，弘扬和传袭中华优秀传统文化。上海市教育委员会、上海市青少年学生校外活动联席会议办公室、上海市文教结合工作协调小组办公室共同举办"中华优秀传统文化研习暨上海市'非遗'进校园十佳传习基地评选活动"，学校积极开展非遗传习基地的申报和创建工作，2015年9月学校荣获上海市非遗进校园"十佳传习基地"单位称号。

（二）构建非遗联盟

根据《上海市文教结合工作三年行动计划（2013—2015）》及相关要求，一个基地要带动10所学校开展"非遗进校园"的实践活动。2016年5月在上海市文教结合工作小组办公室的指导下，传习基地校组成两个联盟，文来实验学校成为盟主单位之一，带领53所基地校开展"非遗进校园"实践。从此，学校通过整合各基地校的非遗资源、建立联盟研讨机制、实施校际非遗观摩、推进成果共享等形式，不断发挥非遗联盟的传承效能，唤醒更多有识之士的"非遗"文化传承自觉。

【附】　上海市"非遗"基地校联盟工作委员会章程

第一章　总则

第一条　为进一步加强"非遗"学校各项工作管理，探索"非遗"进校园工作机制与活动形式，增强"非遗"校之间的联系，特制定本章程。

第二条　"非遗"校联盟致力于研究"非遗"项目进校园各项工作机制与探讨活动方式，培养更多的"非遗"达人和教师队伍，发挥"非遗"育人价值。

第三条　"非遗"联盟校各项重要决策一般须经联盟工作委员会审议通过后，由联盟盟主校发布并在各校实施。

第四条　"非遗"学校联盟工作委员会设兼职秘书处，秘书处负责处理日常事务性工作。

第二章　组织机构

第五条　"非遗"学校联盟工作委员会由聘请的若干委员组成。成员来自市、区相关"非遗"工作的专家和十佳传习基地学校的负责人。

第六条　"非遗"学校联盟常务工作由领导小组和秘书处组成的常务委员会主持开展。

第七条　"非遗"学校联盟工作委员会组成人员根据工作需要可进行适当调整。

第三章　工作职责

第八条　"非遗"学校联盟工作委员会的重点放在"非遗"项目进校园的普及与提高的实践研究上，围绕"非遗"项目的特点，强化"五位一体"功能，构建"六有"传习机制，提高"非遗"项目推进的整体水平。

（1）研究职能。"非遗"联盟工作委员会要利用其成员信息渠道广、研究能力强的优势，关注当前"非遗"工作的有关信息，特别是国内外相关研究信息，围绕联盟校的校情，"非遗"项目的内容、活动方式、工作机制等实际情况开展专题研究。

（2）指导职能。"非遗"联盟体工作委员会充分发挥自身优势，定期指导各联盟校"非遗"项目的各项工作，指导联盟校之间的交流与合作项目的推进事宜，成为校内教师和校外专家、传人相互联系、交流的纽带，为"非遗"项目的整体推进提供建议，当好参谋。

（3）培训职能。"非遗"联盟工作委员会承担相应的培训任务，以"非遗"传人为抓手，通过多种途径培养一批"非遗"骨干教师队伍和学生队伍，成就更多的"非遗"个性化教师和学生。

（4）督导评价职能。"非遗"教师发展工作委员会定期检查各联盟体学校的相关推进工作，协助做好市传习基地阶段性评估工作。

（5）总结推广职能。"非遗"工作委员会及时发现各联盟校的活动典型，并帮助其总结成功的经验，推广优秀的"非遗"进校园成果，扩大影响力和辐射力。

第四章 工作原则

第九条 实事求是的原则。坚持从实际出发，实事求是，尊重教育教学规律，扎实开展工作。

第十条 民主集中的原则。各传习基地既是独立的单位开展"非遗"项目，又是联盟体成员共同打造"非遗"团队，有序推进。

第十一条 支持服务的原则。贴近教育教学目标，贴近教师和学生发展需要，贴近各联盟学校的办学方向，力求形成各学校办学特色。

第十二条 传承创新的原则。坚持以可操作和有效性为前提，在挖掘项目的基础上，既关注当前的教育教学，又用发展的眼光整体变革。

图6-6 学校举办上海市非遗联盟体校研讨会

第五章 工作制度

第十三条 实行例会制度。根据联盟校需要不定期召开工作例会,确定、研究、布置、解决、交流传习基地的阶段性工作。

第十四条 坚持调研制度。通过展示、研讨、交流等途径,加强调研,深入了解情况,掌握第一手资料,创造性地开展工作。

第十五条 执行集中展示制度。通过传习基地活动信息的收集和整理,建立"非遗"校微信平台,定期推送,打造品牌,增强知名度。

第六章 保障措施

第十六条 市教委通过相关政策对"非遗"联盟工作委员的工作给予指导与资金上的扶持。

第十七条 学校提供必要的资金保障,支持教师发展工作委员会开展工作,包括组织开展校内外的教育培训和考察活动。

第十八条 "非遗"联盟体工作委员会建立畅通的工作渠道和必要的交流表彰机制。

第七章 附则

第十九条 本章程由上海市"非遗"进校园联盟工作委员会负责修订。

第二十条 本章程自启动发布之日起执行。

（三）辐射引领传承

一方面，建立非遗场馆开放共享的长效机制，培厚非遗传承发展的土壤。节假日、寒暑假定期向社会开放"皮影+"课程场馆，开展亲子活动等体验和辐射社区的传承活动，让更多的人了解非遗项目，使受众面逐年增加，推进非遗拥有更牢固的基础和普及度，涌现更多的非遗传习人。

另一方面，充分发挥联盟体龙头单位优势，每年4月和12月举办全市非遗校工作交流会和非遗教育推进成果展示会，以"项目+"形式组团创新与发展，以此让更多的学生受益，获得更多的非遗文化知识和技艺，体验多样化的传统文化形式，实现区域外联动互助发展机制的形成。以2019年学校组织开展的非遗联盟工作方案为例：

【案例】 2019年上海市非遗基地学校联盟体工作实施方案

在上海市文教结合工作协调小组办公室的指导下，坚持"项目共享、资源整合、优势互补、共同发展"的宗旨，研究和探索"联盟共同体工作发展机制"，创设校际及区域交流环境，推进各非遗校项目在基地学校持续稳步发展，形成联盟体团队效应和品牌特色。本年度工作安排如下：

一、工作目标

（一）落实"项目推进"常态化机制，扩大非遗校项目示范引领和社会影响力。

（二）构建"校际交流"合作机制，加强校际之间"非遗进校园"推进、实施的策略共享。

（三）开展"空中课堂"资料平台建设，实现项目资源远程异地学习交流体验，并形成资源群。

二、重点任务

（一）"项目推进"

1. 责任人：各学校项目负责人

本项目旨在凸显联盟体项目在非遗进校园进程中的示范引领作用，放大各非遗校项目资源和整体效应，实现联盟体组团式发展。

2. 主要任务

（1）共同探索各非遗校开展项目进校园过程中的"六进"工作机制建设，力求在进教材、进课堂、进评价、进网络、进师资、进校外的过程中形成特有的范式和经验。

（2）继续做好每年9月组团式参与上海市中华优秀传统文化教育月活动，推进"1+100"工作机制孵化，充分发挥非遗校示范引领作用。

（3）继续参加大世界非遗教室的公益课程展示及其他社区活动，带动全社会关注非物质文化遗产，营造非遗文化的学习与传承氛围。

3. 组织落实

（1）第1项活动主体为各非遗校的活动负责人。由上海市文教结合工作协调小组办公室统筹，各校负责及时上报和报道专项活动信息，并及时整理活动过程资料。

（2）第2项、3项活动主体为各非遗校的活动负责人，文来实验及封浜高中负责活动统计汇总。

（二）"校际交流"

1. 活动责任人：杨娟、汤元英；各主办校项目负责人

2. 主要任务

本项目旨在促进联盟共同体校际之间"资源共享整合互补"，学习与借鉴各基地校项目实施中形成的经验，获得各基地校提供的项目资源，形成合作交流共同发展机制。本年度主要开展"四个一"活动即一次平台展示、一次"项目传递"、一次"专题研讨"、一次"伙伴结对"，丰富联盟体活动的内涵，提升项目整合融合的力度。

3. 组织落实

（1）"平台展示"主要基于大世界非遗校际展示及9月的主题月活动，向社会展现基地学校开展"非遗进校园"的成果。

（2）"项目传递"活动。承办学校、活动主题待定，活动举办时间和具体内容提前报备，具体通知提前下发。

（3）"专题研讨"活动。此活动由各学校提报计划给文来实验学校，报请联盟成员单位确定主办学校，并负责制定专题研讨活动方案。

（4）"伙伴结对"活动。本年度除了继续开展原有各学校建立的以一带十的项目计划外，重点以"非遗送戏进校园"为主题，开展校际之间项目融合的"伙伴结对"计划，具体结对事宜由各学校自主商定并报给文来实验学校和封浜学校予以汇总。

4. 活动说明

（1）各校临时举办的交流活动，不列入整体计划，由主办学校即时通知，各校自主参加。

（2）各学校负责及时上报和报道专项活动信息，并及时整理活动过程资料（学期、年度）。

（三）"空中课堂"资源平台建设

1. 活动负责人：各项目校负责人

旨在通过多媒体技术支撑，将各非遗校的项目资源及实践体验活动以微课形式呈现，并通过远程互动学习，扩大非遗项目的受众面，一定程度上解决非遗项目因时空限制而带来的局限性。

2. 主要任务

本年度继续以上海市非遗"空中课堂"的评选为抓手，征集各校课程及教学案例、视频，进一步丰富市级非遗教学资源库建设，届时汇总至文来实验学校。

三、基本要求

（一）积极争取上海市文教结合工作协调小组办公室和上海市非遗中心的支持，主动争取区教育局、区文化局等上级业务部门的指导。

（二）采取"活动负责分工协作"方式，实现活动纵向到底、横向链接、责任到人、具体落实。

（三）不断改善和优化工作活动机制，努力实现简约规范有序常态化工作管理。

在建章立制的基础上，联盟体积极探索学生中华优秀传统文化课程体验的丰富性和多元化，积极构建非遗联盟体的团队效应和品牌效应，开展校际间项目共享与辐射的实践，打造联盟辐射的项目品牌。以2019年1月7日开展的"送戏进课堂"联盟体项目实践活动为例——

【案例】　"文化在这里生长"

——文来实验学校开展"送戏进课堂"非遗进校园项目实践活动

● 杨娟

弘扬和传承中华优秀传统文化，是"文化中国"的重要内容，也是每一所学校教育的核心。"非遗进校园"的举措，将"文化传承"的使命交给了学校、交给了学生。

2015年5月18日，在上海市文教联办公室秘书长邹竑的亲自牵头和指导下，上海市中华优秀传统文化研习暨上海市非遗传习基地联盟正式组建。截至目前，上海市文来实验学校承担联盟体45家基地学校的项目实施日常协调工作。如何让项目组合式发展，发挥项目的最佳效应，一直是联盟校积极探索并为之实践的内容。

2019年1月7日，文来实验学校举办"送戏进课堂"非遗进校园项目推进活动，就是基于学校"关爱融合"的办学理念，基于以学校特色项目"皮影+"为特征的非遗校本课程的拓展，基于创设学生在多元、丰富的时空里近距离学习和体验中华优秀传统文化，并有效形成市级其他非遗学校的项目资源的联结点，从而实现联盟体工作目标："合作共享，共生同长"。

活动一:"送戏进课堂"

表 6-5 活动内容

序号	班级	班主任	送戏学校及项目名称	上课教师
1	一(1)班	罗杰	上海市松江区新浜学校(花篮马灯舞)	李其华 李艳
2	一(2)班	杨小娟	敬业初级中学(诗书雅韵)	苏敏
3	一(3)班	乔许芸	明珠小学(竹韵)	徐志荣 韩鹤立 余梅芳
4	一(4)班	徐超逸	北新泾二小(撕纸)	傅凤
5	二(1)班	杨芳	裕安小学(崇明童谣)	沈伦
6	二(2)班	张黎	石笋中学(锣鼓书)	蒋潘越
7	二(3)班	陈佳毅	七宝镇明强小学(皮影)	郭芳
8	二(4)班	陶晓华	闵行区青少年活动中心(中华小龙人)	唐月红
9	三(1)班	朱黎萍	泗泾第二小学(面塑)	贾冬妹 张旭婷
10	三(2)班	蒋启莹	联丰小学(龙狮)	瞿蓓懿 唐建军 董金悦
11	三(3)班	幸灵芝	上海市陆行中学南校(江南丝竹)	吕宁来
12	四(1)班	施云娟	教育学院附属实验小学(丝竹)	周灵斐
13	四(2)班	夏明贺	向化小学(灶模拼装)	陈锦娟 陈鸽
14	四(3)班	金艳	清华中学(上海灯彩)	彭红艳
15	五(1)班	王玉珏	建设中学(扁担戏)	张维国
16	五(2)班	孟晨	小昆山学校(编织)	张志芳
17	五(3)班	赵佳睿	堡镇第二小学(扎染)	陆静 苏富强
18	五(4)班	郑狄芳	上海市兴业中学(剪纸)	刘琤 汪巧妹

这里的每一节课程都是一门精品课,每一节课更是一个学校的文化特色。文来实验的孩子们真是大开眼界、大饱眼福。

活动二：经验分享

来自闵行七宝明强小学校长郭芳、黄浦区敬业初级中学校长苏敏、徐汇区吴中路小学校长黄丹等领导分别以"走近七宝魅力皮影，传承非物质文化遗产""'文化的力量'实现学校发展""茶韵飘香"等3个主题介绍了在"非遗进校园"的进程中，秉承"坚守与创新并重"，积极探索"进教材、进课堂、进评价、进网络、进师资、进校外"六进工作机制所取得的工作经验及各项成效。围绕学校的办学理念，顶层设计项目，呈现整体性、系统性、层次性，体现项目的时代性、发展性、育人性，这是3所学校以及与会项目学校的共识；让学校有"传统文化"的味道，让非物质文化项目焕发持久的生命力，更是每一所非遗基地学校积极探索并努力的方向。

活动三：2019年工作思路讨论

在研讨会的最后，对新年度的工作任务进行了讨论，着重在落实"项目推进"常态化机制，扩大非遗校项目示范引领和社会影响力；构建"校际交流"合作机制，加强校际之间"非遗进校园"推进、实施的策略共享；开展"空中课堂"资料平台建设，实现项目资源远程异地学习交流体验，并形成资源群3个方面进行全面实施与推进。

让越来越多的学生了解、喜欢、学习并掌握1~2门中华传统文化艺术，是联盟体各学校努力要做并持之以恒要做的一件事。

"合作共享，共生同长"，让传统文化在更多的校园里生长，让更多的学生在传统文化校园里健康成长！借助于更多的社会资源，将学校"非遗"体验馆建成学生研学实践基地，同时与区域内的中小学组建联盟，将资源辐射到其他区域和学段的学生，实现资源共享，促进学生全面发展。这是学校坚持组团辐射、在非遗保护与传承方面努力的方向。

第七章

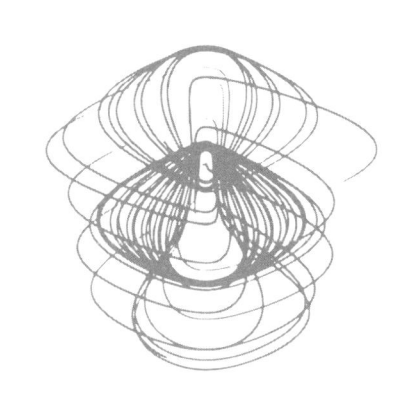

创新融合：筑牢非遗文化的传与承

中华优秀传统文化已经成为中华民族的基因，根植于中国人内心，潜移默化影响着中国人的思想方式和行为方式。习近平总书记曾指出"中国传统文化博大精深，学习和掌握其中的各种思想精华，对树立正确的世界观、人生观、价值观很有益处"。习近平总书记又强调对传统文化坚持取其精华、去其糟粕、批判改造、推陈出新、古为今用的方针，强调将"中华优秀传统文化创造性转化、创新性发展"摆在突出位置，推动中华优秀传统文化与时俱进，焕发新的生机活力。

因此，在非遗保护中，我们认为应该将传承与发展两手抓。一方面，尊重非遗传统手艺的核心价值，保护并传承非遗的精髓；另一方面，与当下审美相结合，加以对应的改变创新，融入现代生活，吸引学生的喜爱。只有这样，才能既保持非遗原本的精髓，又能随着时代的发展而不断地演变。

基于这样的认识，我们在传承上既做减法，也做加法，也就是说既要发扬其传统文化内涵的价值特征，又要吻合时代发展特征，进行系统的梳理筛选，既融入现代元素又摒弃陈旧的内容，这样的项目推进才能有生命力。

第一节
工艺材料做减法

吴文科在《非遗如何"进校园"》一文中指出，非遗保护的理想初衷是保护人类文化多样性及重建正确文化价值观的崇高追求，这决定了只有在学生的心里播下保护非遗的良好种子，建构非遗传承的长效机制，才是保护非遗最为深刻和有效的绝佳办法。非遗项目进课堂后，老师和学生与时俱进，积极参与改进非遗项目的学习样态、传承样态及创作方式的实践，使之成为学校非遗传承的新亮点。以皮影戏非遗为例，我们进行了以下两项内容的创造性变革。

一、工艺材料的"重选"

顾名思义，皮影采用皮革为材料制成，出于坚固性和透明性的考虑，又以牛皮和驴皮为佳。一个皮影的制作通常要经过选皮、制皮、画稿、过稿、镂刻、敷彩、发汗熨平、缀结合成等8道工序。这是一项复杂的制作技艺，要求制作者具备扎实的绘画功底和高超的雕刻技巧，显然这样的工艺技巧对学生有一定的难度，不太适合学校日常的普及教学。

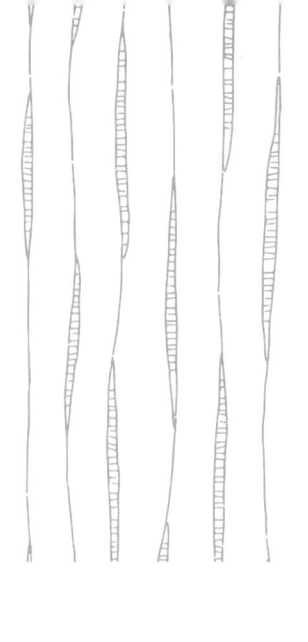

因此，我们先从皮影道具原来采用的材料——驴皮工艺入手，进行改革实践。经过多次反复研究与实验，最终选择和确定新的透明塑料、彩色有机板等，并用剪纸艺术做成皮影道具替代驴皮皮影。学校专门聘请剪纸老艺人，负责皮影道具的制作，美术老师、劳动老师参与画、刻、制作等工艺，学生也在老艺人的指导下，共同参与新型皮影道具的设计和制作。这道减法看似有点"自讨苦吃"需要费时费力，实则增加的是学生保护动物的意识、爱惜自然资源和参与实践与体验的过程，尤其是新型材料结合时代发展的特点，制作而成的皮影道具新颖、有趣和生动，对学生来说，非遗传承的创新发展的教育意义不言而喻。

二、演出舞台的"重建"

在实践中我们发现,传统演出舞台对空间有一定的要求,这也造成了皮影戏演出的局限性。因此,我们尝试改变传统意义上的"大舞台"概念,将原来传统的大舞台变成桌上皮影演出台,一个学生就可以轻轻松松拿起,没有场地限制,随时随地可以进行表演。在此基础上,以班级为单位开展 DIY 皮影演出台的创作,做成一个个便携式的皮影小舞台套盒,提高了皮影的可操作性,让学生在家里就能够参与亲子皮影戏的演出,感受皮影的乐趣。这种以"小舞台"的主旨让皮影戏走进每个班级、走进家庭,更契合当下时代的观众需求,也更有利于传统文化艺术的传承与发展。

图 7-1 "桌上"皮影舞台

第二节
演绎内容做加法

非遗进校园活动不仅普及了非遗知识,扩大了非遗的社会影响力,更拉近了非遗与青少年的距离,对激发他们的文化认同与文化自觉产生了深远影响,有力推进了非遗的传承发展。我们意识到非遗进校园的重要性与紧迫性,就要不断创新工作方法,摒弃流于肤浅的表面工作,结合本地非遗资源,切实将开展好非遗进校园活动作为非遗传承工作的支撑点与着力点,最终让非遗在校园扎根,走进青少年的心灵。

传统皮影戏的演出剧本和表演形式对学生来说,有新鲜感但缺乏一定的持久性。如何跨越传统艺术的门槛,与现代艺术有个无缝对接,让学生乐于接受,让皮影戏"生活化",是我们在传承创新中一直思考的问题。经过探索—实践—反思—再实践的过程,我们从以下 4 个方面进行了改革创新。

一、对皮影调进行改编

皮影戏表演时，艺人们在白色幕布后面一边操纵影人，一边用当地流行的曲调讲述故事，同时配以打击乐器和弦乐，有浓厚的乡土气息。这些曲调对现在的学生来说有一定的年代感。因此，我们在继承传统的唱腔基础上，与时代结合，加入了现代音乐的元素，贴近学生的实际生活，比如学生喜欢的流行音乐、现代歌舞的优秀音乐，使皮影戏这门古老的技艺散发灿烂的新韵，真正成为学生的皮影戏。

二、改变皮影戏演出乐器的单一性

结合学校已有的资源，在皮影戏演出中加入阮乐、笛子、古筝等其他传统乐器。这项改革既较好地延续和保留了传统艺术（皮影和阮乐等乐器）的各自特质，又最大限度地融合了几大传统艺术的内在魅力，增强音乐伴奏的丰富性，有其深远的推广价值。

三、丰富传统皮影戏表演语言

皮影戏有其独特的特点，它的简洁性、艺术性，是其他任何形式所无法替代的。但如何让这门古老的艺术大放异彩，不断传承，是我们在实践中重点思考的内容。我们尝试用英文去演绎古老的皮影戏，还加入沪语（本地话）来创编皮影戏。其中的本地话皮影戏，学生们请教家长来共同表演，这也是家校携手的一种文化传承的方式。

四、用一种"非遗"讲述另一种"非遗"

在实践中我们发现，皮影戏剧本内容基本上是古代的历史戏、神话戏，对学校来说，不仅要继承这一传统的方式，在剧本内容方面也要反映现代生活的剧本，用这古老的、简单的艺术形式呈现校园新生活、社会新变化。

以学校开展的特色课程节气皮影戏的创作为例：我们以"关爱红、融合蓝"课程吉祥物（红红、蓝蓝）为原型创作皮影戏主题人物，师生共同创编以皮影戏的方式来学习体验二十四节气。通过"红红、蓝蓝"来讲述节气知识、习俗特点、时令美食，创编节气皮影戏，既系统感悟记忆农耕文化，又增强非遗学习的趣味性。其中，"红红、蓝蓝"讲述的节气皮影戏系列，将以微视频形式带动更多的学校参与，带动家庭、社区共同参与。2023年4月，节气皮影戏荣获闵行区特色课程。

【案例】　《立春》节气皮影戏微课教学设计

表 7-1

学校	文来实验	班级	六年级	学科	拓展课
课题	节气皮影戏：立春	教时	1	执教人	朱君	执教日期	2021 年 11 月
教学目标	1. 通过立春场景的白玉兰、学校红红、蓝蓝皮影人物的制作了解立春节气的相关知识和习俗 2. 以小组合作的方式，学习制作皮影戏的基本方法，掌握制作皮影的劳动技能，提升动手制作的劳动能力 3. 在剪、做、编、演的动手实践中增强对节气的理解，培养劳动意识，养成劳动习惯，在自然与人文的融通中从小根植"劳动创造美好生活"的理念					
教学准备	红色宣纸、剪刀 / 刻刀、小电钻、缝衣针、蜡线、粗细适中的竹竿					
教学过程					

教学环节	内容	教师活动	学生活动	设计意图
一、导入环节	立春节气引入	2022 年 2 月 4 日，第二十四届冬奥会开幕式在北京体育场拉开帷幕，开场第一个节目： 二十四节气倒计时——"立春"震撼全场。 思考：同学们，立春有什么特点？	生答：立春是二十四节气之首，说明春季开始，可以外出春游	以奥运会中立春节气的开场作为引入，引起学生的兴趣，激发对节气的好奇
二、立春之花	白玉兰的故事	思考：说立春，先来说说与立春有关的花。这是什么花？	生答：这是白玉兰	以学生身边的花为引，展现立春节气的植物代表，激发学生主动观察自然界中花卉植物的生长与节气的关系，巩固节气知识学习
		过渡：每到立春，白玉兰在上海街头绽放，它已成为上海城市精神的象征。今天我们就来剪剪白玉兰吧		
	剪影白玉兰	做一做：剪 步骤 1：折纸。选用特制的红色宣纸，折叠、压扁、压平，尽量压得实一些 步骤 2：画图。在红纸上画出白玉兰的轮廓，要注意细节 步骤 3：剪镂。沿着画线部分，剪掉不需要的部分。这里要注意：剪的时候慢一点，这是整个制作过程中最重要的步骤，关系到作品制作的成败 步骤 4：贴裱。剪好以后，将作品进行细心的贴裱	做一做：同学们剪剪立春之花——白玉兰	利用皮影工艺，感受动手过程中所带来的快乐，也从立春之花的细节处理中，学习皮影戏创作方法，感悟节气之美，积累劳动技能

续表

	教学过程			
教学环节	内容	教师活动	学生活动	设计意图
三、立春之影	立春皮影道具	做一做：拼接制作 创作皮影道具，先要准备好工具：剪刀、小电钻、缝衣针、蜡线、粗细适中的竹竿 制作时有两大要点： 1. 图片裁拼。将塑料片上的皮影人物部件沿边线用剪刀裁剪，剪刀要顺势而为，不能拗来拗去，否则会拗断塑料片，造成人物伤残。然后把剪下来的图片准备拼接，拼接时定位要准，涉及人物的，要注意关节的灵活性，否则会影响操作效果 2. 道具缝制这里需要钻孔、穿线、打结、安装操作杆等过程，需要同学们耐心和细心。这样才能创造出一个精美的皮影戏人物	做一做：制作立春节气的皮影道具	在学会剪纸的基础上，利用制作皮影道具，感受皮影戏艺术的魅力，体会劳动带来的快乐，从而了解皮影文化，感受工匠精神，提升劳动实践技能。
四、立春之演	演绎立春节气	同学们，通过画、剪、做，已完成"立春"场景创作。现在，我们来演一演	生1：我是红红 生2：我是蓝蓝，欢迎来到"节气说" 生1：立春，小燕子从南方飞回来了 生2：柳树长出了嫩芽，上海植物园的白玉兰花可美了，我们一起去看看吧	通过自己动手完成皮影道具制作到了解节气知识进行演绎，以节气＋非遗艺术的方式让学生在创新方式中学会劳动技能，感受劳动魅力，提升劳动素养
小结	说节气皮影劳动	老师想问大家，今天这堂课你学到了什么？ 师：同学们说得很好，节气是古代劳动人民在长期劳动生活中总结出来的经验，今天我们用皮影戏来讲述节气，这也是一种劳动的创造。 一年之计在于春，立春节气还有习俗、农时安排和时令美食，请同学们就以此再创作一出皮影戏，我们下期见	生1：学到了节气的知识 生2：我学到了怎么做皮影、演皮影戏 生3：我体会到了动手创作带来的快乐	
作业设计	立春节气还有习俗、农时安排和时令美食，请同学们制作立春节气美食、体验节气生活，并创作节气故事进行皮影戏的展示表演			

第三节
传承形式做乘法

非遗保护传承，重在融入现代生活。传统与现代并不矛盾，它可以成为创新的资源、思想和文化的源头活水。然而，有些非遗项目因为形式较单一、年代久远，与当代学生似乎有一层隔膜，缺乏相应的传承人。当代非遗项目生存出现困难的一大原因，就是其不能就当代社会特点而做出适应性的改变。如果从这个角度出发，来探讨非遗的当代保护工作，我们所需要做的，便是要结合现在的社会发展特点，去营造一种适应于非遗当下生存的自环境。只有当非遗在这种新的自环境中重新得以自给自足地生存下来的时候，非遗保护工作才算取得根本上的成功。因此创新发展是我们在非遗传承实践中研究的重要方向。

基于这样的认识，我们开展"非遗与劳动"的创新发展，研发和推进"跟着节气去劳动"的校本实践，开启"文化育德，劳动修身"的实践探索，通过每个学生都能参与的劳动触发全体学生对传统文化的热爱与自觉传承。

一、创新背景

作为上海市"非遗在校园"的示范学校，10年的"皮影+"非遗实践，既探索和积累了非遗传承的学校经验，又找到了一条以非遗为载体，开展劳动教育的独特实施途径。二十四节气是我国古代的一项创造发明，它不仅是指导农耕生产的时节体系，更是包含丰富民俗事象的民俗系统。自古以来，古代的劳动人民就有"跟着'节气'去劳动"的传统，春播、夏管、秋收、冬藏依照二十四节气来安排。所以，二十四节气的独特性，为学校提供了内容丰富、形式多样的劳动素材，也为学生参与劳动构建了"一年四季"的实践内容。

因此，挖掘节气劳动要素，融合新时代劳动教育精神，研发"跟着节气去劳动"的实践课程，探索具有中国特色的劳动教育模式，这是当下学校"五育并举"的一项重要举措。

二、具体举措

（一）两个维度，一体化定位节气课程

以"节气"为核心，在纵向上强调九年一贯低、中、高三段的贯通性发展进阶；在横向上将"节气"与相关文化链接、融统，按"春夏秋冬"时间顺序架构"24+X"劳动内容，由此建构纵横一体化"跟着节气去劳动"的校本课程框架。

1. 基于"九年一贯"，强调劳动适应性

聚焦学生差异，遵循劳动体验为主、知识传授为辅的实施原则，从节气与农业、节气与民俗、节气与观察、节气与居家生活等4个角度，研发形成"节气之本、节气之义、节气之道、节气之美"等4个模块框架（见表7-2），既有内容上的衔接，又分三段循序渐进，指向每个阶段不同的劳动素养培育。

表7-2 "跟着节气去劳动"课程系统架构

课程	课程目标	年段	劳动内容	实施形式	劳动素养
节气之本（生命教育）	成为学节气、知节气、懂节气的参与者、实践者	低段	1. 节气知识普及 2. 认养植物记录 3. 节气美食品尝	课堂教学 劳动基地参观 家庭节气劳动	表达参与节气种植的劳动意愿，懂得"一分耕耘，一分收获"的道理
		中段	1. 学习烹饪方法 2. 制作节气美食 3. 校园果树养护	课堂教学 社团活动 家庭节气劳动	掌握种植的简单劳动技能，体会不违农时的思想和参与劳动的辛苦
		高段	1. 农作物种植体验 2. 营养午餐研发 3. 劳动小能手比赛	课堂教学 农科院实践 家庭节气劳动	具备一定的农业生产知识和劳动能力，养成热爱劳动、关心农业发展的意识
节气之义（民俗教育）	成为了解节气习俗、节令仪式的学习者、体验者	低段	1. 学习节气习俗 2. 搜集民俗内容 3. 参与节气活动	课堂教学 社团活动 节气文化节	参与创作与节气相关联的手工作品，养成乐于动手、积极动脑的劳动态度
		中段	1. 参与民俗讲座 2. 节令手工制作 3. 节令活动探究	课堂教学 社团活动 民俗节日研学	掌握二十四节气的民俗文化内容，培育传承文化、创新劳动的意识
		高段	1. 传统节日体验 2. 民俗文创作品 3. 设计节气活动方案	课堂教学 社团活动 民俗活动展示	理解民俗文化的地域性和差异性，创作节气手工艺作品，树立时代劳动精神

续表

课程	课程目标	年段	劳动内容	实施形式	劳动素养
节气之道（科普教育）	成为掌握节气科学的观察者、求证者	低段	1. 节气科学普及 2. 观察植物变化 3. 记录气候特征	课堂教学 社团活动 科普馆参观	学会表述四季变化气候特征，初步养成科学观察和求知探索的意识
		中段	1. 观察季节变化 2. 节气现象探究 3. 参与测量试验	课堂教学 科普社团实践 科普场馆研学	体会古代劳动人民的节气"生存智慧"，培养科学分析和研究归纳的能力
		高段	1. 制作节气植物图谱 2. 分析节气现象特点 3. 参与节气变化考证	课堂教学 科技节活动 节气场馆探究	掌握节气时间节点要领，树立用辩证眼光去发扬传承节气文化的科学观
节气之美（生活教育）	成为节气"生活美学"的探究者、创新者、传播者	低段	1. 节气生活知识学习 2. 生活自理技能培养 3. 节气生活场景布置	课堂教学 社团活动 场馆参观	知道节气赋予现代生活的指导意义，掌握清扫地面等简单生活劳动技能
		中段	1. 制作"立夏饭"等 2. 开展"斗蛋"游戏 3. 居家节气生活体验	课堂教学 节气主题实践 节气家庭作业	运用节气知识解决不合理的生活方式，养成尊重自然、尊重生命的生活态度
		高段	1. 参与节气服饰创作 2. 编写节气生活童谣 3. 创作节气生活场景	课堂教学 社团展示 节气家庭作业	学会跟着节气安排饮食起居，掌握感应自然、顺应四时的劳动生活技艺

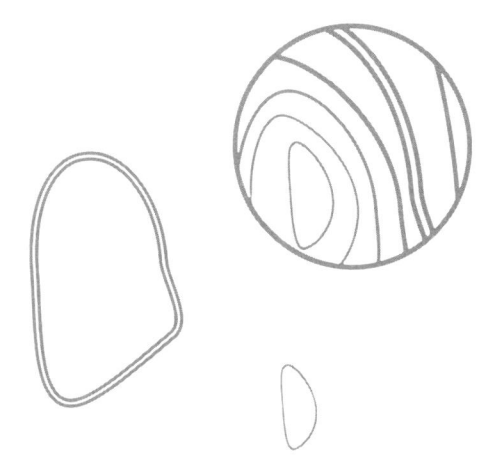

2. 基于"节气"，突出课程延续性

我们强调课程的"应时而动"，重视每个节气的特征属性，以"生活根·实践魂"作为节气劳动教育的应然主张，以每个"节气"为一个劳动单元，从节气美食、节气习俗、节气农业、节气生活等入手，实施"24+X"节气劳动实践清单（见表7-3），让课程有选择性、劳动形式有多样性、劳动内容有趣味性。

表 7-3 "清明"节气劳动安排

劳动内容	课程目标		
	低段（一至三年级）	中段（四至六年级）	高段（七至九年级）
吃青团，知习俗	1. 观看并参与做青团 2. 知道吃青团的寓意 3. 讲讲清明节的故事	1. 参与青团制作 2. 查阅吃青团的意义 3. 清明习俗有多少	1. 学会青团制作 2. 研究做青团可用植物 3. 分析青团的营养价值
养植物，有担当	1. 学习多肉类植物知识 2. 开展多肉类植物栽培养护 3. 分享多肉类植物栽培技巧	1. 了解盆景相关知识 2. 学习盆景养殖方法 3. 盆景搭配展示评选	1. 校园花木领养及养护 2. 梳理花木种类制作铭牌 3. 参与花木知识比赛
做风筝，懂科学	1. 观看风筝表演 2. 清明踏青活动 3. 绘制清明放风筝画	1. 参与学习风筝制作 2. 讲讲放风筝寓意 3. 学会放风筝	1. 独立完成风筝制作 2. 探究制作风筝原理 3. 制作皮影风筝
学养生，爱生活	1. 学习清明古诗 2. 跟着天气穿衣服 3. 寻找清明节的花	1. 了解倒春寒的来历 2. 品鉴清明茶 3. 学习布置居家环境	1. 记录清明雨水变化 2. 知道清明春耕忙的寓意 3. 参与居家环境美化

（二）四项策略，一体化践行节气课程

学科渗透：强调每周一课时的落实，通过基础型课程中的节气元素整合、拓展型课统整、主题实践活动抓专题，形成跨学科节气教学内容（见表7-4）。

表 7-4 节气学科教学内容（节选）

学科	主题	内容示例
语文	节气诗词	品读《清明》："清明时节雨纷纷，路上行人欲断魂；借问酒家何处有，牧童遥指杏花村。"感受作者的借景抒情之意，感悟作者描绘的清明时节独特的场景之美
科学	四季现象探究	夏至观测日影活动：选择合适的工具和方法测量日影长度；秋分时求证昼夜长短的一致现象做比较试验等，培养学生跨学科的研究能力
美术	寻找色彩之美	手绘春天：引导学生发现春天的色彩，并绘制成画交流分享
地理	节气与天文	小满与天气：从小满与降水、小满与气温等角度了解节气的重要性，并学会画出二十四节气图
历史	节气歌里的秘密	融音乐与历史探究节气的由来及发展
自然	"押花"书签	融自然与美术，跨学科启发学生在日常生活中取材，发现美、创造美
劳技	烹饪"菌菇"	融自然与劳技学科，以劳润德，以劳启智

环境支撑：利用校园空间整体建造"四季"劳动场景，校外与农科院等农业基地合作，架起学生与节气沟通互动的桥梁，让劳动跟随四季变迁动态性发展。

三级联动：设计"节气家庭作业"（见表7-5），将节气劳动与家庭教育、社区教育联结，形成"节气教育合伙人"机制，增强节气劳动的持久性。

表7-5 "节气家庭作业"暑假清单

节气内容	年段		
	低段（一至三年级）	中段（四至六年级）	高段（七至九年级）
小暑	1. 了解小暑"食新"习俗故事 2. 知道小暑晾晒活动的意义 3. 学习小暑养生知识	1. 与家长一起制作"小暑食新米"美食 2. 参与家庭晾晒书籍活动 3. 与家人练习毛笔字，养心静气	1. 为父母长辈制作小暑美食 2. 与家人一起整理需要晾晒的物品 3. 为家人制作养生茶
大暑	1. 了解大暑"三伏"习俗 2. 观察雨后的小动物 3. 绘制解暑画作	1. 与家人一起晒伏姜、做伏茶 2. 学习大暑古诗词，给家人作讲解 3. 制作解暑神器	1. 与家人一起去菜场购买苦瓜，制作苦瓜美食 2. 与家人一起种植萝卜，建一个"微"菜园 3. 为家人制作解暑美味"绿豆汤"
立秋	1. 了解并体验立秋"啃秋瓜"习俗 2. 与家人一起体验丰收的喜悦 3. 利用植物绘制立秋画作	1. 与家人一起晒秋、贴秋膘、啃秋。 2. 与家人一起水培小麦或豆芽 3. 与家人一起制作秋葵美食	1. 与家人一起去菜场购买西瓜，体验"啃秋"的快乐，并将快乐传递给身边的人。 2. 为家人制作"贴秋膘"的美味佳肴 3. 与家人一起体验收获的喜悦
处暑	1. 了解并体验处暑"祭祖迎秋"习俗 2. 与家人一起制作河灯 3. 学习农用劳动工具作用	1. 与家人一起制作"鸭"美食 2. 与家人一起体验除草的快乐 3. 观察植物生长并完成植物生长小妙招	1. 为家人制作酸梅汤 2. 参加家庭大扫除，打扫厨房，晾晒被褥 3. 为家人制作清热安神养生茶

知行合一：通过设置"学农章、民俗体验章、小小观察员章、小小生活家章"，以《节气知行评价手册》，贯通年段、跟踪评价。学生带着节气劳动任务，体验特定情境，全员参与"节气劳动小达人"展示，体现"展示即评价"的课程评价理念。

三、取得效果

"应节而生、因气而动、顺势而教、随时而评",这是我们以节气撬动劳动教育的新变革,形成了4个方面的新样态:

(一)劳动仪式化

节气特有的文化特征赋予了节气课程的文化氛围。一年24个不同的节气主题,让学生在四季里寻找、体悟劳动之美。

(二)空间课程化

"节气楼、空中花园、百菜园"等校园实景的劳动探寻诠释了"空间即课程"的深刻内涵。

(三)内容匹配化

通过不同年级设置不同的劳动项目,学生的认知水平与劳动任务相一致,实现了每个教育对象都有发展区。

(四)课程综合化

通过挖掘节气中蕴藏着的"大科学""文化艺术"等元素,形成学生所喜欢的校本劳动课程,增强了学生对劳动价值的高度认同,实现"五育并举"的互融共生。

从课堂育人到开放育人,从书本育人到生活育人,从知识育人到实践育人,在课程节气育人模式的转换中探寻培育学生劳动素养和文化认同的校本实践,激发学生热爱祖国传统文化的兴趣和爱好,非遗传承和劳动育人都有了一条新途径。

"让非遗向未来延续"。立足传统文化的"根"和"魂",给传统非遗赋予新形式新内涵,让非遗接地气、聚人气、有新意,让学生的健康成长注入强大的精神力量,从"非遗小小传人"成为新时代的"劳动小达人"的培养,赋予了非遗传承的新的生命力。以下摘录学校开展的"非遗+劳动"的实践内容:

【案例】 基于学校劳动教育的非遗项目的探索实践
——以"跟着节气去劳动"为例

朱伟强 万虹婧

二十四节气是中国人发明的一种时间刻度,和自然有着密切的联系。每一个节气都与天文气象、农业生产、人文风俗有着密切的联系,蕴含丰富的劳动教育内涵。遵循二十四节气里的大自然时序,挖掘节气文化以及与节气相关联的民俗、农耕、饮食、科学、文学等内容,探索和形成具有"中国韵味"的校本劳动课程,以此构建具有中国特色的劳动教育模式,是当下学校开展"五育并举"的一项重要举措。为此,文来实验学校积极研发"跟着节气去劳动"的校本课程资源,融合二十四节气元素,打通将非遗元素融入学生实践的新时代劳动教育通道,丰富"皮影+"非遗文化校园内涵,实现学生文化自信增强、劳动素养培育、"五育并举"举措再上一个新台阶。

一、项目概述

本项目围绕"劳动"的核心要素,以一根主线(即"二十四节气"),聚焦"脑力+体力"两个维度,从"低、中、高"三个年段,设置"知、探、学"三个螺旋上升的节气劳动任务清单,反映劳动的社会性和实践性,打造形成学校"传统文化底色丰富多元选择"的"节气+"劳动特色项目。

二、项目实施

学校邀请上海向明中学创造学教师黄曾新为"节气+劳动"教育顾问,指导开设节气类研究和实践课程,比如奇妙的二十四节气、节气与农时、节气中的习俗、节气皮影剪纸、节气里的古诗词、节气与美食、节气里的科学等,在节气的探索中,体验中国传统文化的魅力,培养学生的劳动兴趣、培养劳动能力。

(一)分学段目标要求与课程安排:以节气与美食为例

1. 第一学段:一至三年级

表7-6 节气与美食(1)

二十四节气美食		中华(家乡)美食	
目标要求	课程安排	目标要求	课程安排
了解各个节气食物的来历与传说故事,初步知道二十四个节气不同的食物与气候的关系;能够和父母一起参与每个节气食物的制作过程,懂得珍惜大自然的馈赠,初步感受烹饪食物的快乐	按节气时间参与每一个节气的劳动内容,完成节气美食任务。比如,立春节气,要求每个人都要了解"咬春"的来历;在家人的帮助下,知道制作春饼的过程及注意事项,品尝"春饼"美食,说出春饼的特点,完成节气美食拍摄制作,并与同伴分享交流	了解中国的美食文化是对世界饮食文化的伟大贡献,知道家乡节气美食的特点,通过父母帮助参与简单的美食制作,比如择菜、洗菜等美食加工的劳动,观察和记录父母或长辈每周食物菜谱的搭配,初步懂得蔬菜等食物的营养价值和科学合理饮食的重要性	按地域性分布初步了解中华食物的分类,比如中国八大菜系的内容与特点;初步探知不同地区不同美食的烹饪特点及所需要食物的器皿种类,参与父母及家长制作每周菜谱的过程,完成美食图片拍摄任务,并与同伴分享交流

2. 第二阶段:四至六年级

表7-7 节气与美食(2)

二十四节气美食		中华(家乡)美食	
目标要求	课程安排	目标要求	课程安排
熟悉二十四个节气不同的食物与气候的关系,懂得节气食物的寓意;在父母帮助下尝试按照每个节气的特点制作节气食物,初步学会传统工艺制作传统食物的过程,感受劳动所带来的快乐体验	结合二十四节气的特点,按每个节气主题,完成美食劳动过程的每一项任务。比如,夏至节气,每个人都要说出"吃面"的寓意,在家人的指导下完成"学和面、擀面条、制彩色面条、煮面条、品面条"的劳动内容,完成美食制作的心得体会,参与全班评选	学会用简单的烹饪器具和烹饪方法制作具有家乡风味的食物,满足日常的基本饮食要求,知道中华八大菜系中食材的来源及食物所需要的气候环境,根据家人要求设计一份午餐或晚餐的营养菜谱,初步建立健康饮食的概念,正确认识烹饪劳动的价值与意义	以"我会做早餐""我知道的中国菜""秀秀我家的菜谱"等活动实施本项目劳动任务,撰写中国古代不同食物器皿特点、烹饪方法及发展的探究报告,尝试制作一份春、夏、秋、冬四个不同季节的营养饮食菜单,并与同伴分享交流

3. 第三学段：七至九年级

表 7-8 节气与美食（3）

二十四节气美食		中华（家乡）美食	
目标要求	课程安排	目标要求	课程安排
知道古代与现代在传统节气中烹饪器具的不同点，了解制造工艺发展对食物的影响与作用；独立按照要求制作每个节气食物，感受古人的劳动智慧与节气文化的魅力	以"我的节气我来做"为主题，开展节气美食的劳动任务。比如，冬至"吃饺子"，每个学生独立完成饺子皮、饺子馅的制作，研究饺子的包法并完成制作过程的视频拍摄，参与全校劳动小达人技能比赛	根据家人的实际情况设计菜谱，合理搭配饮食，在食物制作过程中进一步掌握日常烹饪技能，学会制作家乡特色美食，感受中华饮食文化的魅力，理解每个节气对食材的影响，懂得劳动创造美好生活的道理	选择中华美食（八大菜系）、各地的地方菜、网红餐厅打卡为主题，采取调研及实地体验相结合的方式，开展劳动实践任务。结合调研结果，围绕"中华美食""家乡美食""我家的美食菜单"等3个内容，开展"我是小小美食家"的评选活动

（二）"跟着节气去劳动"校本课程的实践：以"小暑"节气为例

1. "跟着节气去劳动——小暑"学生实践活动设计

表 7-9 学生实践活动设计表

劳动项目	内容	一至三年级	四至六年级	七至九年级
节气与美食	"食新"活动、吃"三宝"活动	学煮新米并品尝分享，品尝鲜藕、黄鳝、蜜汁藕、绿豆芽的美食	学做面条、面饼、包饺子，学做黄鳝、蜜汁藕、绿豆芽的美食	制作节气及本地养生食谱
节气与农业	早稻、春玉米、荷花等的生长记录	搜集小暑节气的农谚和古诗词	观察记录，比如学做绿豆芽的实践过程	尝试盆栽花卉及蔬菜，学插鲜花盆景
节气与民俗	"伏羊"节"晒伏"	收集习俗来历、传说	晒衣曝书活动	各地习俗活动异同探究
节气与观察	伏天现象	寻找天牛、蟋蟀或彩虹	观察记录，雷暴雨天气	分析形成探究报告
节气与家务	"除霉除蚊"行动	了解节气与居家生活的关系	"晒衣服、晒书画"	设计清洁居室、去湿去潮的方案并付诸实践

2. "跟着节气去劳动——小暑"学生暑期实践活动的实施

2022年暑假，我们开启了"跟着节气去劳动"校本教材的实践活动，在学校的精心设计和班主任的组织动员下，每个同学变身"小小美食家、小小气象家、小小科学家、小小养生家"，探究小暑节气的奥秘。

附：

承劳动之美　与节气同行

——文来实验学校"小暑"节气劳动教育实践活动方案

"二十四节气"是古人依据太阳周年运动对地球气候、生物的影响等情况总结而来的知识体系，也是历代官府颁布的时间准绳和指导农业生产的指南针。2022年暑期，文来实验学校将在各年段开启"跟着节气去劳动"的实践活动，每个同学根据自己所在年级劳动任务，探索关于小暑节气的奥秘。

一、分年级主题劳动任务

（一）一年级：节气知识

1. 查阅小暑有什么特点，有什么习俗。
2. 将查到的资料做成节气小报。

（二）二年级：节气与谚语

1. 搜集与该节气相关的谚语2~3条。
2. 抄写搜集到的谚语，并配上跟节气相关的图画。

（三）三年级：节气与古诗词

1. 查阅与节气相关的古诗词2首。
2. 用钢笔或毛笔抄写，并任选一首朗诵节气的古诗词。

（四）四年级：节气与观察

1. 记录该节气的主要天气特点（比如大暑节气的桑拿天现象、台风现象）。
2. 观察与该节气相关联的动植物的生长习性（比如，小暑节气的天牛、蟋蟀等）。

（五）五年级：节气与家务

1. 了解节气对日常生活安排的影响。
2. 参与节气相关的居家劳动（比如小暑节气的防霉除蛀）。

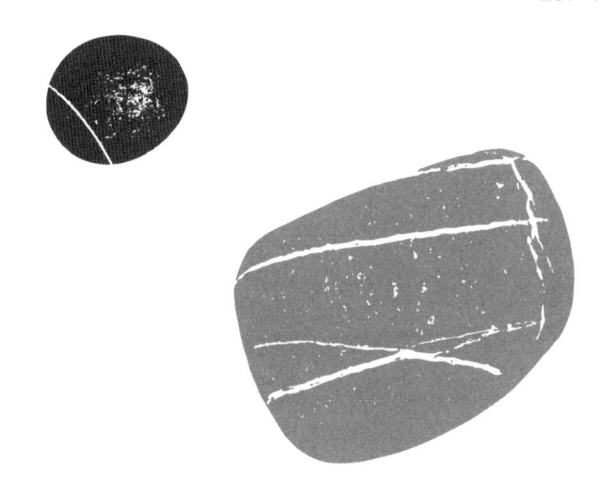

（六）六年级：节气与种植

1. 调研该节气所适宜的农作物或植物。

2. 开展一种植物的种植活动，做好过程性记录。

（七）七年级：节气与美食

1. 了解当季的时令食材种类及各自的营养价值。

2. 根据节气特点，学做一道家乡时节美食。

（八）八年级：节气与健康

1. 调研节气对我们健康生活的影响，制订一份合理的运动健身计划。

2. 设计该节气的一周养生食谱并尝试烹饪。

二、活动组织要求

进行探究实践活动时，遵守防疫要求，由队长、家长志愿者提前联系好场馆，预约进入，确认好活动时间。如受疫情防控等不确定原因，也可改为线上进行。

三、活动中提交作品要求

（一）主题活动作品审核后发送学生发展部邮箱 xuefazhongxin1@163.com，邮件名称以"主题活动＋中队＋姓名＋作品名"命名；负责人：王雪帆。

（二）本次的暑期假日小队活动除参加"跟着节气去劳动——小暑"主题活动之外，大家也可以自主创新或参加社区活动。

（三）假期内至少进行 4～6 次小队活动。每次活动结束后完成活动通讯稿，并附 2～3 张活动图片，由班主任审核后发送至学生发展部邮箱。

四、课程实施效果：以"小暑"节气为例

（一）将"传统文化"与"劳动教育"有机融通

"跟着节气去劳动"校本课程，从二十四节气出发，抓住和引入其"大科学"要素，选择具有文化价值和教育价值的资源尝试融入学校劳动教育的实践课程，有助于增强学生对二十四节气的认识，明白一年四季、一季三月、一月三旬、一日三餐的时间意义，感悟从萌动、生长、凋零到沉潜和等待的生命魅力，激发珍惜时间、热爱自然的情感并转化为保护自然、传承文化的行动力，让节气传统在接力中植根，让劳动能力在自主探究中培育。

（二）将应时而动的节气劳动与日常生活相融合

"跟着节气去劳动"校本劳动教育课程，是集学习、体验、感悟为一体的校本综合课程系统。通过多种方式的认知、多维模式的探究、多种途径的实践，全方面多角度展现节气的农事、民俗、节日、传说、天文气候、谚语和童谣，知道一年四季的变化、万物生长的规律、自然与人的关系，为学生们展现二十四节气的中国文化，让学生们将传统时令文化的学习实践与日常生活中相融合，在应时而动的有节律的生活劳动中，生发劳动兴趣，培养劳动能力、劳动精神和劳动品质。

（三）在"跟着节气去劳动"的过程中帮助学生树立自信心

在跟着节气去劳动的过程中，帮助学生养成是"自信"品质，即引导学生在节气劳动中发现生活的美好，解锁自己的小技能，通过展示与分享，增强每个学生的自信心。

（四）形成了学生喜闻乐见的教育活动框架

学校在组织学生"跟着节气去劳动"的过程中，既开展劳动技能的学习与展示，又组织学生开展有文化品位的探究与展示活动，增加了教育活动的趣味性，也丰富了教育活动的内涵。

经过一段时间的学习和实践，学校将同学们的实践成果，以微信公众号的形式推送给孩子们，并评选出"暑期节气劳动小达人"，将劳动教育的最后一环——劳动评价呈现在学生面前（见表7-10），进一步激发学生参与劳动的积极性。

表7-10　"承节气之美　与劳动同行"——"跟着节气去劳动"劳动小达人获奖名单

主题	时间	中队	姓名
劳动小达人第一期	7月	一（1）班 博雅中队	庄羽菲　邹一铭　陆芊宇　袁宇灿　朱子玥　金妍霖　钱进　冯一夏
		二（1）班 熠熠中队	李清宇　咸思琪　卢雨寒　宗芸钦　王粲程　卓延勋　陈芯蕾　陈梓毅　周泽荣　薄沫妍　徐琳琅　周泽荣　黄咏靖
		三（1）班 萌芽中队	李思妍　杨岚
		五（1）班 智慧龙彩虹中队	徐梓晗　朱思远　李嘉诺　李志涵
		六（1）班 星空中队	赵易、陈浩阳、杨羽城、杨涵月、严皓博、沈逸伦
		七（1）班 鸿鹄中队	齐天小队：张瑀灏（队长）　肖禹辰　周正阳　顾轩　顾浩哲　徐圣涵　赵奕　张淳　钟天昊　万晔昕　吴雨伦　朱家翰 雏鹰小队：王奕坤（队长）　朱家萱　陈思佳　卢思媛　徐乐乐　刘伊　郑王滢　申沁可　吴嘉妮　耿斯祺　顾谦　顾景琦　顾心海　奚洋　程凯　李承泰
		八（1）班 满江红中队	支李熠　李佳熠　崔智轩　金彦梦　张悦洮　曹思齐　唐诗怡　顾钱婧　郝一泽

续表

主题	时间	中队	姓名
劳动小达人第二期	7月	一（2）班 芒种中队	沈云起 金泰宇 王子睿 张诗语 杨梓辰 金晨 陈岩信 刘圣喆 樊丞轩 王亚坤 郑佳燕 孔若歆
		二（2）班 皓月中队	高昱馨 薄昊宇 杨斯瞳 陈昊天 胡晓辰 范芋歆 黄梦琪 翟子韬 常修诚 陈薏骢 唐紫闻 黄一橙 金羽菲 曹顾馨 崔智诺 钱芯媛 郑驿佑 陈致余 张一萌 曹睿达 肖震东 肖缪羿 陈梓骐
		三（2）班 小荷中队	范之蘅 陈星妍 耿佳彤 李晨奕 徐璐雪 张庭郡 蔡希婷
		四（2）班 旭日中队	张浩轩 刘恩露 奉俊豪 张俊晨
		五（2）班 白露中队	王思藤 潘晓谙 钱淳卉 包林灵
		六（2）班 昆仑中队	徐思宸 戴千淼
		七（2）班 星辰大海中队	陆婷婷 张芸珊 戴可欣 张紫妍 朱前昊 姚爱玛 蒋语芊 丁蕊 陆忆斯 谢嘉豪 张郑轩
		八（2）班 沁园春中队	杨鑫乐 张言 黄家淳 钱子奕 孙懿欣 徐乐怡 田甜僖 周钱宸
劳动小达人第三期	8月	一（3）班 旋风中队	陈乾 朱王晨 简守豪 朱敏汐 张佳 仲伟滔 王奕依 张梓玥
		二（3）班 满天星中队	俞懿轩 刘汐楷 董若依 沈子骐 杨进
		三（3）班 翠竹中队	姚苏芯 余玥 戴梓涵 金李昊 顾欣然 何欣妍 张立阳 廉贺竣 张烁祺 沈运徽 徐天艺 侯瑜超 张紫潼 田睿杨 程一智 董佳琰 景言 滕启 潘忆文 王佳希
		四（3）班 繁星中队	周睦迪 梅杰 徐希妍 徐睿宸 陈昊天 杨煜
		六（3）班 博雅中队	蒋欣艺
		七（3）班 开拓者中队	张志宸 姜秉桐
		八（3）班 凌云中队	汤双齐 瞿佳琪 高宇轩 海洋之星小队

续表

主题	时间	中队	姓名
劳动小达人第四期	8月	一（4）班乐知中队	余佳玥 张子博 潘泓君 潘思宇 石梓邦 顾欣妍 赵俊轩 郑李洋
		二（4）班北辰中队	陈后橙 项照芸 刘子卿 陈欣汝 彭乐萱 陶馨莹 郑衣芸 张梓墨 田小王 沈峻丞 印轩宜 杨晨煜 李未央 柳明成 郑予希 张语兮 李思正
		三（4）班青松中队	胡杨子辰 詹胤东 干苡诺 沈凌轩 陆杨 辰星小队： 何祁霖（队长） 李果 张希贤 朱轶诚 杨奕果 张欣悦 赵麟轩 第五小队： 干苡诺（队长） 唐贺芬 孙心 朱可予 陈思雅 徐奕凡 星梦小队： 王曦涵（队长） 朱奕蕾 费辰妍 吴郑宝 单敬轩 徐诗哲 张奕韬
		四（4）班向阳中队	李佑麟、王张翼、张语琪、张逸晨
		五（4）班春晓中队	苏士涵 吴陈炫 徐云泽 杨钰萱 顾岱轩 唐婧琪 张陈雨涵 王彦博
		六（4）班白杨中队	沈翊昕 冯沛琪 姚恺骋 许睿
		七（4）班晨曦中队	谭李乐
		八（4）班崇德中队	陈欣宜 李文俊 陈子萱 张欣辰 朱瑾瑜 杨鑫欢 马伊诺 薄子浩 桂雅琳 景思琦 黄安杰 黄子宣 陈琳 朱程洋

小暑之后的大暑、立秋等节气，文来实验的孩子们在开展"跟着节气去劳动"的实践中又有了新发现、新收获。

"文化育德，劳动修身"，这是我们以节气这一非遗元素撬动劳动教育的创新变革。让传统文化赋予劳动实践新的育人功能，也让非遗传承有了新的载体和着力点。

结语

"每一种文明都延续着一个国家和民族的精神血脉，既需要薪火相传、代代守护，更需要与时俱进、勇于创新。"党的十八大以来，习近平总书记就文化建设提出了一系列新理念新思想新战略，引领中华文化创造性转化、创新性发展，推动中华文脉绵延繁盛、中华文明历久弥新。

对一所普通的九年一贯制学校而言，"非遗在校园"是一个系统工程。十年的非遗实践，我们不只是在做加减法和乘法，更是在做长程设计。加减法和乘法是与时俱进，让学生喜欢上非遗、热爱非遗；长程设计是融合社区、校际、企业和场馆资源，形成多元立体的非遗实践系统，使每一位学生至少在某一方面有兴趣特长并得到长足的发展，以此凝聚形成强大的行动力践行非遗的传承和发展；十年的非遗实践，从一门皮影拓展课，到成为学校的一项重点发展项目，我们探索的是非遗文化育人与"五育并举"的融合之路；从"皮影+"100的课程建构到成为集课堂实施、课程推进、学校育人、学生实践、环境保障、家校社合力、示范引领为一体的"非遗在校园"的示范学校，我们更是探索学生文化自信培育与创造性转化创新性发展的融合之路。

"文化传承"在文来实验的校园已不再是一句口号，而是一件坚持做了十年的事。全校师生积极参与社区、社会等公益活动，通过校际间传习与辐射机制、区域内展示与交流机制、家校课程共享机制使中华传统文化得到创造与传承、创新与发展，为"非遗小传人"的培养创造无限可能。

"既要有传统之魂，又要体现新时代精神"，这是"非遗在校园"的关键。每一项非遗技艺和文化，都经受了时间的磨砺，展现着蕴含其中的中国精神。这种精神融于校园生活，就会生发出新的生命气象，并将影响未来！

非遗无限，传习有道。

图书在版编目(CIP)数据

非遗十年：一所普通学校的文化传承之路 / 朱君主编 .— 上海：上海社会科学院出版社，2023
ISBN 978-7-5520-4238-2

Ⅰ.①非… Ⅱ.①朱… Ⅲ.①非物质文化遗产—文化教育—教育研究—中国 Ⅳ.①G122-05

中国国家版本馆 CIP 数据核字(2023)第 181711 号

非遗十年：一所普通学校的文化传承之路

主　　编：朱　君
副主编：杨　娟
责任编辑：霍　覃
装帧设计：应今隆
出版发行：上海社会科学院出版社
　　　　　上海顺昌路 622 号　邮编 200025
　　　　　电话总机 021-63315947　销售热线 021-53063735
　　　　　http://www.sassp.cn　E-mail：sassp@sassp.cn
印　　刷：上海安枫印务有限公司
开　　本：710 毫米×1010 毫米　1/16
印　　张：15.75
字　　数：210 千
版　　次：2023 年 12 月第 1 版　2023 年 12 月第 1 次印刷

ISBN 978-7-5520-4238-2/G·1276　　　　　　　　　　　定价：78.00 元

版权所有　翻印必究